黔南民族师范学院教材出版基金资助

中学数学教育与活动指导

主　编　吴现荣　彭乃霞　罗　琼
副主编　罗明燕　谢　辉　胡　炜　冉红芬

西南交通大学出版社
·成　都·

图书在版编目（CIP）数据

中学数学教育与活动指导 / 吴现荣，彭乃霞，罗琼主编. —成都：西南交通大学出版社，2022.11
ISBN 978-7-5643-8986-4

Ⅰ. ①中… Ⅱ. ①吴… ②彭… ③罗… Ⅲ. ①中学数学课 – 教学研究 – 高等学校 – 教材 Ⅳ. ①G633.602

中国版本图书馆 CIP 数据核字（2022）第 199608 号

Zhongxue Shuxue Jiaoyu yu Huodong Zhidao
中学数学教育与活动指导　　主编　吴现荣　彭乃霞　罗　琼

责任编辑	赵永铭		
封面设计	原谋书装		
出版发行	西南交通大学出版社 （四川省成都市金牛区二环路北一段 111 号 西南交通大学创新大厦 21 楼）		
发行部电话	028-87600564　028-87600533		
邮政编码	610031		
网　址	http://www.xnjdcbs.com		
印　刷	四川森林印务有限责任公司		
成品尺寸	185 mm × 260 mm		
印　张	12.25	字　数	280 千
版　次	2022 年 11 月第 1 版	印　次	2022 年 11 月第 1 次
书　号	ISBN 978-7-5643-8986-4		
定　价	45.00 元		

课件咨询电话：028-81435775
图书如有印装质量问题　本社负责退换

《中学数学教育与活动指导》编委会

主　编　吴现荣　彭乃霞　罗　琼

副主编　罗明燕　谢　辉　胡　炜　冉红芬

编　委　谢治州　余　泉　姚　惠

柳　鸠　徐时芳　覃　创

赵国威　李小艳　漆青梅

序言

新中国教育历经了由教育弱国到教育大国的发展之路，而今正处在迈进教育强国的伟大征程中。随着中国特色社会主义进入新时代，我国教育发展的基本矛盾已发生重要转变，即从“人人能上学”转向“人人上好学”的需求，反映出人民群众对发展高质量教育的强烈呼唤。可以说，加快发展中国特色世界先进水平的优质教育，已是迫在眉睫的时代重任。

要建设高质量教育体系，关键在教师。习近平总书记指出，教师是人类灵魂的工程师，是人类文明的传承者，承载着传播知识、传播思想、传播真理，塑造灵魂、塑造生命、塑造新人的时代重任。教师是教育发展的第一资源，是国家富强、民族振兴、人民幸福的重要基石。中共中央、国务院印发的《关于全面深化新时代教师队伍建设改革的意见》提出：“到 2035 年，教师综合素质、专业化水平和创新能力大幅提升，培养造就数以百万计的骨干教师、数以十万计的卓越教师、数以万计的教育家型教师。”教育部等八部门联合印发的《新时代基础教育强师计划》也提出：“到 2035 年，适应教育现代化和建成教育强国要求，构建开放、协同、联动的高水平教师教育体系，建立完善的教师专业发展机制，教师数量和质量基本满足基础教育发展需求，教师队伍整体素质和教育教学水平明显提升。”

众所周知，高质量教育的核心是人才培养，人才培养的核心是课程，课程体系建设深刻影响着教育质量的发展与走向。因此，教师教育课程关系到未来教师的培养质量，是教师教育改革和发展的关键所在。当前，我国教师教育课程改革的目标和方向，就是要贯彻落实教育部颁布的《教师教育课程标准（试行）》和《师范生教师职业能力标准（试行）》，围绕有理想信念、有道德情操、有扎实学识、有仁爱之心的好老师培养，突出师德师风第一标准，着力培养师范生的师德践行能力、教学实践能力、综合育人能力和自主发展能力，引导广大教师以德立身、以德立学、以德施教、以德育德，坚持教书与育人相统一、言传与身教相统一、潜心问道与关注社会相统一、学术自由与学术规范相统一，全心全意做学生锤炼品格、学习知识、创新思维、奉献祖国的引路人，加快推进教育现代化相匹配的教书育人能力素质提升。

黔南民族师范学院紧扣教师教育发展的趋势和教师教育课程改革的时代要求，坚持“学生中心、产出导向、持续改进”的师范专业认证理念，突出师范性、民族性、地方性和应用型的办学定位，组织编写了中学教育师范技能提升系列教材，供高等院校中学教育师范生以及中学教师使用。这套教材有不少探索和创新之处，突出了以下几个特点：

第一，坚持育人导向。在教材编写过程中，基于专业课教学逻辑，通过名人、名言、案例等充分挖掘课程思想政治教育资源或有机融入社会主义核心价值观，如中国传统文化、爱国精神、爱岗敬业精神等，培养德智体美劳全面发展的新时代卓越教师，切实贯彻落实立德树人根本任务。

第二，紧扣标准要求。根据教育部颁布的《教师教育课程标准（试行）》和《中学教师专业标准（试行）》，结合新修订的《义务教育课程方案和课程标准（2022年版）》等文件，对教材内容进行整体规划和设计，压实学科基础，体现科学性与先进性，力求符合新时代教师教育的实际需要。

第三，强化实践导向。根据西部地区基础教育的实际情况，根据中学教师职业岗位实际需要，从培养全面发展的学生角度出发，将教材编写的立足点放在中学教育的全过程、职前职后一体化培养，打通理论学习与岗位实践之间的壁垒，着力培养师范生的实践智慧。

第四，突出能力培养。针对传统师范教育普遍存在的重理论、轻实践问题，教材围绕师范生的师德践行能力、教学实践能力、综合育人能力和自主发展能力培养，突出对学生综合实践能力和创新能力的培养，特别是教师口语表达能力、组织管理能力、书写能力以及情绪调节能力等教师岗位必备的基本能力。因此，在编写过程中，特别注意采用最新实践案例，强化技能训练。

第五，注重融合拓展。在教材编写的过程中，编者特别关注不同教材内容之间的连续性、系统性，既有区分，又有融合。与此同时，注意统筹考虑配套数字化课程资源，将教材分析、教案编写、课件制作、示范课录制等数字化资源建设同步推进，丰富教材内容，强化拓展性。

总之，这套系列教材涵盖了语文、数学、政治、英语、历史、地理、物理、化学、生物、美术、音乐等十一个学科，包括教育与活动指导和职业技能训练两大类别，具有一定的开拓性，是教师教育课程改革领域里的可贵探索。

靳玉乐

2022年6月

前 言

高等师范院校肩负着培养新世纪中学数学教师的重任，培养的数学教师应具有改革与创新精神，能在新课程实施中发挥积极作用。按新课标编制的中小学数学教材（实验）在国内的全面实施，从教育理念、教学内容和教学方法上都提出了新的要求。无论数学教育这个学科群怎么发展，“中学数学教育理论与实践指导”作为高等师范院校数学教育专业的一门核心课程的地位一直没有发生实质性的变化。该课程旨在让学习者系统学习数学教育的基本理论,了解国内外数学教育的发展历史和改革趋势，深刻理解数学课程标准的基本理念，引领学生形成正确的数学观、教育观、课程观、教学观和评价观，熟悉中小学数学教材体系，掌握中小学数学教学的过程与环节，数学教学的基本技能，运用数学教学理论和学习理论，解决当前基础教育改革中数学教师面临的实际问题。

黔南民族师范学院举全校之力编写教师教育系列教材，本书是系列教材之一。本书从本地区的经济和社会发展的实际出发,立足数学与应用数学专业的培养目标：“根据党和国家对基础教育改革发展要求和区域教师队伍建设战略需求，立足黔南、面向贵州，贯彻党的教育方针，落实立德树人根本任务。致力于培养政治立场坚定，具有深厚的民族教育情怀、良好的道德情操，具备先进的数学教育理念和技能、良好的数学素养和扎实的专业知识，具备严谨求实的理性思维和创新意识，具备运用数学知识与计算机解决实际问题的能力，具备知识更新能力和实践创新能力，能胜任中学数学教学、教研和班级管理的中学数学骨干教师。”由该校从事数学教育课程教学的教师及部分中学一线骨干教师共同编写。本书具有以下特点：紧密结合数学课程改革实际，针对地区实际情况，阐述数学教学的基本原理和基本方法；理论联系实际地阐述了中学数学教学的基本理论、基础知识和基本技能；切实加强中学数学教育实践能力的培养和训练。

本书共8章：第1章数学教育基本理论；第2章数学课程标准解读；第3章几何与代数的主线分析；第4章函数主线分析；第5章概率与统计的主线分析；第6章数学建模与探究活动主线分析；第7章中学数学思想方法；第8章数学教育的核心内容；第9章中学数学教学设计。本书的最初框架由彭乃霞提出，并与吴现荣、罗琼、罗明燕等主要作者多次讨论，分工协作而成。每章具体分工：第1章由谢辉执笔；第2章由胡炜、冉红芬执笔；第3章至第6章由彭乃霞执笔；第7章由罗明燕执笔；第8章由吴现荣执笔；第9章由罗琼执笔。

本书可以作为高等师范院校数学教育专业本科生教材，也可以作为中小学数学教师、教研员进行教学研究的参考用书。

编 者

2022年8月

目 录

第1章 数学教育基本理论

数学教育作为一门学科，始于20世纪初。1908年在罗马举行的第四届世界数学家大会上成立了国际数学教育委员会（International Commission on Mathematical Instruction，ICMI），其目的仅仅是比较各国或不同地区中学数学教学的差异，经过一个多世纪后，它的研究对象及研究范围已经发生了很大变化，涉及数学教学的多个层次。数学教育在国际上得到了前所未有的重视。但是，在第二次世界大战之前，数学教育研究仅限于各国“数学教学大纲”“数学教学计划”等文件的交流，数学教育理论的著作尚未出现。第二次世界大战之后，数学教育进入一个突飞猛进的发展时期，各种数学教育著作、论文相继问世，研究领域涉及多方面。在此期间，真正的数学教育理论研究并不多。首先，数学教育理论是一般教育理论的重要组成部分，当然会受到一般教育理论的影响。其次，数学教育理论的形成受到数学和社会发展以及文化背景的制约，随着社会及数学的发展，数学教育理论的形成及发展，需要一定的时间。教育理论的形成和发展历史源远流长，流派林立，很多教育理论不仅成为教育实践的导航，而且在不同程度上影响着数学教育的发展，深刻地影响数学教师上课的行为表现。数学教育理论是教学实践发展到一定阶段的产物，是对数学教育现象的理解、分析与阐释，揭示数学教学的一般规律并用来解决教学实际问题的方法策略和技术；它既是描述性的理论，也是一种处方性和规范性的理论。真正形成数学教育理论形态的研究并不多，主要有认知主义数学学习观、人本主义数学学习观、波利亚的解题观、建构主义数学教育观、弗赖登塔尔数学教育思想。以上五个方面，将在本章分五节加以概述。

1.1 认知主义学习理论

与行为主义学习论相对立的教学理论，源自格式塔学派的认知主义学习论，经过一段时间的沉寂之后，再度复苏。从20世纪50年代中期之后，随着布鲁纳（Bruner J. S.）、奥苏泊尔（AuSubel D. P.）、皮亚杰（Jean Piaget）等一批认知心理学家的大量创造性的工作，使学习理论的研究又进入了一个辉煌时期。他们认为，学习就是面对当前的问题情境，在内心经过积极地组织，从而形成和发展认知结构的过程，强调刺激反应之间的联系是以意识为中介的，强调认知过程的重要性。

认知主义学习理论的基本观点认为，人的认识是由外界刺激与主体内部心理过程相互作用的结果，而并非单由外界刺激直接给予的。由此，认知主义对学习的解释主要有以下一些观点。

1.1.1 格式塔顿悟说

1912 年，德国的柯勒（W. Kohler）运用格式塔理论提出了顿悟说。他认为学习是通过顿悟实现的。学习不是简单的刺激—反应联结，而是通过对学习情境中的事物观察、理解、选择、简化、比较、组合构成一种完形。这种完形是学习者把他自己的经验纳入认知过程中去主动地有目的地理解和顿悟而重组来的。学习的本质是人的知觉世界或心理世界的改组，而不是一种机械的反应。学习的实现和成果是由人对情境问题进行感受、领会、理解、洞察，从而对情境整体关系做出顿悟的过程。学习者只有对整个情境理解后才能产生顿悟。

格式塔顿悟说强调学习者意识的主观能动性，学习是通过对情境顿悟而获得成功的。由此，一方面，教师通过选取意义的学习资源并积极主动运用，创设一定的环境，使学生体验到学习的快乐，并对知识的学习产生兴趣；另一方面，教师根据设定学习任务确定教学目标，这样能够使学生深入理解数学基础知识、熟练掌握数学基本技能、发展数学能力。

1.1.2 托尔曼的认知目的学习论

托尔曼（E. C. Tolman）深受格式塔学习理论的影响，他提出了认知目的学习理论，他认为学习是受当前环境和已有的认知的影响，建立有目的的学习期望，从而形成目的符号认知。认知目的学习论提出，教师必须有目的地定位目标，提供符合学生认知发展的情境和条件，采取探究式学习、互动学习等学习方式引导学生对情境的感知，激发学生的预期（预目标），进一步强化和刺激学生原有认知和预期，在学习活动中加以指导。促使学习者对所给的情境和条件因素进行认知，寻求到实现目标的符号认知，并利用掌握的符号认知去达到学习的目的。

1.1.3 皮亚杰的认知-图式理论

瑞士心理学家皮亚杰（J. Piaget）长期致力于对儿童智力发展的研究，提出了著名的认知-图式理论。他认为学习不是消极被动的过程，而是一个主动的、与周围环境相互作用的过程，学习者在与环境相互作用的过程中，通过“同化”（assimilation）和“顺应”（accommodation），逐步建立知识结构，导致个体内部图式-认知结构的变化，达到平衡（见图 1-1）。

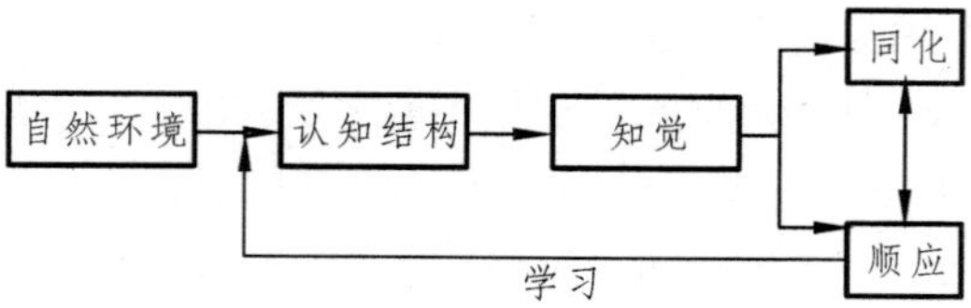

图 1-1　学习即通过同化与顺应达到改变

皮亚杰认为儿童本身具有强烈的内在学习愿望，正因为这种愿望促使他们需要对所接触到的经验进行学习内化。当学习者把外界环境刺激获得的信息整合到原有的认知结构中（同化），进一步加深和发展学习者的概念的稳定性；当学习者无法用原有图式同化新经验时，就需要对原有图式加以重构或对自身内部原概念进行修改了（顺应），实现新的平衡。根据皮亚杰认知图式理论，在教学时，教师需要把握学生已有认知结构、具备的知识、学生现有的能力水平，理清新旧知识的联系，在此基础上制定科学的教学方案。例如，数学概念的形成和概念同化；对命题的上位学习、下位学习还是并列学习，需要做到心中有数；根据知识的类型（包括陈述性知识、程序性知识及策略性知识），针对不同的知识类型给出相应的教学策略。

1.1.4 布鲁纳的认知-发现学习理论

布鲁纳（J. S. Bruner）早期受格式塔心理学和皮亚杰认知发展理论的影响，提出了认知-发现学习理论。发现学习是布鲁纳基于课程结构研究提出来的，发现学习包括以下三个同时发生过程：第一，获得新的信息；第二，提取并转换信息；第三，检查、加工处理信息能否符合当前的学习任务。发现学习的主要其特征为：（1）强调参与获得知识的过程。“过程”比“结果”更加重要。（2）强调直觉思维。直觉思维是一种由灵感、顿悟引起的跳跃性思维，这种思维只能在学生自己探究问题的过程中才能产生和发展。（3）强调内在动机。发现学习有利于激励学生的内在动机，以探究问题的动机作为前提。

布鲁纳认为，在教学过程中，不仅要考虑学习者原有的知识结构、教材结构，也要重视人的主动性和学习的内在动机。他认为，学习的最好动机是对所学材料的兴趣，而不是奖励竞争之类的外在刺激。因此，他提倡发现学习法，以便使学生更有兴趣、更有自信地主动学习。教师为学生创建一种发现问题的情境，激发学生的学习兴趣和学习动机，学生在探究问题的过程中获得知识，让学生通过观察、分析、归纳等逻辑思维活动去发现规则、原理，从而培养学生独立分析问题和解决问题的能力。

布鲁纳指出：“具有结构性的教材，才有利于学生理解；具有结构性的教材，才有助于知识的保持；学生从结构中学到的原理，容易迁移到今后的学习中去。”

1.1.5 奥苏贝尔的认知-同化学习理论

奥苏贝尔（D. P. Ausubel）提出了认知-同化学习理论，即学生的学习应是有意义的学习（meaningful learning）。奥苏贝尔把认知结构理论进行了具体化，提出有意义的学习过程是将原有知识（经验）同化新知识的过程。他提倡接受教学，教师要把新材料与学生认知结构中已经建立的有关内容联系起来。新概念或命题与认知结构中原有的有关概念主要建立下位关系（类属关系）、上位关系（总括关系）和并列结合关系。在教学中要了解学生已有知识，并把学生已有的概念放到这三种关系的背景中，使学习和理解新材料更为容易。

1.1.6 加涅的信息加工认知学习理论

加涅（R. M. Gagne）从20世纪四五十年代开始对人的学习问题进行研究，转向信息加工（information processing）认知学习观点研究，70年代后，他运用现代信息论的观点和方法，建立了信息加工理论。他用信息加工模式来解释人的学习活动，从学生的认知结构、学习本质等方面进行深刻的研究。加涅的信息加工认知学习理论重视学习的层次，在教学中主张教师必须给予学生充分的、仔细的“程序化”的指导，让学生的学习根据教学所规定的程序进行，以获得系统的知识及发展学生的能力。以下是加涅的信息加工认知学习理论主要观点的概述。

1. 学习层次及教学程序

加涅根据人的学习由简单到复杂的程度。按照学习内容的复杂程度，将学习分为八种类型：

第一，信号学习，即把一个原有的反应和新的刺激或信号联系起来；

第二，刺激—反应学习，即由有机体的刺激及其反应进行组合而产生的学习；

第三，连锁学习，即一系列的刺激—反应的结合；

第四，词语联想学习，即如言语学习中的言语连锁化；

第五，辨别学习，即对某一特别的集合的不同成分做出不同的反应；

第六，概念学习，即根据事物的共同特征进行反应；

第七，规则学习，也叫作原理学习，即认识或理解概念间的关系；

第八，问题解决的学习，也叫作高级规则学习，即在情境中把习得的规则重新组合，构成新规则，实现问题解决的答案。

加涅的八种学习分类实际上就是一种学习层次理论，他认为学习任何一种高级知识或技能，都是以原有的低级知识或技能为基础的。换句话说，学习是一种积累的，每一类学习都是以前一类的学习过程为前提，人们又称为“认知累积学说”。

2. 学习过程与教学过程

加涅把学习过程看成是信息流的加工过程，按照学生的活动过程，将学习过程划分为八个阶段的内部心理过程：

期望（动机）→了解（选择性知觉）→获得（编码贮存）→保持（记忆贮存）→回忆（提取）→根据（迁移）→作业（反应）→反馈（强化）

加涅认为，每一个阶段的学习过程不仅有各自心理过程，而且也会影响它的外部事件。教学是按照学习者以上的学习过程的这些内部特点，选择学习的恰当的外部事件。每一个阶段发生的事件称为教学事件。与上述学习阶段有关的教学事件为：

第一阶段，动机阶段——即激发学习动机告知学生目标。教师采用感兴趣的方法或学习材料激起学生学习动机，教师在此阶段的目的是将学生的兴趣和预期联系起来。

第二阶段，了解阶段——教师往往提供刺激引起学生注意，使得刺激情境被学生知觉到并产生注意。

第三阶段，获得阶段——提供学习指导。教师可以对学生揭示学习内容的编码过程，激发学生采用编码策略，使学习进入长时记忆过程。

第四阶段，保持阶段——对学习的条做作恰当的安排。为了保持信息贮存完整性或持久性，避免信息贮存受到干扰，教师可以给学生呈现一定的刺激。

第五阶段，回忆阶段——提供线索和采取间隔性学习。

第六阶段，概括阶段——促使学习迁移。教师提供学习情境，使学生把学到的知识运用到其他情境和新情境中。

第七阶段，作业阶段——寻求时机让学生“呈现”已习得的知识（信息）。

第八阶段，反馈阶段——通过对学习任务或信息处理（证实）达到的程度，强化学习。

加涅把以上八个学习阶段看成是一个有机整体，每个阶段都不会自发地产生，除非具备一定的条件，否则学习的过程是不可能实现的。

3. 学习结果与任务分析

1977年加涅在《学习条件和教学论》一书中，对他的学习分类说再次做了阐述及发展。他将学生的学习结果划分为五个阶段：① 言语信息——一种陈述观念的习得能力；② 智慧技能——概念与规则的获得及在情境中的运用能力;③ 认知策略——学习者用来指导自己的心智（注意、学习、记忆和思维能力）加工过程的内部组织起来的技能；④动作技能——一种快速、精准流畅的操作能力；⑤ 态度——一种影响个体行为选择的倾向。

广义的任务分析指教学论;狭义的任务分析是指对作为教学目标的学习结果作心理分析。

加涅将任务分析分成信息加工分析、任务类型分析及学习任务分析三种。任务类型分析是指采用加涅学习结果分类，把学习任务转化为习得的能力的类型。教师按照学习的目标任务转化到以上学习结果分类中，完成习得能力的分类。

学习任务分析是在任务类型分析的基础上的进一步分析，目的是能够明晰各种类型的学习条件。加涅将学习内部条件分为必要条件的支持性条件。加涅认为，教学就是按照学习任务而设计的符合学习过程的程序化程序，教师可以按照各类教学事件，设计科学的教学程序。

以上是加涅学习观的基本轮廓，他的主要贡献有以下几个方面：

第一，学习理论与教学实践相结合。他的理论是学习过程和教学过程的结晶，且把理论运用于教学实践，不仅推动了教学，而且也为理论提供了证据。

第二，学与教的关系。他首次系统地描述了学习过程和教学事件之间的关系，进一步揭示了教学事件的本质。加涅认为，教学是否促进学生的学习很大程度上取决于教师对学习过程的认知水平，教学需要根据学习目标和条件，精心设计用以支持和巩固内部的学习过程，另外，教师要遵循学习者各阶段的特点来创造最佳的外部条件，以提高教学质量。

第三，教学程序化。加涅是采用行为主义方法，从信息加工的角度去探索学习的，提出了教学程序化观点。在教学方面，主张教师有系统地按照规定的程序进行教学。

总之，加涅辩证地论述了学习的内、外条件，以证实教师有指导、有控制的教学理论，他的理论成果对人类的教学实践起着积极的重要指导作用。

认知主义学习理论为教学理论提供了理论依据，丰富了教学心理学的内容，为教育心理学的发展奠定了基础。认知主义学习理论主要贡献为，充分肯定人在学习活动中的主体地位，重视人在学习中的自觉能动性；强调认知、独立思考、探究等意识活动在学习中的作用。

1.2 人本主义学习理论

20 世纪 50 年代，很多心理学家针对行为主义心理学、精神分析心理学及其研究中存在的一些问题进行了思考，认为行为主义心理学没有注重人类的思维能力和情感体验，忽视了人的本性；批判精神分析学家只注重研究有情绪障碍的人，而忽视了研究心理健康的人。到了 60 年代，美国心理学界掀起一场挑战传统心理学的变革运动，这就是著名的人本主义心理学运动。人本主义心理学的创始人是马斯洛（A.H.Maslow），其主要代表人物是罗杰斯（C.R.Rogers）等。

1.2.1 人先天就具有学习的潜能

马斯洛认为，人天生就具有内发的成长潜力，学习是内发的一种行为。而反对行为主义把人看作是动物或机器，不重视人类本身的特征。马斯洛这种观点是建立在他的学习动机理论之上的。他认为人类的动机由不同类型的需求构成，每种需求之间具有先后顺序和高低之分（见图 1-2），被叫作人的需求层次论。生理需求是指维持个体生存所必需的一切物质方面的需要。安全需求是指避免受到威胁、期望得到保护和生活有保障从而获得安全感的需求。隶属与求爱的需求是指个体渴望归属于某一个群体或别人并且有一个适合的位置，期望得到他人的接纳、关注、爱护、鼓励及支持等需求。自尊需求是指个体维护自个人自尊心的一切需求。知的需求是指个人对事物的认知需求，即个人的学习动机。美的需求是指对一切美好事物的欣赏需求。自我实现的需求是指实现个人理想抱负的需求，是一个人人生至高境界的需求。

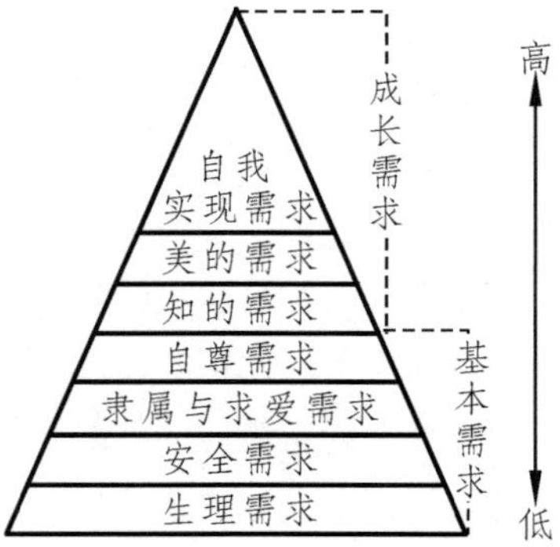

图 1-2　马斯洛的动机层次分类

自我实现需求的实现是从低级到高级逐级上升的，是在多种需求连续满足之后出现的心理需求。马斯洛认为，个体只有对所处环境的知觉才能有自我需求，而一个人对环境的知觉，取决于一个人的行为。当一个人不满足平庸而需要超越时，他才主动努力去追求超越。个人在追求超越的过程中所获得满足，实现自我的意义，由此产生了人类自发学习的潜能。

1.2.2 强调人的因素和“以学生为中心”

罗斯杰的“以学生为中心”的人本主义教育理念，不仅对传统的教学理论发出了挑战，也给人们带来了新的思考。罗斯杰反对“刺激—反应”这种机械决定论，传统教育不能使学生适应变化的环境和社会，强调学习中人的因素。在教学活动中，强调学校教学的基本目的是在教师的引导和帮助下激发学生的学习动机，重视学习者的意愿、情感、需要和价值观，相信正常的学习者都能够自己教育自己，自我实现“潜能”，最终把他们培养成为人格充分发展的人。

另外，与奥苏泊尔一样，罗斯杰将学习分为意义学习和无意义学习。他注重的是意义学习，即一种与每个人部分经验融合在一起的学习，强调学习者当时的身心状况与学习材料之间的关系，学习者整体的参与才叫意义学习。他将意义学习划分为 4 个要素：①学习具有个人参与的性质，即整个人（包括情感和认识两个方面）都投入学习活动；②学习来自学习者内发的，就算是学习者的动力或刺激来自外界，也要求发现、获得、掌握和领悟的感觉都来自内部；③学习是渗透性的，即学习会使学生的行为态度乃至于个性都产生变化；④学习来自学生的自我评价。自我评价指的是主体对自己思想、愿望、行为和个性特征的判断和评价。自我评价旨在激励学习者要勇于自我认识与自我反思，强调对学生人格的塑造。

罗斯杰的学习观以意义学习为核心，意义学习才是有价值的学习，只有学习内容好和对学习者产生个体意义，并将学习内容与学习者的内在情感、需要、兴趣、能力、知识经验等因素相联系时，学习才称得上是意义学习。因此，教学只有以学生为中心，才能产生意义学习。

1.2.3 倡导以自由为基础的学习原则

人本主义学习理论认为，学习过程就是在一定的条件下，学生自我挖掘潜能，自我实现的过程，此过程与“自我”的形成和发展有必然的联系。罗杰斯认为，学习是一种以学生经验生长为中心的经验学习，以学生的自发性和主动性为学习动力。所以，他提倡“自发学习”和“自由学习”。罗杰斯在《学习的自由》一书中提出以自由为基础的自由学习的原则，归纳为：① 人类都具有天赋的学习的自然倾向。人天生就表现出对环境的探索，体现出对周围世界事物的好奇，除了后期不当的教育方式，导致损伤幼儿的好奇心，否则，儿童对学习活动的意愿永远保持。② 学习材料有意义并且要符合学习者目的才会产生学习。学习材料有意义，是指学习者对学习材料的知觉和看法，一般满足以下三点：一是能满足学习者的好奇心或激发学习者兴趣；二是能提高学习者的自豪感；三是符合他们的认知经验或生活经验。这样的学习材料可认为有意义的，当学生正确地了解所学习的材料内容的用处时，学习才成为最好的学习。③ 只有在较少威胁的教育环境下才能有效学习。威胁是指个人在接受学习的过程中因为某些原因所承受的精神压力，导致自卑，丧失自尊和自信。当学习者所受威胁很小时，他们就会用一种辨别的方式来知觉经验，这种学习将是理想的。④ 当学生全身心、尽责地参与学习过程时，学习才会产生最佳效果。⑤ 重视学习结果的自我批评和自我评价，这样可以发展学生独立性、创造性和自主性。⑥ 大部分学习将是通过“做中学”的，即学生通过在学习活动中或实践中获取知识及经验。

根据上述学习原则，有效的学习只能产生于以自由为基础、学生自发地全心投入。

学生的学习应该放在一个轻松的、无威胁的学习环境中进行，让他们自己去探索、发现并加以同化的知识，从而达到有效的教学目的。

人本主义学习理论的核心，是教学不仅仅要关注学生的心智发展，而且更加需要将学生看成是完整的人，包括生活中的情感及社会性的发展。由此，人本主义认为，在具体的方法上以尊重学生为基点；构建师生之间开放的、和谐的沟通环境；科学评价学生的学业成就（使得学生感受到自己是一个有意义、有价值、有责任心的人，在教学过程中让学生体验到学习的快乐和成功的喜悦）、价值认同感（学生与他人沟通过程中进一步比较价值观的合理性或不足）等方法，促进学生的全面发展。

人本主义学习理论，可以认为是一场在学习方面发生的革命，其思想影响着教育教学理念的方向性。如对人的尊重、对学生自我发展的肯定、以学生为中心开展教学、倡导学生自我意识的成长及潜能的发挥的意义学习等对我国教育现状的发展具有很大的启示意义。

1.3 波利亚的解题理论

美籍匈牙利数学家乔治•波利亚（George Polya，1887—1985）是 20 世纪一位著名的数学家，更是一位伟大的数学教育家。他是美国科学院、法国科学院及匈牙利科学院的院士，1963 年，曾被美国数学会授予他最高职业奖，1980 年被聘为 ICME 的名誉主席。1905—1914 年期间，波利亚曾在布达佩斯大学、维也纳大学、哥廷根大学、巴黎大学等地攻读数学、物理和哲学，并获博士学位。1914 年在瑞士苏黎世理工学院任教，1940 年，他离开欧洲，移居美国。1942 年起受聘于斯坦福大学教授。在数学领域方面，波利亚在诸多数学分支，如概率论、函数论、数论、组合数学、计算机科学、变分学及应用数学等领域都有建树。

很多术语和定理都是用他的名字命名的。在数学教育方面，波利亚在“数学启发法”与数学教学，为数学方法的现代研究奠定了重要的理论基础。他一生的著作和论文约三百多种，其中，《怎样解题》（1944 年）、《数学的发现》（1954 年）、《数学与猜想》（1961 年）这三本书是他对数学解题学研究的著作，这些著作奠定了波利亚在数学教育方面的领导地位。另外，这些书被很多国家翻译出版、推广使用，成为各国中学数学一线教师、大学生等数学教育工作者的必读之书。

1.3.1 波利亚的数学教育观

波利亚在他的教育论著中指出，教师应当给学生“以适合他们程度的问题去引起他们的好奇心，使用一些有吸引力的问题来帮助他们解题”，他认为这样做“会引起学生独立思考的兴趣，培养学生的判断力、独创性和想象力的能力”。在他看来，中学数学的教育目的是“教会学生会思考问题”，这种“教会学生会思考问题”指的是中学数学教师不仅仅是简单地传授知识，更重要的是教会学生有目的地思考问题。中小学阶段，应该多解数学学科问题，养成对科学的热爱，学会用数学的思维思考问题，培养他们及运用所学知识的能力。波利亚十分重视发展学生的数学思维能力，发展学生运用知识所学知识的能力，他认为，良好的教育应该是“系统地给学生自己发现事物的机会”，“应该帮助学生自己再发现所教内容”，“应该教会学生主动地学习”。他特别重视发展学生的数学思维能力，强调数学教学要加强思维训练，要发展学生运用所学知识的能力，发展技能、技巧、有益的思考方式和数学学科的习惯。波利亚针对教师的教和学生的学，提出了著名的“学习三原则”（又叫作“教学三原则”），即教学时教师需要遵循学习过程的三个原则：主动学习、最佳动机、循序渐进。

主动学习。波利亚强调，在学习过程中，“学东西最好的方式是发现它”“亲自发现能够在你脑海里留下一条后路；今后一旦需要，你便可以再次利用它”。教师仅仅是课堂学习中的“助产士”，需要“尽可能地让学生在现有的条件之下亲自发现尽可能多的东西”。应该引导学生积极地参与提出问题、解决问题。波利亚认为，学生能够科学地提出问题需要有足够的洞察力和创造力，这很有可能成为某项发现的重要组成部分，如果学生一旦提出问题，那么他们解决问题的注意力会更加集中，学习的主动性会更强烈。教师的教学应该以学生的主动学习为立足点。

最佳动机。学生的学习兴趣和学习成效在一定程度上受到自身学习活动的动机影响。波利亚认为对所学材料倍感兴趣且在学习活动中寻求快乐是最好的学习刺激，如学生在做题之前，可以让学生先猜想结果再验证结果。

循序渐进。由生物发生律的思想可知，一般的学习过程先从行动和感知开始的，逐渐发展到词语和概念，最后形成合理的思维习惯而终止。第一阶段：探索阶段（探索），是人类的活动与感受阶段，处于直观水平；第二阶段：形式化阶段（阐明），引入术语、定义、证明，上升到概念水平；第三阶段：同化阶段（吸收），把所学的知识消化、吸收、融汇于学习者的整体智力结构中。

以上这三项原则贯穿到教师的日常工作中，以帮助他们成为更好的教师。

波利亚认为做一名好的数学教师，必须做到两方面的知识：一是要具备扎实的数学知识。二是要对教学法的知识有深层次的掌握并能够灵活地运用。具体来讲，波利亚给出以下 9 条建议：

（1）对自己的科目要有兴趣；

（2）熟知自己的科目；

（3）懂得学习的途径，学习任何东西的最佳途径是亲自独立地发现其中的奥妙；

（4）不仅仅要传授知识，还要传授技能技巧，培养思维方式和科学的工作习惯；

（5）让学生学会猜想问题；

（6）让学生学会证明问题；

（7）从题目中寻找出一些可以用于解今后题目的特征，揭示出存在于具体情况下的一般模式；

（8）不要把结论一下子告诉学生，先让他们猜想一番，再讲给他们听，尽可能地让他们独立地找出更多的东西；

（9）启发问题，不能填鸭式地塞给学生。

1.3.2 波利亚的解题研究

波利亚认为，“在数学中，才能比仅仅掌握一些知识重要得多。何为数学才能？数学才能就是解题能力——不仅能解决普通的问题，而且能够解决需要某种程度的独立思考能力、判断力、独创性和想象力的问题”。针对解题思维的研究，波利亚专门把研究所得写成《怎样解题》一书。这本书主要的思想体现在“怎样解题”表上（见表 1-1），而且书中每个部分基本上都围绕这张表进行阐述的。这张表的内容包括“了解问题”“拟定计划”“实行计划”和“回顾”四大步骤的解题全过程。波利亚对整个解题表的分析中，对第二步的阐述非常深入，他指出，解决问题的关键是“找出已知数和未知数之间的联系，如果找不到直接的联系，你不可能不去考虑辅助问题，最终找到一个求解计划”。他认为，“对你提出的问题是解决问题的开始”，“当你有目的地向自己提出问题时，它就变作你的问题”，“假使你能适当地运用这些问题句和提问来问你自己，它可以帮你解决你的问题，它们可以帮助你解决你的问题。假使你能适当地运用同样的问句和提示来问你的学生，你可以帮助他解决他的问题”。波利亚将探索研究出的解题思维过程划分为五条建议和二十三个具体的具有启发性的问题，其特点是“普遍性”和“常识性”，使得我们对解题的思维过程具有可操作性及实用性。

表 1-1　波利亚的解题表

<table>
<tr><td rowspan="2">第一步，必须了解问题</td><td>了解问题</td></tr>
<tr><td>•未知数是什么？已知数是什么？条件是什么？
•满足条件是否可能？或者是否不充分？或者是多余的？或者是矛盾的？
•画一个图，适当地引入符号。把条件的各个部分分开，你能否把它们写下来？</td></tr>
<tr><td rowspan="2">第二步，找出已知数和未知数之间的关系。如果你找不出直接的联系，你可能不得不考虑辅助问题，你最终应该想出一个求解的计划</td><td>拟定计划</td></tr>
<tr><td>•你以前见过它吗？你是否见过相同的问题而形式稍有不同？
•你知道什么与此有关的问题吗？你是否知道一个可能用得上的定理？
•注重未知！试想出一个具有相同未知数或相似未知数的熟悉的问题。
•这里有一个与你有关而且以前解过的问题，你能利用它吗？你能利用它的结果吗？你能利用它的方法吗？为了能够利用它，你</td></tr>
</table>

续表

第二步，找出已知数和未知数之间的关系。如果你找不出直接的联系，你可能不得不考虑辅助问题，你最终应该想出一个求解的计划	是否能够引入某些辅助元素？ •你可以改述这个问题吗？你能不能用不同的方法重新叙述它？回到定义去。 •如果你不能解决这个问题，可以试先解决一个与此有关的问题。你能不能想出一个更加容易着手的有关问题？一个更一般的问题？一个更特殊的问题？一个类似的问题？你能解决问题的一部分吗？ •你是否利用了所有的已知数据？你是否利用了整个条件？
	实行计划
第三步，实行你的计划	•实现你的求解计划，校对每一个步骤。 •你能否清楚地看出每一个步骤是正确的？你能否证明这一步骤是正确的？
	回顾
第四步，校核所得的解答	•你能否校核结果吗？你能否验证论证吗？ •你能否用不同的方法导出这个结果？ •你能应用这个结果或方法到其他问题上？

波利亚的“怎样解题”表的核心是启发联想。他认为，联想可以通过一连串的建议性或启发性的问题来实现：“你以前见过它吗？你是否见过相同的问题而形式稍有不同？你是否知道与此有关的问题？你是否知道一个可能用得上的定理？……”波利亚说，这是他曾经在研究数学时解决问题的过程。换句话说，这是他研究解决问题时的思维过程的总结。“怎样解题”表的关键点是围绕其中的问句和提示来促发念头的。波利亚说，“有某种念头来开始着手工作，这是很大的优点”；“如果你有一个念头，你就够幸运的了”。所以，只要产生有意义的念头，你会增进对问题的认识和理解；“或许明显失败的尝试和一度犹豫不决之后，突然闪出一个‘好念头’”，但是，比较麻烦的是，“我们根本没有念头”，因为“想不起什么念头，我们只有对问题感到疲倦的危险”。此时，“任何一个可能指明问题新方向的问题，都值得欢迎，因为它可以引起我们的兴趣，使我们可以继续工作，继续思索”。以下是根据波利亚的“怎样解题”表，给出具体实践解题研究思想的示例，体现了波利亚的解题研究风格的过程。

例：给定正四棱台的高 h，上底的一条边长 a 和下底的一条边长 b，求正四棱台的体积 F。（学过了棱台、棱锥的体积）

讲解示例：

第一，弄清问题

问题 1　你要求的是什么？

要求的是几何体的体积，在思维中的位置用一个单点 F 象征性地表示出来（见图 1-3）

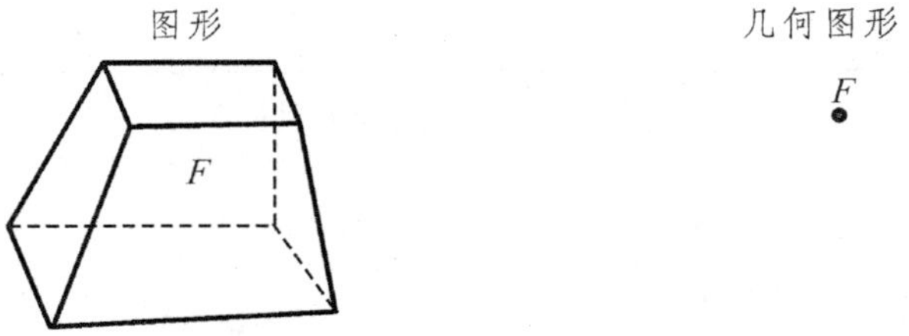

图 1-3

问题 2　你有些什么？

我们在图形上增加 3 个已知量 a,b,h。相应地，在图示处添上 3 个新点 a,b,h。他们与 F 之间有一条鸿沟，这象征着尚未解决的问题。我们的目标是将未知量 F 与已知量 a,b 和 h 联系起来（见图 1-4）。

图 1-4

第二，拟定计划

问题 3　怎样才能求得 F?

由于我们已经知道棱柱、棱锥的体积公式，而棱台的几何结构（棱台的定义）告诉我们，棱台是“用一个平行于底面的平面去截棱锥”，从一个大棱锥中截去一个小棱锥所生成的。如果知道了相应两棱锥的体积 B 和 A，我们就能求出棱台的体积：

$$F = B - A \cdots\cdots ①$$

我们在图示上引进两个新的点和用斜线把他们与连接起来，以此表示这三个量之间的联系（见图 1-5，即①式的几何表示）。这就把 F 转化为所求 A,B。

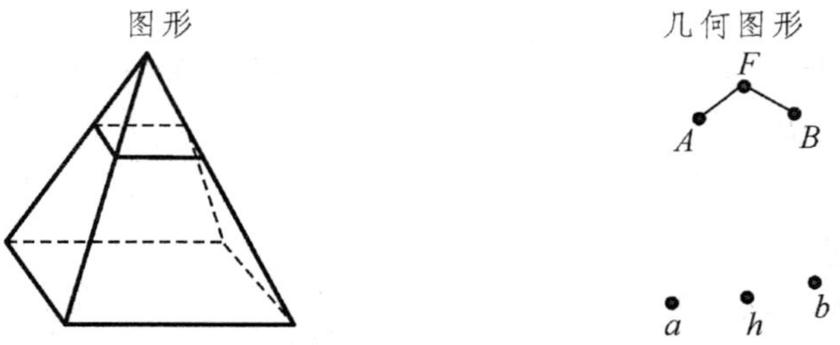

图 1-5

问题 4：怎样才能求得 A 与 B？

依据棱锥的体积公式 $V=\frac{1}{3}SH$，底面积可由已知条件直接求得，关键是如何求出两个棱锥的高。特殊地，一旦求出小棱锥的高 x，大棱锥的高显然为（$x+h$）。

我们在图示上引进一个新的点 x，用斜线将 A 与 x，a 连接起来，表示 A 能由 a，x 得出，$A=\frac{1}{3}a^2x$；类似地，用斜线把 B 与 b,h,x 连接起来，表示 B 可由 b,h,x 得出，$A=\frac{1}{3}b^2(x+h)$（见图 1-6），此时 A，B 把转化为 x。

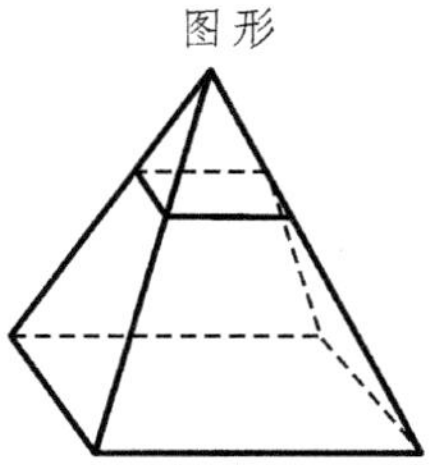

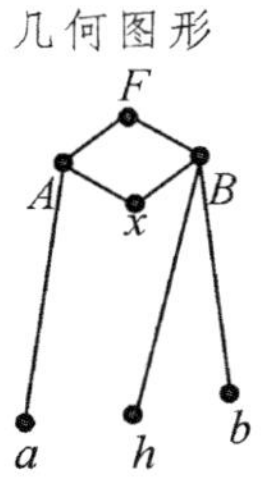

图 1-6

问题 5：怎样才能求得 x?

为使未知数 x 与已知数 a，b，h 联结起来，建立一个等量关系，我们进行“平面化”思考。用一个通过等高线以及底面一边上中点（见图 1-7，点 Q）的平面去截这个棱锥，在此截面上有两个相似三角形能够把 a，b，h，x 联系起来，有 $\triangle VPO_1 \backsim \triangle VQO_2$，有

$$\frac{x}{x+h}=\frac{a}{b}\cdots\cdots②$$

解方程②，我们就可以由已知 a，b，h 表示 x，在图中便可以用斜线将 x 与 a，b，h 连接起来。至此，我们就在和已知数 a，b，h 之间建立起了一个不中断的联络网。

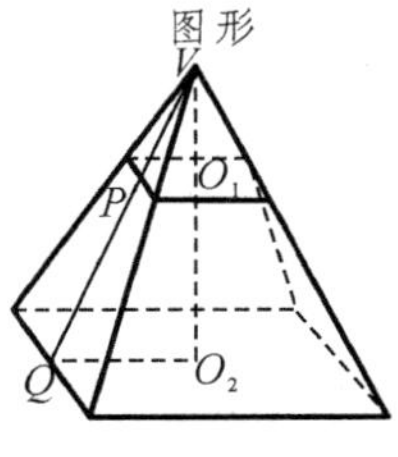

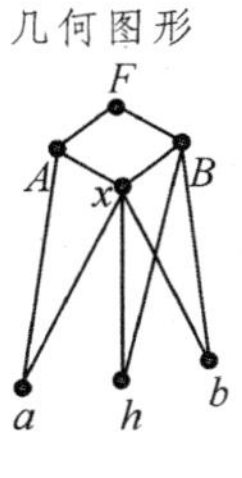

图 1-7

第三，实行计划

（1）如图 1-7 所示，根据相似三角形的性质，用 a，b，h 表示 x：

$$\frac{x}{x+h}=\frac{a}{b},$$

得 $$x=\frac{ah}{b-a}$$

（2）由 a，x 表示 A，用 b，x，h 表示 B：

$$A=\frac{1}{3}a^2x=\frac{a^3h}{3(b-a)},$$

$$B=\frac{1}{3}b^2(x+h)=\frac{b^3h}{3(b-a)}$$

（3）由 A，B 求得两椎体的体积 F：

$$F=B-A=\frac{b^3h}{3(b-a)}-\frac{a^3h}{3(b-a)}$$

$$=\frac{a^2+ab+b^2}{3}h\cdots\cdots\cdots\cdots\cdots\cdots③$$

第四，回顾

（1）先对解题的过程进行检验，推理是否有效，演算是否精准。再作特殊性检验，设 $a\to 0$，由③式可得到正四棱锥体的体积公式；设 $a\to b$ 由③可得到正四棱柱体的体积公式。这不仅反映了新旧知识之间的联系，而且显示出棱台体积公式的一般性；不仅构建了三类几何体极限状态间的知识网络，而且增强了三个体积公式之间的联系记忆。

（2）回顾此题整个解题过程可以看出，解决问题首先要弄清题意，从中获取有用信息（见图 1-4，棱台，a，b，h，F 一共 5 个信息），同时要及时挖取记忆中的有关信息（比如回忆：棱台的定义、棱锥的体积公式、相似三角形的性质定理、几何结构的运算、回想求解立体几何问题的经验积累等信息），再将相应的关联信息资源进行有效组合。在此案例中，起到关键性作用的是怎样构造出一个成功的计划（包括解题策略的选择）。根据这一案例说明，每个解题者根据自身的知识经验和对知识的领悟如何构建出具有普遍意义的解题模式和建议。

（3）在解题方法上，此案例是“分析法”的一次成功应用，从结论出发由后往前找条件。为了求 F，我们需要求 A，B（把棱台的体积计算转化为棱锥体的体积计算，由未知到已知，化归）；为了求 A，B，我们只需要求 x（把体积计算转化为线段计算，降低维度，从复杂到简单）；为了求解 x，需要建立关于 x 的方程式（从几何到代数的转化，利用数形结合）；最后一步，解方程求 x，问题的解决思路就畅通了。解答过程刚好顺序相反。

（4）在解题思维策略上，此案例分为三个层次一一解决。首先是一般层次的解决（策略水平上的解决），把 F 转化为 A，B 的求解，就确定了解题的整体方向；其次是解题方法上的解决（功能性解决），把棱锥分解（截）成棱台，发挥了组合与分解、相似三角形、解方程等方法妙用；最后是技能水平上的解决（特殊性解决），按照图形的几何结构作图、添加辅助线找出相似三角形、求解方程到具体演算等，是对推理及运算细节的实际完成。

（5）在数学思想上，这是“组合与分解”的一次成功应用。首先把棱台组合（补充）为棱锥，然后再把棱锥分解（截）成棱台并作出截面，这种解决问题的方法在求棱锥体积时曾用过，再一次凸显了“能割善补”是解决立体几何问题的一个诀窍，另外，“平面化”思考是沟通立体几何与平面几何的重要桥梁。以上思想（化归、降维）方法都仍然适用于求解其他立体几何问题，这种一般化的思想还可以用于其他学科。

（6）从心理机制上看，本案例呈现出“激活—扩散”的基本过程。其基本流程如图 1-8 所示。

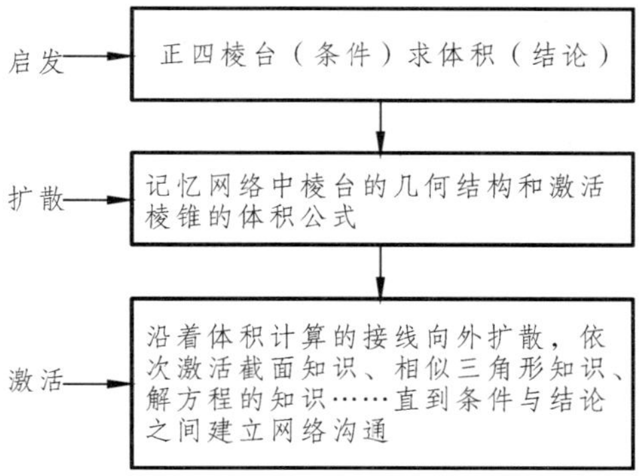

图 1-8

以上这种“激活—扩散”观点，是数学证明思维中心理过程的一种解释。

（7）在信念上，“你能否用别的方法导出这个结果呢？”我们应该永远相信并作出肯定的回答，操作不能实现也许只是能力问题或暂时现象。根据本案例，按照化棱台为棱锥的做法，可以采取以下的解法。

如图 1-9 所示，在正四棱台 $ABCD-A_1B_1C_1D_1$ 中，连接 DA_1, DB_1, DC_1, DB，把其分成三个四棱锥 $D-A_1B_1C_1D_1, D-AA_1B_1B, D-BB_1C_1C$ 其中

$$V_{D-AA_1B_1B}=\frac{1}{3}b^2h,$$

$$V_{D-AA_1B_1B}=V_{D-BB_1C_1C}\text{（等高等底）}$$

为了求 $V_{D-AA_1B_1B}$，连接 AB_1，将其分成三棱锥 $D-ABB_1$ 和 $D-AA_1B_1$（见图 1-10），由

$$S_{\triangle AA_1B_1}=\frac{b}{a}S_{\triangle ABB_1},$$

得

$$S_{\triangle AA_1B_1}=\frac{b}{a}S_{\triangle ABB_1},$$

但是

$$V_{D-ABB_1}=V_{B_1-ABD}=\frac{1}{3}\cdot\frac{1}{2}a^2h=\frac{a^2}{6}h,$$

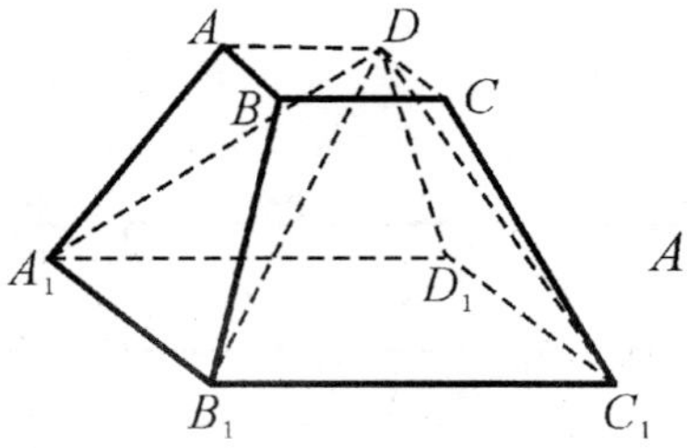

图 1-9

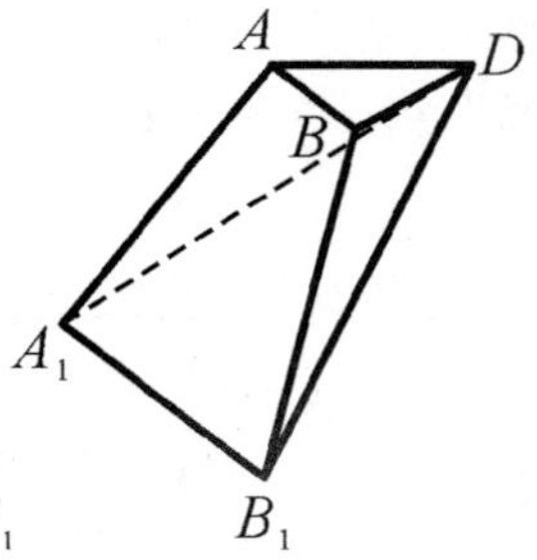

图 1-10

所以

$$V_{D-AA_1B_1B}=V_{D-ABB_1}+V_{B_1-AA_1B_1}$$

$$=\frac{a^2}{6}h+\frac{b}{a}\cdot\frac{a^2}{6}h$$

$$=\frac{a^2+ab}{6}h,$$

得

$$V_{ABCD-A_1B_1C_1D_1}=V_{D-AA_1B_1}+V_{D-BB_1CC}+V_{A_1B_1C_1D_1}$$

$$=\frac{a^2+ab}{6}h+\frac{a^2+ab}{6}h+\frac{b^2}{3}h$$

$$=\frac{a^2+2ab+b^2}{6}h$$

（8）“你是否可以把这一结果或思想方法推广到其他问题？”一定能，我们可以把正四棱台体积公式化为棱台体积公式（方法一样）。特别注意

$$S_1=a^2,S_2=b^2,ab=\sqrt{S_1S_2},$$

这就可以推出一般棱台的体积公式为

$$V_{棱台}=\frac{1}{3}(S_1+\sqrt{S_1S_2}+S_2)\ h$$

波利亚的“怎样解题”表主要针对“怎样解题”“教师应该教学生什么”等问题，将“解题中典型有用的智力活动”根据一般人解决问题思维的自然过程，分为“了解问题”“拟定计划”“实行计划”和“回顾”四个阶段，构建了解题理论的框架结构，组建了一个完整的解题教学系统，充分体现了常识性与普遍性。

在这四个阶段中，“了解问题”是对认识问题的开始，是对问题进行表征的过程，是解决问题的前提；“拟定计划”是解决问题的核心和关键阶段；“实行计划”是解决问题的主体，是开通解题思路和对信息资源的逻辑配置。这四个阶段构成解题程序，集解题策略、解题方法等实践与理论为一体的解题系统。

1.4 建构主义数学教育观

建构主义（constructivism）具有悠久的发展历史，主要兴起于20世纪80年代后期，它是学习理论中行为主义发展到认知主义以后的进一步发展,被称为教育心理学中的一场革命。

建构主义实质是一种学习理论，这一理论认为，“学习者必须自主地发现和转换复杂的信息，用已有的规则检验新信息，当旧规则不再适用时对其进行调整”。其中，建构主义学习理论的核心观点为：

（1）学习者要想真正学到知识，就必须自己去发现和转换复杂的信息。

（2）学习者是不断用自己已有的规则和知识去检验新经验，当已有的规则不再适应时需要对其进行调整。

（3）教师不能把知识告诉学生，学生必须用自己的头脑来建构知识。

（4）教师可以通过多种方式来促进学生的建构过程，通过给学生提供机会（梯子），使得学生通向更高层次的理解，但是学生必须自己爬梯子。

（5）在课堂教学中，教师是“一旁的指导者”，并非“高高在上的圣人”；教师帮助学生去发现意义，并非一味讲授或控制所有的课堂活动。

根据以上建构主义理论观点，衍生出很多不同的建构主义理论，例如以皮亚杰和凯里（Kelly）为代表的个体社会建构论；以冯•格拉斯菲尔德（Von Glasersfeld）为代表的激进建构主义；以索鲁门（Joan Soloman）为代表的社会建构论；以杰根（K. J. Gergen）为代表的社会建构主义；以泰勒（P. C. Taylor）为代表的批评建构主义；以科本（W.W.Cober）为代表的情境建构主义。

20世纪80年代末，建构主义在数学教育中应用开始出现，哥登（Goldin，1990）把它归结为6条教学原则：

（1）数学是一种人类建构或创造的产物，而不是一种客观的产物；（2）数学的意义是通过学习者自我建构，而并非教师的传授；（3）数学学习的有效途径是通过指导发现的、有意义的应用及问题解决；（4）数学的学习需要具有层次性的科学评价，而不是一味地技能检测；（5）教育的目标是让教师理解数学知识的建构特征；（6）课堂教学中最重要的是创造有意义的学习环境。

以下简要概述建构主义理论下的数学教育的一些论述。

1.4.1 何为数学知识

建构主义认为，数学知识并不是现实世界纯粹的客观反映，不是绝对的真理。数学只不过是人们对客观世界的一种解释或假设，它是随着人们的认识程度的不断加深而不断发生改变的，直到出现新的解释和假设。

数学知识具有一定的约定性，是人们主观建构的结果，数学知识经过人脑的加工，是人的思维的产物。例如有的数学知识，就像下象棋，下象棋有一定的棋规，都是来源于现实，是人们之间的一种约定，也是需要靠人的主观建构。再如在欧氏几何中点没有大小，边没有宽度，但是在黑板上的点、线却有宽度，也不笔直，作出的三角形，每个人对三角形的大小、形状理解不一样，但彼此都能够理解。这种几何学的三角形，存在于人的头脑中，是人主观建构的结果。

另外，一部分建构主义学者认为，数学知识是按照个人的主意识而定的，知识在被接受之前，对个体而言并没有任何意义，人的意识是否符合客观现实，是不可以检验也没有没要检验的，这是一种“不可知”论体现。但如果经过人们反复实践的检验，现实世界是可以认识的，数学真理确实是现实世界的反映。所以，人们对客观现实世界真理的反映主要源于人们的能动性的反映，如果只局限于追从或听信极端的建构主义学者的观点，就会导致唯心主义，是不科学的，故而需要注意分辨。

1.4.2 何为数学理解

如果按照建构主义观点“数学知识不可能以实体的形式存在于个体之外”、“真正地理解数学知识只能由学习者自身基于自己的经验背景而建构起来，”数学理解是一种个人在特定情况下的学习活动，并非死记硬背或被动的复制式学习。由建构主义的观点，“数学课本上的知识只是一种关于某种现象较为可靠的解释或假说，并不是对现实世界解释的‘绝对参照’”。

建构主义强调以学生的学习为中心，学生是学习的主体。学生对数学知识的理解只能依靠学生自己完成，对新的知识进行分析、检验和批判是真正理解的前提。这当然是正确的，如在平面几何中，直角三角形都满足两直角边的平方之和等于第三边的平方（勾股定理），可以通过量一量就可以证明定理的正确性。但是，要真正地理解它，只从“量”的角度去论证是不严密的，此定理的正确性还需要经过严格的推理论证。通过“量”来说明定理的正确性，只不过是一种表象的“解释”而已，不是科学的参照。

建构主义的一些观点认为，学习者在接受知识之前，对学习者毫无意义。因此，预先将确定了的知识教给学生，以我们自己对知识的理解方式来传授给学生。“这是一种不考虑人类积累知识的权威性，否定‘接受式’学习，否定教科书的重要性，否定教师的主导作用，这是一种会走向唯心主义的误区。”

1.4.3 儿童如何学习数学

建构主义把学习分为复制式（transcriptive）和建构式（constructive）学习两种学习方式。

建构主义教育理论反对之前的数学教学方式，数学知识的学习是通过教师的讲解、学生练习，再通过测试的手段检查学生的学习效果。这是一种强加式的建立在教师观念上的复制式学习。事实上，学习者经常出现错误和误解，原因是他们没有建构地理解数学、学习数学，所以他们往往出现错误的演算过程或紊乱的逻辑推理。

通过建构主义学者大量研究表明，儿童在上学之前就会产生一种主动建构的、有意义的数学知识，被叫作非形式的数学知识；只有儿童入学之后才会使用符号写成的形式数学。另外，研究发现，“儿童常常不按照老师的方式去做数学”，换句话说，儿童在学习新的数学知识过程中，不是一味地模仿和接受成人的思维方式和策略，他们需要用自己已有的数学知识和经验去理解和筛选新的信息，实现同化它的目的。如果儿童发现教师给出的数学知识和所呈现的信息与他们自己已有的数学知识没有联系，在这种情况下教师的讲授是无效的。所以，如果教师只按照自己的理解方式强迫学生学习是不科学的。

基于建构主义的这些观点，在一定程度上是正确的。数学教育教学应该遵循学生的认知发展规律、年龄特征及个性特点，教学不能不考虑教学对象而盲目施教。当然，我们不能排除学生已有的数学知识、思维习惯、认知规律是相似的，具有一般性的规律。这是学校教育教学的重要依据。要将个别教育与班集体的整体教育有机融合、相互补充，个别教育与具体教学分开是不可取的。

1.4.4 教师怎样开展数学课堂教学

传统教学的一般流程为复习、讲授新课、课堂练习、作业布置。建构主义者对这种教学法是极为反对的，他们认为这种方式不能很好地为学生提供使用更高认知水平技能的场所，容易使学生产生误解（misconception）。当代建构主义者提出一系列的教学思想。

1. 认知灵活性理论与“随机通达教学”

认知灵活性理论反对让学生被动接受知识，强调要留给学生足够的建构空间，且强调概念的重要性，认为概念是建构理解的必要基础。此理论将学习分为初级学习和高级学习两个阶段，在前者中，教师对学生的要求只是通过一些练习和反馈理解其中重要的概念和事实即可；高级学习不仅要求学生要掌握概念的复杂性，而且能够将自己已有的知识、经验进一步建构用于解决新的问题。传统教学往往将初级学习阶段的教学策略不科学地运用到高级学习阶段的教学中，导致教学过于简单化，例如忽视复杂的背景，把连续的过程简单地处理，随意切割问题的整体，忽略各部分之间的联系等问题。这一系列的简单化处理正是阻碍学习的建构和知识的迁移的主要原因。

基于高级学习的理解，建构主义者提出了“随机通达教学”，即针对同一个内容的学习主张在不同的时间多次进行，分不同的情景、从知识的不同侧面进行教学，使得学生在每次教学中都能够获得对知识的新的理解，让学生从不同的角度掌握知识的实质。这一思想正是体现出“知识的螺旋式”发展。

2. 整体性的教学设计及构建网络状的知识结构

一方面，传统的教学设计一般是从最基本的知识技能出发，根据知识的层次结构，由低级往高级逐步展开。当代建构主义认为，这种教学设计太过于简单化。他们提出了整体性的教学设计思路，即教师先给出整体性的学习任务，从中筛选出与学生已有活动经验有关的问题，且为学生提供解决问题的工具；鼓励学生自己尝试对整体任务进一步细化为子任务，要求学生通过自己或小组的思考、探索解决问题的策略，最终完成学习任务。

另一方面，建构主义者认为，知识是一个围绕某一个概念展开的网络结构，这一知识的网络结构包括知识背景、概念、原理及条件、观念等。教学中，教师可以从网络的任意一个部分切入，当然，教学前教师需要对某一知识的网络结构了如指掌，做到宏观把握，引导学生从某一个概念等网络的任意一部分开始学习，不需要强调或严格按照直线型层次开始教学。

3. 情境性教学

建构主义者强调，“学习应在与现实情景相类似的情景中发生，教学目标是解决学生在现实生活中遇到的问题，学习内容要选取真实性任务，并非对其作简单化处理。”所以，在教学过程中，教师需要提供与解决实际问题相关的背景，展示解决问题的发生发展过程，提供解决问题的原型，引导学生进行探索。发展学生积极主动的知识建构，实现问题解决的全貌。

4.“脚手架”式教学

“提供脚手架是基于维果斯基的辅助性学习概念而产生的一种做法。”维果斯基认为，有目的地进行记忆和注意的能力、用符号进行思维的能力等高级心理机能，都称为中介行为（De Vries，2008）。根据这一观点，从实践层面上来说，在课程的开始阶段教师首先要为学生提供脚手架（教学过程的框架结构、管理、调控），让学生掌握和内化所学的知识，然后逐渐地将学习任务交给学生，让学生自己进行活动。事实上，脚手架教学类似于指导发现法教学，但它同时强调了教师指导成分的渐进减少，在此过程中，师生之间的地位是动态的。

除此之外，建构主义教学观还强调合作学习、发现学习及自主学习。建构主义教学通常采用合作学习。认为学生需要互动讨论问题，只有这样他们才容易发现和理解困难的概念。强调学习的社会属性及小组成员示范正确的思维方式或暴露及挑战彼此的错误概念（Webb，2008）。

发现学习（discovery learning）是当代建构主义教学中重要组成部分。教师应该鼓励学生自主探索概念或原理进行学习，在此过程中体验知识的发生过程，学会自我总结、归纳及发现规律。正如发现学习的倡导者布鲁纳（Bruner，1996）所言：“我们所讲授某门课程不是为了生产记载该科学知识的活的文库，而是要让学生自己去思考……像历史学家一样去考虑问题，去参与获得知识的过程。理解一个过程，而不是一个结果。”发现学习不仅可以唤起学生的好奇心，激发学生努力坚持，指导发现答案，而且学生通过分析、处理各种信息，使他们能够学会独立解决问题和批判性思维技能。当然，发现学习在一定程度上比较花费时间，所以，教学中应该提倡指导性发现学习更为高效和常用。在指导性发现学习中，教师起到关键性的作用，给出线索，规范活动结构或提供纲要。

自主学习是建构主义学习理论的重要概念之一。自主学者知道如何将复杂的问题分解为简单的几步或尝试其他解决的方案（Hall & Greeno，2008）；知道何时学习何时精读以及达到什么样的理解程度；知道怎样写作（Zimmerman & Schunk，2001）。而且，自主学习者受到学习活动本身的激励，而不受分数或其他人赞赏的驱使（Boekaerts，2006）。他们能够始终坚持一项长期的工作或学习，直到完成为止。教师可以引导学生有策略地开展自主学习活动，可以促使他们成为有效的学习者，而且更容易产生终生学习的动机。研究表明，教授学生自主学习策略的项目能够提高学业成就。

总之，为了适应建构主义指导下的数学教学，教师除了“必须理解学生的数学现实、理解人类思考数学的现实、理解数学现实”之外，教师还应该建立起学生理解数学的基本模式，充分考虑学生自我建构能力的强弱，科学选取符合学生及知识内容特点的教学方式。主要在于教师对课堂引导策略的选取，如：

（1）加强学生自我管理和激励他们为自己的学习负责；

（2）发展学生的反思思维能力；

（3）鼓励学生积极参与尝试、辨认和选择解决问题途径的活动；

（4）明确学习活动、学习材料的目的。

由此说明，教师所承担的教学任务之一是要去关注学生的思想以及他们研究问题建构的数学意义。

1.4.5 科学应用建构主义的合理成分

我们不能否认，建构主义对人的认识过程及学生的学习过程具有很大的科学性价值。但是，“建构主义从哲学层面上来说具有主观唯心主义成分，将它应用到数学教学，是有一定过分极端的提法”。

在美国《数学论坛》（网址 http：//www.mathforum.com）中对建构主义的解释为：“学生需要对每一个数学概念构造自己的理解，使得‘教’的作用不再是演练、解释，或者企图‘传送’知识，而是为了促使学生进行心智建构创设学习环境和条件。这种教学方法的关键，是将每一个数学概念按照皮亚杰的知识理论分解成很多发展性的步骤，这些步骤的确定要基于对学生的观察和谈话。”根据这样的定义，很显然，忽视了教师的讲授，教师唯一的作用是只要创设好环境就让学生去自己进行建构。由此，教师在教学中的“示范作用”“引导者”的角色并没有意义了，教师只是一个“旁观者、合作者、引导者”。这种说法是不科学的。

当然，我们是赞成“学生是学习的主体”这一说法。但是，不能一味地毫无科学地“放手”让学生盲目学习，因为教育的对象是学生，要遵循他们发展的客观规律、个性品质。而且前人的知识和检验是很多的，在一定的时间内要使得学生能够高效学到有用的知识，缺少不了教师传承知识和经验的作用。何况教师在课堂教学中赋有“传授”人类文明及知识的任务，已有主导课堂教学的重任。所以，依靠建构主义教学仅仅凭借学生的兴趣，自己探索，根本达不到高效的教学。针对建构主义学说，我们应该从中吸取精华，排除一些不科学的、带有唯心主义色彩的、极端的部分，这样我们的数学教育改革和发展才能走得更好、更远。

1.5 弗赖登塔尔数学教育思想

汉斯·弗赖登塔尔（Hans Freudenthal，1905—1990），荷兰人，世界著名数学家、数学教育家。他出生在德国，1930 年在柏林大学获得博士学位，1946 年起在荷兰 Utrecht 大学任大学教授。他曾经是皇家科学院院士和数学教育研究所所长，早年主要从事数学研究，专长为李群和拓扑学。在 1967 年至 1970 年间担任“国际数学教育委员会”（ICMI）主席，在他的推动下，“国际数学教育大会”（简称 ICME）从国际数学大会中独立出来，成为一个促进数学教育交流与发展的国际机构，并且每四年召开一次。在 ICME 上，他倡导数学教育研究要像研究数学一样，以科学论文的形式交流研究心得，探讨的主要内容包括：前人研究了什么，依据是什么，我们发现了什么，并且要有理有据，这是数学教育发展的重要的变革。1987 年，82 岁高龄的弗赖登塔尔受华东师范大学的邀请于上海讲学两周，之后又访问北京。他在中国讲学的讲稿——*Revisiting Mathematics Education*（*China Lecture*）于 1994 年被荷兰出版，同年有中文译本。

弗赖登塔尔是一位伟大的数学教育家，20 世纪 50 年代起就进行数学教育方面的研究工作，在他的一生中发表关于数学教育的论文百余篇，出版了许多数学教育著作。其中，弗赖登塔尔的数学教育思想和观点主要体现在以下代表作《作为教育任务的数学》（*Mathematics as an Educational Task*）（1973 年）、《播种和除草》（*Weeding and Sowing*）（1978 年）、《数学结构的教学法现象学》（*Didactical Phenomenology of Mathematical Structures*）（1983 年）及《数学教育再探》（*Revisting Mathematics Education，China Lectures*）（1991 年）的论述中。

弗赖登塔尔的数学教育思想主要体现了以下三个方面特征：

（1）以“情境—问题”教学为载体，强调“再创造”思想在课堂实际教学中的应用。

（2）数学是在“数学化”的过程中产生的。

（3）数学来源于现实，并且应用于现实，这是弗赖登塔尔的基本出发点。

这些特征概括起来可以称为数学现实、数学化、再创造。

1.5.1 数学现实

数学来源于现实，存在于现实，并且应用于现实，而且每一个学生有各自的“数学现实”，这是弗赖登塔尔的基本出发点。数学来源于现实世界中人类经验的总结。“数学现实是学生从客观现实中抽象、整理出来的数学知识及现实背景的总和。”数学教育的内容与目标与现实有着密切联系的，并应用于现实的数学，单纯地强调数学的抽象性质和体系，不与现实背景密切联系是不科学的。

每个学生对待环境、事物、客观世界的角度和个人的想法不同，他们的数学现实也就会不同，把数学与现实紧密相连形成数学现实是多样化的。数学教师的任务之一，就是去帮助学生构建数学现实，在此基础上发展他们的数学现实。例如，在教学过程中，教师依据学生的认知规律、已有的生活经验及数学实践，可以提出一些简单的实际问题，灵活处理教材，根据实际问题经过组织优化原材料，最终实现现实、学生和数学融为一个有机整体。数学现实体现了弗赖登塔尔“数学教育即是现实的数学教育”核心思想。

弗赖登塔尔认为，数学教学以“情景—问题”为载体。教师需要引导学生探索周围世界，保持与现实生活密切联系，这是发现问题的源泉。同时教师要把握教材的与生活实际的联系，从中抓住数学概念和解决实际问题，实现数学化。

在运用数学现实的教学中，教师需要认清以下几点问题：

（1）数学现实与一般说的理论联系实际原则是有区别的。数学现实是把数学现实和客观现实进行有机融合，它们之间相互联系并相互转化，并不是先学理论后与实践相连，也并非引入实际问题，死套公式做题。数学现实主要体现在学生主观能动性和认识世界的数学概念和方法上，是一个有机体。

（2）数学的概念、数学的运算、法则，还有数学的命题都产生于现实世界的需要而形成的，是人类对客观世界的抽象及经验的总结。所以，数学教学内容来源于现实世界。教学中，教师很有必要把最能反映现实生活生产，当代社会生活最基本、最重要、最核心的数学知识和技能作为数学教学内容。

（3）数学教育研究的范围和对象主要来源于对现实世界现象的抽象和表征。我们都知道，现实世界的事物内部之间是相互联系、相互影响，同时也是多元化的。这样，如果针对中学教学来说，我们的教学内容不光是代数、几何等这些基本知识，还需要把日常生活中如银行利息问题、商品的生产、现代理财、工农业生产问题及航空航天等科学问题与教学相联系。这样的数学教学内容不仅横纵地体现“现实的数学”，而且更加促进学生对数学体系的整体把握和提高学生数学的运用能力。

1.5.2 数学化

弗赖登塔尔认为，人类在认识、探索及改造客观世界、解决问题的过程中，运用数学的思想和方法来分析和研究客观世界的现象并加以组织的过程，就称为数学化。事实上，数学化指的是数学地组织现实世界的过程。由此定义可以说明，他所注重的是数学活动，关注数学家研究数学的发生发展过程。

数学是在数学化的过程中产生和发展的，数学作为一种活动的主要特征是数学化。它是一个有层次、不断发展的过程。数学化的对象来源于数学本身和现实的客观事物；数学本身的数学化，即对数学知识的深化和处理，或者可以理解成对数学知识系统化，最终形成不同层次的公理化体系及形式体系，使得原有的数学知识体系变得更加全面。客观世界的数学化，是形成数学概念、运算法则、规律、定理，以及为解决实际问题而构造的数学模型等。

根据以上对数学化的理解，事实上，现实数学教育所说的数学划分为两种形式：一是将现实问题转化为数学问题的数学化，挖掘实际问题中的数学成分，并加以符号化的处理，在这种形式的数学化之下，在教学过程中，可通过现实中的实际问题，引导学生分析具体问题中的数学成分，建立与之相应的数学模型，采取不同的方法使这些数学成分加以符号化处理，利用数学规则、公理、数学运算等思想和方法做出形式化的表述。二是在数学的范畴之内对已经符号化了的数学问题做进一步的处理，对于第二种形式的数学化，采用数学公式表示出已经符号化的数学问题，并对其做出相应的论证，尝试使用不同的方法建立不同的数学模型，再对不同的模型进一步归纳总结、综合，最终选取更好的新模型，最后对模型进行一般化的推广、应用。

1.5.3 再创造

学生在一定的指导下，通过自己的实践来获取数学知识的学习过程就叫作“再创造”，事实上，学生“再创造”学习数学的过程就是一个“做数学”的过程。弗赖登塔尔认为，数学教育方法的核心是学生的“再创造”，学生在学习数学的过程中，根据自己的已有经验、思维方式，对数学知识的理解、反思及创造过程。它强调学习数学知识，需要在创造数学中学习数学，强调以学生为主体的数学学习活动对学生理解数学的重要性，强调“做数学”是理解数学的主要因素。弗赖登塔尔说“再创造”的核心是学习数学的过程的再现。这就要求学生自己把所学的东西发现或创造出来，教师不能将教学内容强加于学生，进行灌输式教学，更不能通过学习现成的数学知识来培养学生，数学的每次学习都需要有意义的重新创造，教师的任务是引导学生进行再创造的学习。

弗赖登塔尔的数学教育思想对数学教育质量的提升在国际上有目共睹。他的数学教育思想产生于实践，并在实践中被证明，且抓住了数学教育的特征，从而构建了“数学现实”“数学化”“再创造”“思辨数学”“数学反思”等很多著名的教育教学思想和观点。

当然，弗赖登塔尔的很多教学著作是在观察儿童学习数学学习的过程中产生，其理论具有一定的其局限性，教育方法一般适用于学龄前儿童和小学生，如何在中国的应试教育下将其思想为我所用，尤其是如何在高中和大学的课堂中的具体实施，将弗赖登塔尔思想教育思想中国化，是有待于进一步解决的问题之一。

第2章 数学课程标准解读

2.1 《义务教育数学课程标准（2011 年版）》解读

2.1.1 前言

《义务教育数学课程标准（2011 年版）》（以下简称《课程标准（2011 年版）》）是《全日制义务教育数学课程标准（实验稿）》（以下简称《实验稿》）的继承和发展。在遵循国家颁布的《国家中长期教育改革与发展规划纲要（2010—2020）》指导性文件下，阐述了义务教育阶段数学课程的前言、课程目标、课程内容以及实施建议。按照基础教育课程改革的总体方向，对十年来新课程实施的经验和发展趋势，从整体上粗略地解读和分析我国现行初中数学课程标准，以期为教师面对“怎样培养人”和“培养什么人”提供参考，进一步落实学生核心素养的发展。为了便于更加深刻地理解和运用课程标准来指导一线教师的数学教学。以下将从前言部分、核心概念、课程目标、课程内容等方面进行阐述。

课程标准是“教学大法”，是教材编写、教师教学和考试评价、监督管理的依据。修订后的课程方案主要变化：基于核心素养目标，从注重学科逻辑到更多关注生活逻辑。与之前《实验稿》相比，《课程标准（2011 年版）》在前言部分，重新阐述了数学及数学教育的含义，将原来的“数学是人们对客观世界定性把握和定量刻画、逐渐抽象概括、形成方法和理论，并进行广泛应用的过程”修改为“数学是研究数量关系和空间形式的科学”，这样的描述简洁、具体，教师在教学实践中操作起来更方便、准确。

《课程标准（2011 年版）》中增加了“数学课程的性质”，明确指出“义务教育阶段的数学课程是培养公民素质的基础课程，具有基础性、普及性和发展性”，“义务教育的数学课程能为学生未来生活、工作和学习奠定重要的基础”，进一步明确了义务教育阶段数学课程在提高公民素质中的重要作用。

1. 关于数学课程的认识

在课程基本理念部分，数学课程标准提出了一系列明确的教育理念，主要对数学课程、课程内容、教学活动、学习评价以及信息技术的发展等五个方面的阐述。两版课程标准对比见表 2-1。

表 2-1 课程基本理念的变化

《课程标准（2011 年版）》	《实验稿》
数学课程—课程内容—教学活动—学习评价—信息技术 数学课程应致力于实现义务教育阶段的培养目标，要面向全体学生，适应学生个性发展的需要，使得：人人都能获得良好的数学教育，不同的人在数学上得到不同的发展	数学课程—数学—数学学习—数学教学—评价—信息技术 义务教育阶段的数学课程应突出体现基础性、普及性和发展性，使数学教育面向全体学生，实现：人人学有价值的数学；人人都能得获必须的数学；不同的人在数学上得到不同的发展

《实验稿》中指出的是“人人学有价值的数学，人人都能获得必需的数学”，这里的“必需”指代不具体、操作起来不方便，《课程标准（2011 年版）》中修改为“人人都能获得良好的数学教育，不同的人在数学上得到不同的发展”。良好的评判标准又在哪里？张丹等人认为良好的数学教育至少应该满足如下几条标准：① 能全面实现育人的目标；② 能促进学生的可持续发展；③ 能满足学生未来生活和进一步工作学习的需求。唐恒钧等人将数学教育价值分为：工具价值、认识价值和文化价值。具体描述见表 2-2。

表 2-2 数学教育价值观念的分析维度与描述

维度	描述
工具价值	将数学视为一种工具，为其他学科、生活、生产提供语言和工具，强调数学应用性，同时强调一些基本技能的熟练
认识价值	将数学视为思维训练的载体，强调数学对人认识能力发展的作用。表现为对抽象、系统、理论知识的强调，并注重数学思想方法
文化价值	将数学视为一种文化，强调数学的文化力量及其发展的文化相关性，和对数学真、善、美的体验与理解

当然它们都强调了学生所要学习的数学应该是有价值的，前者更加侧重于学习内容价值的判断，后者更加注重个体的发展上。

2. 关于课程内容的认识

“课程内容”是《课程标准（2011 年版）》新增部分，从内容选择、内容组织、内容呈现上予以表述。内容选择上要结果与过程并重、知识与思想并重，要贴近学生实际；内容组织上要处理好过程与结果、直观与抽象、直接经验与间接经验的关系；内容呈现上要体现出层次性与多样性。

（1）对于课程内容提出要反映社会的需要、数学的特点，要符合学生的认知规律。它不仅包括数学的结果，也包括数学结果的形成过程和蕴涵的数学思想方法。关于数学思想方法的详细阐述见第 7 章。这里课程内容就要求教师要处理好基础知识、基本技能、基本思想和基本活动经验之间的联系。

（2）课程内容的选择要贴近学生的实际，有利于学生体验与理解、思考与探索。课程内容的组织要重视过程，处理好过程与结果的关系；要重视直观，处理好直观与抽象的关系；要重视直接经验，处理好直接经验与间接经验的关系。课程内容的呈现应注意层次性和多样性。这就要求教师处理好理论与现实的问题。一方面要教给学生更多的间接经验和知识概念，另一方面也要贴近学生的现实生活，做到有所兼顾。还要有分科课程和综合课程，一方面要按照分科的思路组织课程内容，另一方面也要强调课程的综合，按照生活逻辑将知识组织起来。

3. 关于教学活动的认识

对于教学活动，《课程标准（2011 年版）》中提出师生积极参与、交往互动、共同发展的过程。有效的教学活动是学生学与教师教的统一，学生是学习的主体，教师是学习的组织者、引导者与合作者。通过恰当的问题，或者准确、清晰、富有启发性的讲授，引导学生积极思考、求知求真，激发学生的好奇心；通过恰当的归纳和示范，使学生理解知识、掌握技能、积累经验、感悟思想；能关注学生的差异，用不同层次的问题或教学手段，引导每一个学生都能积极参与学习活动，提高教学活动的针对性和有效性。这里体现了教师与学生之间是一个有机的整体，共同参与完成整过学习过程。

教师与学生的“合作”主要体现在：教师以平等、尊重的态度鼓励学生积极参与教学活动，启发学生共同探索，与学生一起感受成功和挫折、分享发现和成果。在数学教学活动中，对于学生学习应当是一个生动活泼的、主动的和富有个性的过程。除接受学习外，动手实践、自主探索与合作交流同样是学习数学的重要方式。学生应当有足够的时间和空间经历观察、实验、猜测、计算、推理、验证等活动过程。对教师教学方面，教师教学应该以学生的认知发展水平和已有的经验为基础，面向全体学生，注重启发式和因材施教。教师要发挥主导作用，处理好讲授与学生自主学习的关系，引导学生独立思考、主动探索、合作交流，使学生理解和掌握基本的数学知识与技能、数学思想和方法，获得基本的数学活动经验。教师和学生在教学活动中分工明确，各司其职。

4. 关于学习评价的认识

对于学习评价：一是从学生学习方面，全面了解学生数学学习的过程和结果，二是通过学生学习过程和结果，激励学生学习和改进教师教学提供一定的参考。三是评价方法的多样性，建立目标多元、方法多样的评价体系。评价既要关注学生学习的结果，也要重视学生学习的过程；既要关注学生数学学习的水平，也要重视学生在数学活动中所表现出来的情感与态度，帮助学生认识自我、建立信心。

5. 关于信息技术的发展认识

信息技术的发展对数学教育的价值、目标、内容以及教学方式产生了很大的影响。对教师而言，信息技术不仅仅是做课件和文档，更重要的是将数学课程的设计与实施应根据实际情况合理地运用现代信息技术，要注意信息技术与课程内容的整合，注重实效。辅助教师的教学，将学生的思维引向纵深，要充分考虑信息技术对数学学习内容和方式的影响。对学生而言，信息技术的开发能向学生提供丰富的学习资源和学习空间，把现代信息技术作为学生学习数学和解决问题的有力工具，有效地改进教与学的方式，使学生乐意并有可能投入到现实的、探索性的数学活动中去。

2.1.2 《义务教育数学课程标准（2011 年版）》核心概念

课程内容中安排了“数与代数”“图形与几何”“统计与概率”“综合与实践”四个部分的学习领域。在《实验稿》的基础上核心概念发生了变化，由原来的 6 个增加到 10 个。这 10 个核心概念涵盖了四个部分的课程内容。图 2-1 列举了《实验稿》与《课程标准（2011 年版）》在课程内容中所包含的核心词条目的对比。

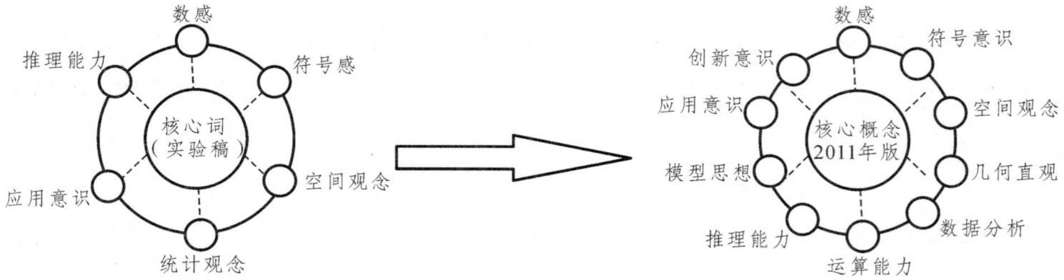

图 2-1　《实验稿》与《课程标准（2011 版）》比较

1. 数感

数感主要是指关于数与数量、数量关系、运算结果估计等方面的感悟。建立数感有助于学生理解现实生活中数的意义，理解或表述具体情境中的数量关系。

2. 符号意识

符号意识主要是指能够理解并且运用符号表示数、数量关系和变化规律；知道使用符号可以进行运算和推理，得到的结论具有一般性。建立符号意识有助于学生理解符号的使用是数学表达和进行数学思考的重要形式。

3. 空间观念

空间观念主要是指根据物体特征抽象出几何图形，根据几何图形想象出所描述的实际物体；想象出物体的方位和相互之间的位置关系；描述图形的运动和变化；依据语言的描述画出图形等。

4. 几何直观

几何直观主要是指利用图形描述和分析问题。借助几何直观可以把复杂的数学问题变得简明、形象，有助于探索解决问题的思路，预测结果。几何直观可以帮助学生直观地理解数学，在整个数学学习过程中都发挥着重要作用。“几何直观”的增添根植于对创新思维培养的要求，形象思维、直觉思维是创新思维的重要方面，它们具有同逻辑思维同等重要的地位。形象、直觉思维要利用表象，具有整体性。“几何直观”即是指利用图形描述和分析问题，帮助学生直观地理解数学。

5. 数据分析

数据分析观念包括：了解在现实生活中有许多问题应当先做调查研究，收集数据，通过分析做出判断，体会数据中蕴含着的信息；了解对于同样的数据可以有多种分析的方法，需要根据问题的背景选择合适的方法；通过数据分析体验随机性，一方面对于同样的事情每次收集到的数据可能不同，另一方面只要有足够的数据就可能从中发现规律。

6. 运算能力

运算能力主要是指能够根据法则和运算律正确地进行运算的能力。培养运算能力有助于学生理解运算的算理，寻求合理简洁的运算途径解决问题。“运算能力”的增添根植于十年课改中学生运算能力下降的事实，力图恢复中国传统数学教学运算快速而准确、技能扎实而熟练的优势。

7. 推理能力

推理能力的发展应贯穿在整个数学学习过程中。推理是数学的基本思维方式，也是人们学习和生活中经常使用的思维方式。推理一般包括合情推理和演绎推理，合情推理是从已有的事实出发，凭借经验和直觉，通过归纳和类比等推断某些结果；演绎推理是从已有的事实（包括定义、公理、定理等）和确定的规则（包括运算的定义、法则、顺序等）出发，按照逻辑推理的法则证明和计算。在解决问题的过程中，合情推理用于探索思路，发现结论；演绎推理用于证明结论。

8. 模型思想

模型思想的建立是学生体会和理解数学与外部世界联系的基本途径。建立和求解模型的过程包括：从现实生活或具体情境中抽象出数学问题，用数学符号建立方程、不等式、函数等表示数学问题中的数量关系和变化规律，求出结果并讨论结果的意义。这些内容的学习有助于学生初步形成模型思想，提高学习数学的兴趣和应用意识。“模型思想”的增添根植于对数学基本思想的认识，史宁中教授认为数学基本思想本质上有 3 个，第一是抽象，第二是推理（包括合情推理与演绎推理），第三是模型，模型是沟通数学与外部世界的桥梁。“模型思想”反映了弗赖登塔尔提出的“数学化”理念，即人们把实践中的数学元素析取出来，转化为数学问题，发现其中的数学规律，并通过再抽象和整理上升到形式化模型，然后回到实践中检验和调整的过程。

9. 应用意识

应用意识有两个方面的含义：一方面有意识地利用数学的概念、原理和方法解释现实世界中的现象，解决现实世界中的问题；另一方面，认识到现实生活中蕴涵着大量与数量和图形有关的问题，这些问题可以抽象成数学问题，用数学的方法予以解决。在整个数学教育的过程中都应该培养学生的应用意识，综合实践活动是培养应用意识很好的载体。

10. 创新意识

创新意识的培养是现代数学教育的基本任务，应体现在数学教与学的过程之中。学生自己发现和提出问题是创新的基础；独立思考、学会思考是创新的核心；归纳概括得到猜想和规律，并加以验证，是创新的重要方法。创新意识的培养应该从义务教育阶段做起，贯穿数学教育的始终。“创新意识”的增添可作为本次课标修订的旗帜性理念，为未来数学课改的发展指明了方向。无论是“几何直观、模型思想”等核心词的增添，还是“四基、四能”目标的提出，均是为了培养学生的创新意识与能力。

2.1.3 课程目标

关于课程目标，义务教育阶段数学课程目标分为总目标和学段目标，从知识技能、数学思考、问题解决、情感态度等四个方面加以阐述。课程目标的呈现主要便于教材编写、教师教学、学生学习以及教师和学生的评价。其中，总目标主要指全局性、方向性、指导性，具体包括：知识技能、数学思考、问题解决、情感态度。而学段目标分三个学段：第一学段（1~3）、第二学段（4~6）、第三学段（7~9），当然，每个学段目标的开展也是围绕“知识技能、数学思考、问题解决、情感态度”四个具体目标。课程目标划分见图 2-2。

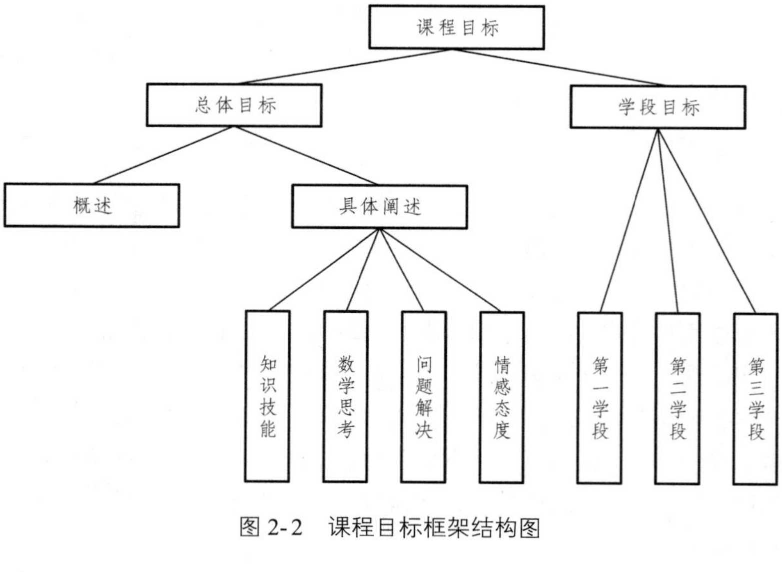

图 2-2　课程目标框架结构图

1. 总目标

《课程标准（2011 年版）》提出了义务教育阶段数学课程的总目标。通过义务教育阶段的数学学习，学生能够：

（1）获得适应社会生活和进一步发展所必需的数学的基础知识、基本技能、基本思想、基本活动经验。

（2）体会数学知识之间、数学与其他学科之间、数学与生活之间的联系，运用数学的思维方式进行思考，增强发现和提出问题的能力、分析和解决问题的能力。

（3）了解数学的价值，提高学习数学的兴趣，增强学好数学的信心，养成良好的学习习惯，具有初步的创新意识和实事求是的科学态度。

将总目标从“知识技能、数学思考、解决问题、情感态度”四个方面具体阐述，见表 2-3。

表 2-3　总目标具体阐述

知识技能	●经历数与代数的抽象、运算与建模等过程，掌握数与代数的基础知识和基本技能。 ●经历图形的抽象、分类、性质探讨、运动、位置确定等过程，掌握图形与几何的基础知识和基本技能。 ●经历在实际问题中收集和处理数据、利用数据分析问题、获取信息的过程，掌握统计与概率的基础知识和基本技能。 ●参与综合实践活动，积累综合运用数学知识、技能和方法等解决简单问题的数学活动经验
数学思考	●建立数感、符号意识和空间观念，初步形成几何直观和运算能力，发展形象思维与抽象思维。 ●体会统计方法的意义，发展数据分析观念，感受随机现象。 ●在参与观察、实验、猜想、证明、综合实践等数学活动中，发展合情推理和演绎推理能力，清晰地表达自己的想法。 ●学会独立思考，体会数学的基本思想和思维方式
问题解决	●初步学会从数学的角度发现问题和提出问题，综合运用数学知识解决简单的实际问题，增强应用意识，提高实践能力。 ●获得分析问题和解决问题的一些基本方法，体验解决问题方法的多样性，发展创新意识。 ●学会与他人合作交流。 ●初步形成评价与反思的意识
情感态度	●积极参与数学活动，对数学有好奇心和求知欲。 ●在数学学习过程中，体验获得成功的乐趣，锻炼克服困难的意志，建立自信心。 ●体会数学的特点，了解数学的价值。 ●养成认真勤奋、独立思考、合作交流、反思质疑等学习习惯，形成实事求是的科学态度

需要说明的是，这四个方面是一个密切联系、相互交融的有机整体，对人的发展具有十分重要的作用，它们是在丰富多彩的数学活动中实现的。其中，数学思考、问题解决、情感态度的发展离不开知识与技能的学习，同时，知识技能的学习必须有利于其他目标的实现为前提，整个过程贯穿了“四基”和“四能”。

2. 学段目标

本部分分别阐述了各个学段中“知识技能”“数学思考”“问题解决”“情感态度”四个方面的具体目标。这里主要表述第三学段（7~9 年级）目标，见表 2-4。

表 2-4　第三学段目标具体阐述

知识技能	●体验从具体情境中抽象出数学符号的过程，理解有理数、实数、代数式、方程、不等式、函数；掌握必要的运算（包括估算）技能；探索具体问题中的数量关系和变化规律，掌握用代数式、方程、不等式、函数进行表述的方法。 ●探索并掌握相交线、平行线、三角形、四边形和圆的基本性质与判定，掌握基本的证明方法和基本的作图技能；探索并理解平面图形的平移、旋转、轴对称；认识投影与视图；探索并理解平面直角坐标系，能确定位置。 ●体验数据收集、处理、分析和推断过程，理解抽样方法，体验用样本估计总体的过程；进一步认识随机现象，能计算一些简单事件的概率
数学思考	●通过用代数式、方程、不等式、函数等表述数量关系的过程，体会模型的思想，建立符号意识；在研究图形性质和运动、确定物体位置等过程中，进一步发展空间观念；经历借助图形思考问题的过程，初步建立几何直观思维。 ●了解利用数据可以进行统计推断，发展建立数据分析观念；感受随机现象的特点。 ●体会通过合情推理探索数学结论，运用演绎推理加以证明的过程，在多种形式的数学活动中，发展合情推理与演绎推理的能力。 ●能独立思考，体会数学的基本思想和思维方式。建立数感、符号意识和空间观念，初步形成几何直观和运算能力，发展形象思维与抽象思维
问题解决	●初步学会在具体的情境中从数学的角度发现问题和提出问题，并综合运用数学知识和方法等解决简单的实际问题，增强应用意识，提高实践能力。 ●经历从不同角度寻求分析问题和解决问题的方法的过程，体验解决问题方法的多样性，掌握分析问题和解决问题的一些基本方法。 ●在与他人合作和交流过程中，能较好地理解他人的思考方法和结论。 ●能针对他人所提的问题进行反思，初步形成评价与反思的意识
情感态度	●积极参与数学活动，对数学有好奇心和求知欲。 ●感受成功的快乐，体验独自克服困难、解决数学问题的过程，有克服困难的勇气，具备学好数学的信心。 ●在运用数学表述和解决问题的过程中，认识数学具有抽象、严谨和应用广泛的特点，体会数学的价值。 ●敢于发表自己的想法、勇于质疑，养成认真勤奋、独立思考、合作交流等学习习惯，形成实事求是的科学态度

从第三学段目标的阐述中可看出，涵盖了课程内容中“数与代数、图形与几何、统计与概率”三个领域，而“综合与实践”在这里没有作具体阐述。

2.1.4 课程内容分析

义务教育数学阶段课程内容分为“数与代数”“图形与几何”“统计与概率”“综合与实践”四个领域。这里主要阐述第三学段的课程内容，由于四个领域与标准后面的案例和实施建议有着密切联系，主要从四个领域的变化和学生发展的角度出发，重点考虑与前后学段的知识内容的衔接，与学生的生活经验和未来的生活实践的联系，学生对知识内容的接受能力和水平。

2.1.4.1“数与代数”内容

“数与代数”内容主要包括数的概念、数的运算、数量的估计；字母表示数，代数式及其运算；方程、方程组与不等式、函数等，它们都是研究数量关系和变化规律的数学模型，可以帮助人们从数量关系的角度更准确、清晰地认识、描述和把握世界。“数与代数”内容结构上没有变化：数与式；方程与不等式；函数。

1. 数与式增加或强化的内容

（1）增加了最简二次根式和最简分式两个概念，要求是了解。

（2）把整式概念的教学要求由“了解”提高到了“理解”，掌握合并同类项和去括号的法则。简单的整式乘法运算中，原来是仅要求一次式之间的相乘，这里增加了一次式与二次式相乘。

（3）增加了会用根号表示数的算术平方根和能求实数的相反数与绝对值的要求。

（4）把“会求有理数的相反数与绝对值（绝对值符号内不含字母）”的要求由“会”提高到“掌握”，即“掌握求有理数的相反数与绝对值的方法”。并且增加了“知道 $|a|$ 的含义（这里 a 表示有理数）”；《实验稿》要求绝对值符号内不含字母。

（5）在推导公式中增加了公式的推导。在这部分要求中，运算技能得到了进一步的明确和提高。

2. 数与式删除或削弱的内容

（1）删除了“了解有效数字的概念”。

（2）把有理数的混合运算由“以三步为主”降低到“以三步以内为主”。

（3）把“会用平方运算求某些非负数的平方根”降低到了“会用平方运算求百以内整数的平方根”。

（4）把“会用立方运算求某些数的立方根”降低到了“会用立方运算求百以内整数（对应的负整数）的立方根”。

（5）把“了解二次根式的概念及加、减、乘、除运算法则，会用它们进行有关实数的简单四则运算（不要求分母有理化）”的难度降低到“了解二次根式（根号下仅限于数）加、减、乘、除运算法则，会用它们进行有关的简单四则运算（对根号下仅限于数的运算）”而且删除了“了解二次根式的概念”的要求。

（6）删除了“能对含有较大数字的信息做出合理的解释和推断”。

（7）删除了“能解释一些简单代数式的实际背景或几何意义”等应用性要求。

3. 方程和不等式增加或强化的内容

（1）增加了掌握等式的基本性质。

（2）要求能解简单的三元一次方程组（选学内容，不作考试要求）。

（3）提出了会用一元二次方程根的判别式判别方程是否有实根和两个实根是否相等的要求。

（4）了解一元二次方程的根与系数的关系要求，但不要求应用这个关系解决其他问题。

（5）在解二元一次方程组过程中，增加了“掌握代入消元法和加减消元法”两种方法解二元一次方程组，而且《实验稿》中只要求会解简单的二元一次方程组变成能解二元一次方程组。

（6）这里的“能解简单的三元一次方程组”和“了解一元二次方程的根与系数的关系”，是标记为*的内容，不作考试要求。

4. 方程和不等式删除或削弱的内容

（1）只要求能够根据具体问题中的数量关系列出一元一次不等式，但不要求列出一元一次不等式组。

（2）把“会解简单的一元一次不等式”降低到了“能解数字系数的一元一次不等式”。

（3）要求“经历估计方程解的过程”，而不再强调具体用哪种方式（例如经历用观察、画图或计算器等手段）。

这部分的调整主要是增强数学思想的感受机会，对估算的要求不再有具体操作内容的要求，这样便于教师更好地发挥自己的聪明才智，给师生更大的估算空间。

5. 函数增加或强化的内容

（1）增加了“知道给定不共线三点的坐标可以确定一个二次函数”（选学内容，不作考试要求）。

（2）会利用待定系数法确定一次函数的表达式。

（3）体会一次函数与二元一次方程的关系。

（4）会用“配方法”将数字系数的二次函数的表达式化为 $y=a(x-h)^2+k$ 的形式，并能由此得到二次函数图象的顶点坐标，说出图象的开口方向，画出图象的对称轴，并能解决简单的实际问题的要求。《实验稿》要求会“根据公式”确定图象的顶点、开口方向和对称轴。

6. 函数删除或削弱的内容

（1）删除了“能根据一次函数的图象求二元一次方程组的近似解”。

（2）把要求“通过对实际问题情境的分析确定二次函数的表达式，并体会二次函数的意义”中的“通过对实际问题情境的分析确定二次函数的表达式”部分删除了。

“数与代数”领域的内容思想和方法一直以来都是义务教育阶段最基本、最重要的组成部分之一。在传统的教学中，许多人认为数与代数除了繁琐的计算就是空洞的符号，是一门脱离实际的内容。事实上，“数与代数”具有丰富内容并且与现实生活和其他学科有着紧密的联系。同时“数与代数”也是一门基础性很强的专题，它的思想方法构成数学本身和其他学科研究的基础。

2.1.4.2 “图形与几何”内容

《实验稿》以及在此标准下编制的数学教材都将“几何”改成了“空间与图形”,《课程标准（2011年版）》又更名为“图形与几何”，并对其理念、内容、结构、目标、组织形式等进行了重大的改革。随着“新课程”改革的不断深入和发展，这一改革正逐渐为广大教育工作者和全体师生所接受和认可，或者说改革已经取得了阶段性的成功。

“图形与几何”在结构上发生了变化，具体如下表 2-5。

表 2-5　《课程标准（2011年版）》与《实验稿》内容结构对比

《课程标准（2011年版）》	《实验稿》
图形的性质 图形的变化 图形与坐标	图形的认识 图形与证明 图形与变换 图形与坐标

在“图形与几何”领域，《课程标准（2011年版》将《实验稿》中“探索平行线的性质”进行了明晰，改为“探索并证明平行线的性质定理，探索并证明平行线的判定定理”。同时将《实验稿》中“探索……的性质，探索……的条件”恢复成师生所熟悉的称谓“探索……的性质定理，探索……的判定定理”。

义务教育阶段的“图形与几何”的内容主要是研究现实世界中的物体、几何体和平面图形、大小、位置关系及其变换。其目标主要是：学生能更好地认识和描述人类的生存空间并进行有效的交流；初步形成并发展学生的空间观念；学会推理，特别是合情推理。

1.“强化背景、加强联系”

《课程标准（2011年版）》指出：“图形与几何”内容的选取应是“现实的、有意义的、富有挑战性的”，强调教学内容的现实背景，要求紧密联系学生的生活经验和活动经验并富有一定的挑战性，因而拓宽学生几何学习的视野。还强调内容呈现方式的多样化，突出数学活动的过程，提倡个性化的学习方式和策略，以及问题的开放性，为学生富有个性的发展提供了充分的空间。

2. 加强“图形变换”和“位置的确定”的内容

《课程标准（2011年版）》强调通过从不同角度观察、认识方向和描述物体的位置、绘制图案和制作模型等活动，增强学生用坐标、变换、推理等多种方式认识现实空间和处理几何问题的能力，掌握刻画现实世界空间关系和认识图形特征的工具。

3. 加强了几何建模及探究过程，强调几何直觉，培养空间观念

《课程标准（2011年版）》注重学生经历从实际背景中抽象出数学模型、从现实的生活空间中抽象出几何图形的过程，注重探索图形性质及其变化规律的过程。

2.1.4.3 “统计与概率”内容

在“统计与概率”领域，《课程标准（2011 年版）》增加了“理解平均数意义，能计算中位数、众数”，使得统计内容的学习相对集中。

1. 结构比较

《实验稿》在课程内容的结构为：（一）具体目标。（1）统计；（2）概率。（二）案例。而《课程标准（2011 年版）》的结构为：（一）抽样与数据分析；（二）事件的概率。实际上《课程标准（2011 年版）》是将《实验稿》结构中的具体目标分离成两个结构，只是在表达上有区别。《课程标准（2011 年版）》中并不是没有案例，而是将案例放在了单独的版块。

2. 内容比较

（1）《课程标准（2011 年版）》将《实验稿》中“从事收集、整理、描述和分析数据的活动，并能用计算机处理较为复杂的统计数据”修改为“经历收集、整理、描述和分析数据的活动，了解数据处理的过程；能用计算机处理较为复杂的数据”。增加了“了解数据处理的过程”。

（2）《课程标准（2011 年版）》将《实验稿》中“通过丰富的实例，感受抽样的必要性，能指出总体、个体、样本，体会不同的抽样可能得到不同的结果”修改为“体会抽样的必要性，通过实例了解简单随机抽样”。将行为动词“感受”变为“体会”。

（3）《课程标准（2011 年版）》将《实验稿》中“会用扇形统计图表示数据”修改为“会制作扇形统计图，能用统计图直观、有效地描述数据”。《实验稿》要求学生会用扇形统计图，而《课程标准（2011 年版）》不仅要求学生会用还要求学生会制作，要求更为严格。

（4）《课程标准（2011 年版）》将《实验稿》中“在具体情境中理解并会计算加权平均数；根据具体问题，能选择合适的统计量表示数据的集中程度”修改为“理解平均数的意义，能计算中位数、众数、加权平均数，了解它们是数据集中趋势”。《课程标准（2011 年版）》在《实验稿》“会计算加权平均数”的基础上增加了“会计算中位数和众数”。

（5）《课程标准（2011 年版）》将《实验稿》中“探究如何表示一组数据的离散程度，会计算极差和方差，并会用它们表示数据的离散程度”修改为“体会刻画数据离散程度的意义，会计算简单数据的方差”，将行为动词“探究”变为“体会”。

（6）《课程标准（2011 年版）》将《实验稿》中“通过实例，了解频数、频率的概念，了解频数分布的意义和作用，会列频数分布表，画频数分布直方图和频数折线图，并能解决简单的实际问题”修改为“通过实例，了解频数和频数分布的意义，能画频数直方图，能利用频数直方图解释数据中蕴含的信息”。《课程标准（2011 年版）》只要求学生了解频数分布的意义，对于其作用不作要求，对画频数直方图也降低了要求，不要求学生画频数折线图。

（7）《课程标准（2011 年版）》将《实验稿》中“根据统计结果作出合理的判断和预测，体会统计对决策的作用，能比较清晰地表达自己的观点，并进行交流”修改为“能解释统计结果，根据结果作出简单的判断和预测，并能进行交流；通过表格、折线图、趋势图等，感受随机现象的变化趋势”。《课程标准（2011 年版）》对于统计结果的判断和预测降低了要求，要求学生会简单地判断和预测而不需要合理地判断和预测。

（8）《课程标准（2011 年版）》将《实验稿》中的“能根据问题查找有关资料，获得数据信息；对日常社会中的某些数据发表自己的看法”和“认识到统计在社会生活及科学领域中的应用，并能解决一些简单的实际问题”进行了删减。

3. “综合与实践”内容

在综合与实践领域，进一步明确了“综合与实践”的内涵和要求，强调“综合与实践”是一类以问题为载体、以学生自主参与为主的学习活动。“综合与实践”的教学目标是帮助学生积累数学活动经验，培养学生的应用意识和创新意识。“综合与实践”教学要尽量与学生生活和实际联系；教师可以用教材上的内容，也可以结合实际自己设计。此外，《课程标准（2011 年版）》还提出更为具体的要求，如：反思参与活动的全过程，将研究的过程和结果形成报告或小论文，交流成果，总结参与数学活动的收获，进一步积累数学活动经验。这样使综合与实践的学习更加具有可操作性。《课程标准（2011 年版）》还在教学建议部分增加了“综合与实践”的内容。对一些教师难以把握的问题，比如如何选择合适的问题、如何组织学生实施、如何在教学中关注学生情感态度的发展等提出了具体建议。教师在教学设计和实施时应特别关注的几个环节是：问题的选择，问题的展开过程，学生参与的方式，学生的合作交流，活动过程和结果的展示与评价等。

《课程标准（2011 年版）》从“数学代数、图形与几何、统计与概念、综合与实践内容的主要变化，突出“主线—主题—核心内容”的基本结构。《课程标准（2011 年版）》进一步处理好四个关系：一是关注过程和结果的关系；二是学生自主学习和教师讲授的关系；三是合情推理和演绎推理的关系；四是生活情境和知识系统性的关系。《课程标准（2011 年版）》继承和发展了中国数学教育的传统和特色，进一步完善了初中数学课程目标，凝练了数学学科核心素养，优化了内容结构，促进了课程改革的对接。

2.2 《义务教育数学课程标准（2022 年版）》主要变化

2.2.1 关于课程标准主要变化

关于修订后的《义务教育课程标准（2022 年版）》各课程标准的主要变化有以下几个方面：一是强化了课程育人导向。各课程标准基于义务教育培养目标，将党的教育方针具体化细化为本课程应着力培养的核心素养，体现正确价值观、必备品格和关键能力的培养要求。二是优化了课程内容结构。以习近平新时代中国特色社会主义思想为统领，基于核心素养发展要求，遴选重要观念、主题内容和基础知识，设计课程内容，增强内容与育人目标的联系，优化内容组织形式，设立跨学科主题学习活动，加强学科间相互关联，带动课程综合化实施，强化实践性要求。三是研制了学业质量标准。各课程标准根据核心素养发展水平，结合课程内容，整体刻画了不同学段学生学业成就的具体表现特征，形成学业质量标准，引导和帮助教师把握教学深度与广度，为教材编写、教学实施和考试评价等提供依据。四是增强了指导性。各课程标准针对“内容要求”提出“学业要求”“教学提示”，细化了评价与考试命题建议，注重实现“教—学—评”一致性，增加了教学、评价案例，不仅明确了“为什么教”“教什么”“教到什么程度”，而且强化了“怎么教”的具体指导，做到好用、管用。五是加强了学段衔接。注重幼小衔接，依据学生从小学到初中在认知、情感、社会性等方面的发展，合理安排不同学段的内容，体现学习目标的连续性和进阶性。了解高中生的特点和学科特点，为学生进一步学习做好准备。

2.2.2 关于数学课程标准主要新增内容

2.2.2.1 核心素养内涵

数学课程要培养学生的核心素养，主要包括以下三个方面：

（1）会用数学的眼光观察现实世界。在义务教育阶段，数学眼光主要表现为：在义务教育阶段、数学眼光主要表现为：抽象能力（包括数感、量感、符号意识）、几何直观、空间观念与创新意识。

（2）会用数学的思维思考现实世界。在义务教育阶段，数学思维主要表现为：运算能力、推理意识或推理能力。

（3）会用数学的语言表达现实世界。在义务教育阶段，数学语言主要表现为：数据意识或数据观念、模型意识或模型观念、应用意识。

核心素养在不同阶段的有不同的表现，小学阶段的核心素养主要表现为：数感、量感、符号意识、运算能力、几何直观、空间观念、推理意识、数据意识、模型意识、应用意识，创新意识。初中阶段的核心素养主要表现为：抽象能力、运算能力、几何直观，空间观念、推理能力、数据观念、模型观念、应用意识、创新意识。

2.2.2.2 学业质量

1. 学业质量内涵

学业质量是学生在完成课程阶段性学习后的学业成就表现，反映核心素养要求。学业质量标准是以核心素养为主要维度，结合课程内容，对学生学业成就具体表现特征的整体刻画。

数学课程学业质量标准是学业水平考试命题及评价的依据，同时对学生的学习活动、教师的教学活动、教材的编写等具有重要的指导作用。

2. 学业质量描述

依据义务教育各阶段学生核心素养表现、各学段课程目标及学业要求，数学课程学业质量标准主要从以下三个方面来评估学生核心素养达成及发展情况。

（1）以结构化数学知识主题为载体，在形成与发展“四基”（基础知识、基本技能、基本思想、基本活动经验）的过程中所形成的抽象能力、推理能力、运算能力、几何直观和空间观念等。

（2）从学生熟悉的生活与社会情境，以及符合学生认知发展规律的数学与科技情境中，在经历“用数学的眼光发现和提出问题，用数学的思维与数学的语言分析和解决问题”的过程中所形成的模型观念、数据观念、应用意识和创新意识等。

（3）学生经历数学的学习运用、实践探索活动的经验积累，逐步产生对数学的好奇心、求知欲，以及对数学学习的兴趣和自信心，初步养成独立思考、探究质疑、合作交流等学习习惯，初步形成自我反思的意识。

2.2.2.3 学业水平考试

1. 考试性质和目的

学业水平考试由省级教育行政部门组织实施，依据学业质量标准，对学生学完本课程后课程目标达成度进行终结性评价。考试成绩是学生毕业和高一级学校招生录取的重要依据，为评价区域和学校教学质量、改进教学提供重要参考。

2. 命题原则

坚持素养立意，凸显育人导向。以核心素养为导向的考试命题，要关注数学的本质，关注通性通法，综合考查“四基”“四能”（发现问题的能力、提出问题的能力、分析问题的能力、解决问题的能力）与核心素养。适当提高应用性、探究性和综合性试题的比例，题目设置要注重创设真实情境，提出有意义的问题，实现对核心素养导向的义务教育数学课程学业质量的全面考查。

3. 命题规划

考试形式以纸笔测试为主，可采用基于信息技术的考试方式，并与过程性评价、表现性评价等多样化的评价方式相结合。

4. 试题命制

加强命题的标准化建设，逐渐完成题库建设，实现命题流程的标准化，建立试题质量监测与评估体系。

2.2.2.4 教学研究与教师培训

1. 教学研究建议

教学研究对于课程标准的有效实施具有不可或缺的作用。应注重区域教研和校本教研协同，整合各类资源，创新教研机制，高水平开展研究、指导和服务工作。主要是从区域教研建议和校本教研建议。在区域教育建议中，一是重视顶层设计；二是聚焦关键问题；三是优化教研方式。在校本教研建议中，着重从加强组织建设；聚焦教学难点；创新教研方式来提升教师的业务能力。

2. 培训建议

教师培训是落实课程改革要求、提升育人质量的关键。培训应面向全体教师，坚持“先培训后实施”。一是精心设计培训内容，二是采用多样化培训方式。充分发挥教研部门的作用，统筹课程专家、学科教育专家、教研员和一线骨干教师的力量，提升培训质量。

2.3 《普通高中数学课程标准（2017 年版）》分析与解读

2.3.1 高中数学课程改革背景

2.3.1.1 落实立德树人根本任务

党的十八大报告强调，要把立德树人作为教育的根本任务，立德树人是发展中国特色社会主义教育事业的核心所在，是培养德智体美全面发展的社会主义建设者和接班人的本质要求。为把党的十八大和十八届三中全会关于立德树人的要求落到实处，教育部印发《关于全面深化课程改革落实立德树人根本任务的意见》（教基二〔2014〕4 号），明确提出要充分认识全面深化课程改革、落实立德树人根本任务的重要性和紧迫性。

推进立德树人工作，关键是要找准切入点。课程是教育思想、教育目标和教育内容的主要载体，集中体现国家意志和社会主义核心价值观，是学校教育教学活动的基本依据，直接影响人才培养质量。通过全面深化课程改革，充分发挥课程在人才培养中的核心作用，能真正有效落实立德树人根本任务，全面提高育人水平，让每个学生都能成为有用之才。

教育部 2003 年制定的《普高中课程方案和课程标准（实验稿）》指导了十余年的高中课程改革实践，在全面推进素质教育中发挥了重要作用。但是面对社会经济、科技文化发生的巨大变化，对人才培养提出的更高要求，还有一些不相适应和亟待改进之处，需要进行修订完善。2013 年，教育部启动了高中课程修订工作，并于 2017 年底印发了《〈普通高中课程方案和语文等学科课程标准（2017 年版）〉的通知》，重新修订了高中课程方案及语文等 14 门学科课程标准。2018 年 1 月份，教育部发布了《普通高中课程方案和全部学科课程标准（2017 年版）》。

2.3.1.2 数学在社会发展中的作用及需求

数学科学是自然科学、技术科学等科学的基础。随着时代的发展，社会不断发展和进步，数学在现代社会生产、生活各个方面的应用越来越广泛，数学已经渗透到几乎各行各业、各个专业方向，数学的思想方法、数学文化也处处影响人们的生产和生活。在 21 世纪过去的二十几年是数学发展的黄金时代，数学科学的新思想和新应用不断涌现，一些世界顶级难题或猜想得到了解决或证明，数学与其他学科的自觉交叉，产生了很多新的交叉研究领域，使得数学在研究模式中的地位得到了进一步提升。社会在发生改善、取得成效的同时，对数学的要求也在进一步提高。

社会的发展，特别是高等教育多元化的发展和高中教育的规模化趋势，将使得高中毕业生不再只是各种高层次人才的预备队伍，他们还将成为各产业大军的主体，他们的未来将面临各种需求和自我发展的机遇。因此，在新的发展时期和新的时代背景下，高中阶段的数学课程应当为他们提供多元化的发展机会，通过对中学数学课程标准进行更新和调整，处理好社会发展需求、数学发展特点与学生成长规律的相互关系。在《普通高中数学课程标准（2017年版）》强调：“数学在形成人的理性思维、科学精神和促进个人智力发展的过程中发挥着独特的、不可替代的作用。”

2.3.2 课程标准解读

2.3.2.1 课程性质

从落实立德树人的要求出发，通过对“培养什么人、怎样培养人”这一问题的深度思考，确立了新时代数学教育承载着落实立德树人根本任务、发展素质教育的功能，不仅需要帮助学生掌握进一步学习所必需的基础知识、技能、思想和方法，还需要提升学生的数学素养。

普通高中课程建设坚持全面贯彻党的教育方针，落实立德树人根本任务，发展素质教育，推进教育公平，努力构建具有中国特色、体现国际发展趋势、充满活力的课程体系，培养德智体美全面发展的社会主义建设者和接班人。因此，在修订后的《普通高中数学课程标准（2017 年版）》（以下简称《标准（2017 年版）》课程性质中明确了数学课程的社会功能和教育功能，强调了高中数学课程作为义务教育之后基础教育最后阶段的高中数学课程，要准确体现特定阶段的学生培养定位，应具有“基础性、选择性和发展性”。

高中数学课程具有基础性，指明高中数学课程在内容上包含了数学中最基本的部分，在文理不分的改革以及普及高中的目标导向之下，更加注重面向全体学生。它为学生适应未来社会生活、高等教育和职业发展提供必需的数学基础，同时为高中阶段其他学科的学习提供必要的知识储备。

高中数学课程具有选择性，强调了在保证每个学生达到共同基础的前提下，充分考虑学生的不同成长需求，结合数学学科特点，通过面向全体学生构建共同基础的必修课程、选择性必修课程和选修课程，为学生的学习兴趣和个性化发展提供多样化的课程形式和内容，使得“不同的人在数学上得到不同的发展”，促进高中学生更好地自主学习与发展。

高中数学课程具有发展性，则保证了高中数学课程在基础教育的高级阶段所具有的承前启后功能的发挥，即不但在义务教育之后进一步促进学生的数学素养获得阶段性的提升，而且为学生适应终身学习和未来可持续发展创造条件、做好准备。

2.3.2.2 课程基本理念

课程理念是课程的灵魂，具体分析可以进一步看到课程基本理念从不同角度提出的观点：

1. 学生发展为本，立德树人，提升素养（人才观）

高中数学课程面向全体学生，实现：人人都能获得良好的数学教育，不同的人在数学上得到不同的发展。学生是课堂教学的主体，这在教育本质上体现了数学教育中对人的主体性地位的回归与尊重，强调了重视为全体学生提供必需的、共同的数学基础教育，更强调正视学生的差异，尊重学生的个性，鼓励学生自主的、多样化的发展。

2. 优化课程结构，突出主线，精选内容（课程观）

数学课程体现社会发展的需求、数学学科的特征和学生的认知规律，发展学生数学学科核心素养。优化课程结构，为学生发展提供共同基础和多样化选择；突出数学主线，凸显数学的内在逻辑和思想方法；精选课程内容，处理好数学学科核心素养与知识技能之间的关系，强调数学与生活以及其他学科的联系，提升学生应用数学解决实际问题的能力，同时注重数学文化的渗透。

3. 把握数学本质，启发思考，改进教学（教学观）

教学以发展学生数学学科核心素养为导向，创设合适的教学情境，启发学生思考，引导学生把握数学内容的本质。提倡独立思考、自主学习、合作交流等多种学习方式，激发学习数学的兴趣，养成良好的学习习惯，促进学生实践能力和创新意识的发展。注重信息技术与数学课程的深度融合，提高教学的实效性。引导学生感悟数学的科学价值、应用价值、文化价值和审美价值。

4. 重视过程评价，聚焦素养，提高质量（评价观）

建立目标多元、方式多样、重视过程的评价体系。学习评价关注学生知识技能的掌握，更关注数学学科核心素养的形成和发展，制定科学合理的学业质量要求，促进学生在不同学习阶段数学学科核心素养水平的达成。评价既要关注学生学习的结果，更要重视学生学习的过程。开发合理的评价工具，将知识技能的掌握与数学学科核心素养的达成有机结合，建立目标多元、方式多样、重视过程的评价体系。

《普通高中数学课程标准（实验）》（以下简称《标准（实验）》和《标准（2017年版）》的核心指导思想均为以学生发展为本，相较于《标准（实验）》，《标准（2017年版）》着重强调教师注重学生能力发展转变为注重学生核心素养的培养倡导独立思考、自主学习、合作交流的学习模式，并在教育过程中强调重视过程性评价，促进学生在不同的学习阶段数学核心素养水平的达成（见表2-6）。

表2-6 《标准（实验）》与《标准（2017年版）》课程理念对比

《普通高中数学课程标准（实验）》	《普通高中数学课程标准（2017版）》
1.构建共同基础，提供发展平台 2.提供多样课程，适应个性选择 3.倡导积极主动、勇于探索的学习方式 4.注重提高学生的数学思维能力 5.发展学生的数学应用意识 6.与时俱进地认识“双基” 7.强调本质，注意适度形式化 8.体现数学的文化价值 9.注重信息技术与数学课程的整合 10.建立合理、科学的评价体系	1.学生发展为本，立德树人，提升素养 2.优化课程结构，突出主线，精选内容 3.把握数学本质，启发思考，改进教学 4.重视过程评价，聚焦素养，提高质量

2.3.2.3 学科核心素养与课程目标

教育部印发《关于全面深化课程改革落实立德树人根本任务的意见》提出："要依据学生发展核心素养体系，进一步明确各学段、各学科具体的育人目标和任务。"核心素养成为贯穿数学课程的一条主线，统领着数学课程目标的定位、内容的选择、课程结构的设计、学习评价标准的确立等等方面。

1. 学科核心素养

与《标准（实验）》对比，可以发现，《标准（2017 年版）》首次提出了数学区别于其他学科的核心素养：数学抽象，逻辑推理，数学建模、直观想象，数学运算，数据分析。

《标准（2017 年版）》不仅强调了"数学教育承载着落实立德树人根本任务、发展素质教育"的功能，而且对这一育人功能做了进一步表述："数学教育帮助学生掌握现代生活和进一步学习所必需的数学知识、技能、思想和方法；提升学生的数学素养，引导学生用数学眼光观察世界，用数学思维思考世界，用数学语言表达世界；促进学生思维能力、实践能力和创新意识的发展，探寻事物变化规律，增强社会责任感；在学生形成正确世界观、人生观、价值观等方面发挥独特作用。"这一表述既是数学育人功能较为全面的概括，也为立德树人落实于数学教育指出了相对具体的路径。

《标准（2017 年版）》把数学学科核心素养定义为：数学学科核心素养是数学课程目标的集中体现，是具有数学基本特征的思维品质、关键能力以及情感、态度和价值观的综合体现，是在数学学习和应用过程中逐步形成和发展的。这些数学核心素养既相互独立，又相互交融，是一个有机整体。

（1）数学抽象

含义：数学抽象是指通过对数量关系与空间形式的抽象，得到数学研究对象的素养。

主要内容：从数量与数量关系、图形与图形关系中抽象出数学概念及概念之间的关系，从事物的具体背景中抽象出一般规律和结构，并用数学语言予以表征。

主要表现：一是获得数学概念和规则，二是提出数学命题和模型，三是形成数学方法与思想，四是认识数学结构与体系。

学科价值：数学抽象是数学的基本思想，是形成理性思维的重要基础，反映了数学的本质特征，贯穿在数学产生、发展、应用过程中。

育人价值：让学生在情境中抽象出数学概念、命题、方法与体系，运用数学抽象的思维方式思考和解决问题，把握事物的本质。积累从具体到抽象的活动经验。

（2）逻辑推理

含义：是指从一些事实和命题出发，依据规则推出其他命题的素养。

主要内容：一类是从特殊到一般的推理，推理形式主要有归纳、类比；一类是从一般到特殊的推理，推理形式主要有演绎。逻辑推理在本质上就是对命题的判断，是从一个命题到另一个命题进行判断的思维过程。

主要表现：一是发现问题和提出命题；二是掌握推理基本形式和规则；三是探索和表述

论证过程；四是理解命题脉络；五是有逻辑地表达与交流。

学科价值：逻辑推理是得到数学结论、构建数学体系的重要方式，是数学严谨性的基本保证，是人们在数学活动中进行交流的基本思维品质。

育人价值：让学生能提出和论证数学命题，掌握逻辑推理的基本形式；理解事物之间的关联，把握知识结构；形成重论据、有条理、合乎逻辑的思维品质和理性精神，增强交流能力。

（3）数学建模

含义：数学建模是对现实问题进行数学抽象，用数学语言表达问题、用数学知识与方法构建模型解决问题的素养。

主要内容：在实际情境中从数学的角度发现问题、提出问题，分析问题、建立模型，求得结论，验证结果并改进模型，最终解决实际问题。

主要表现：发现和提出问题，建立和求解模型，检验和完善模型，分析和解决问题。

学科价值：数学建模搭建了数学与外部世界联系的桥梁，是数学应用的重要形式。数学建模是应用数学解决实际问题的基本手段，也是推动数学发展的动力。

育人价值：让学生能有意识地用数学语言表达现实世界，感悟数学与现实之间的关联，学会用数学模型解决实际问题，积累数学实践的经验；认识数学建模在解决科学、社会、工程技术等问题中的作用。

（4）直观想象

含义：直观想象是指借助几何直观和空间想象感知事物的形态与变化，利用空间形式特别是图形，理解和解决数学问题的素养。

主要内容：利用空间形式认识事物的位置关系、形态变化与运动规律；利用图形描述、分析数学问题；建立形与数的联系，构建数学问题的直观模型，探索解决问题的思路。

主要表现：建立数形联系，利用几何图形描述问题，借助几何直观理解问题，运用空间想象认识事物。

学科价值：是探索和形成论证思路、进行数学推理、构建抽象结构的思维基础。

育人价值：提升学生数形结合的能力，发展几何直观和空间想象能力；增强运用几何直观和空间想象思考问题的意识；形成数学直观，在具体的情境中感悟事物的本质。

（5）数学动算

含义：数学运算是指在明晰运算对象的基础上，依据运算法则解决数学问题的素养。

主要内容：理解运算对象，掌握运算法则，探究运算思路，选择运算方法，设计运算程序，求得运算结果。

主要表现：理解运算对象，掌握运算法则，探究运算思路，求得运算结果。

学科价值：数学运算是解决数学问题的基本手段。数学运算是演绎推理，是计算机解决问题的基础。

育人价值：进一步发展学生的数学运算能力；有效借助运算方法解决实际问题；通过运算促进数学思维发展，形成规范化思考问题的品质，养成一丝不苟、严谨求实的科学精神。

（6）数据分析

含义：数据分析是指针对研究对象获取数据，运用数学方法对数据进行整理、分析和推断，形成关于研究对象知识的素养。

主要内容：收集数据、整理数据、提取信息、构建模型、进行推理、获得结论。

学科价值：是研究随机现象的重要数学技术，是大数据时代数学应用的主要方法。

育人价值：能提升学生获取有价值信息并进行定量分析的意识和能力，适应数字化学习的需要，积累利用数据探索事物本质、关联和规律的活动经验。

2. 课程目标对比

《标准（2017年版）》与《标准（实验）》课程目标对比见表2-7。

表2-7 《标准（实验）》与《标准（2017版）》课程目标对比

《普通高中数学课程标准（实验）》课程目标	《普通高中数学课程标准（2017版）》课程目标
1.获得必要的数学基础知识和基本技能，理解基本的数学概念、数学结论的本质，了解概念、结论等产生的背景、应用，体会其中所蕴含的数学思想和方法，以及它们在后续学习中的作用。通过不同形式的自主学习、探究活动，体验数学发现和创造的历程。 2.提高空间想象、抽象概括、推理论证、运算求解、数据处理等基本能力。 3.提高数学问题提出、分析和解决问题（包括简单的实际问题）的能力，数学表达和交流的能力，发展独立获取数学知识的能力。 4.发展数学应用意识和创新意识，力求对现实世界中蕴涵的一些数学模式进行思考和作出判断。 5.提高学习数学的兴趣，树立学好数学的信心，形成锲而不舍的钻研精神和科学态度。 6.具有一定的数学视野，逐步认识数学的科学价值、应用价值和文化价值，形成批判性的思维习惯，崇尚数学的理性精神，体会数学的美学意义，从而进一步树立辩证唯物主义和历史唯物主义世界观	通过高中数学课程的学习，学生能获得进一步学习以及未来发展所必需的数学基础知识、基本技能、基本思想、基本活动经验（简称“四基”）；提高从数学的角度发现和提出问题的能力，分析和解决问题的能力，（简称“四能”）。 在学习数学和应用数学的过程中，学生能发展数学抽象、逻辑推理、数学建模、直观想象、数学运算、数据分析等数学学科核心素养。 通过高中数学课程的学习，学生能提高学习数学的兴趣，增强学好数学的自信心，养成良好的数学学习习惯，发展自主学习的能力；树立敢于质疑，善于思考严谨求实的科学精神；不断提高实践能力，提升创新意识；认识数学的科学价值、应用价值、文化价值和审美价值

《标准（2017年版）》与《标准（实验）》相对比，课程目标的变化有：

（1）由原来是“双基”转变为“四基”与“四能”；

（2）由提高数学能力转变为发展数学素养。

3. 数学核心素养与课程目标的关系

数学核心素养与课程目标的关系见表2-8

表 2-8　数学核心素养与课程目标的关系

	内容	四个方面	描述与层次划分
数学核心素养	数学抽象 逻辑推理 数学建模 直观想象 数学运算 数学分析	情境与问题	情境包括：现实情境、数学情境、科学情境。 层次：简单、较为复杂、复杂。 问题：指情境中的问题。 层次：熟悉的问题、关联的问题、综合的问题
		知识与技能	主要指能够体现相应数学素养的知识、技能。 层次：了解、理解、掌握以及经历、体验、探索
		思维与表达	主要是指在具有情境的数学活动过程中逐渐养成、表现出来的思维品质、表述的严谨性和准确性，是学生对数学基本思想的感悟，是数学活动基本经验的积累。 层次：准确、清晰、灵活、敏捷、积极、主动、自觉
		交流与反思	主要是指能够用数学语言直观地解释和交流数学的概念、结论、应用和思想方法，并能进行评价、总结与拓展。 层次：准确、清晰、灵活、敏捷、积极、主动、自觉

2.3.2.4 课程结构

1. 课程设置

选修课程为学生确定发展方向提供引导，为学生展示数学才能提供平台，为学生发展数学兴趣提供选择，为大学自主招生提供参考。《标准（2017 年版）》指出，普通高中教育是在义务教育基础上进一步提高国民素质、面向大众的基础教育。普通高中教育的任务是促进学生全面而有个性的发展，为学生适应社会生活、高等教育和职业发展做准备，为学生的终身发展奠定基础。

在数学主线上，《标准（2017 年版）》提出："突出数学主线，凸显数学的内在逻辑和思想方法"。为适应高中数学课程内容的调整，更集中地聚焦数学核心素养的培养，就要准确把握数学的本质，捋清各部分、板块内在的逻辑关系，突出数学的思想方法，课程内容的主线必须清晰、集中。当前高中课程内容主线应包括函数、几何与代数、概率与统计、数学建模与数学探究等，每条主线又有若干核心内容。高中数学课程从这几条主线出发，发展学生数学核心素养为目标的关于课程内容结构方面的改革探索，同时课程标准还围绕核心素养和教学评价给予了相关案例，帮助高中数学老师在教学实践过程中更好地落实新课程标准，并"强调数学与生活以及其他学科的联系，提升学生应用数学解决实际问题的能力，同时注重数学文化的渗透"（见图 2-3）。

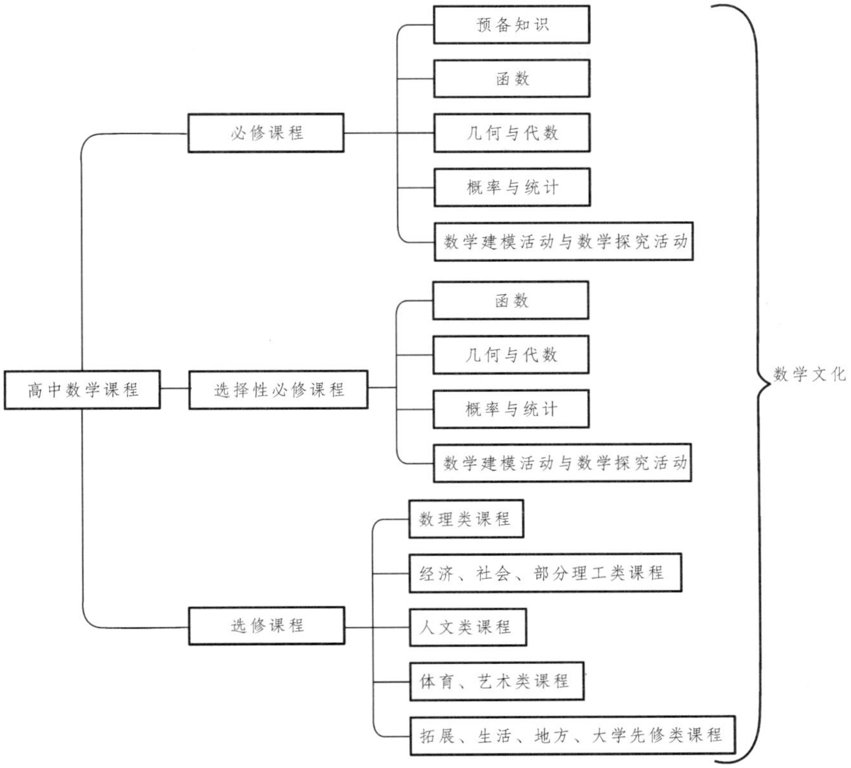

图 2-3　高中数学课程设置

2. 学分与选课说明

首次提出学分与选课的教学方式：

必修课程的学分共 8 学分，添加选择性必修课程 6 学分，选修课程 6 学分。

如果学生计划以高中毕业为目标，学习完必修课程，即可参加高中毕业的数学学业水平考试。

如果学生计划高中毕业以后继续进行高等教育，必须学习必修类课程和选择性必修课程，并参加数学高考。

如果学生还希望根据自身未来职业发展规划的需求选择多学习一些数学课程，可以在选修课程中选择某一类课程。

3. 课程定位

必修课程为学生发展提供共同基础，是高中毕业的数学学业水平考试的内容要求，也是高考的内容要求。选择性必修课程是供学生选择的课程，也是高考的内容要求。选修课程引导学生确定职业发展方向，为学生展示数学才能提供平台，为每个不同水平学生发展数学兴趣提供选择，为大学自主招生提供参考。

2.3.2.5 课程内容、课时分配及知识主线

1. 课程内容

（1）必修课程的变与不变

必修课程包括五个主题，分别是预备知识、函数、几何与代数、概率与统计、数学建模活动与数学探究活动。数学文化融入课程内容中。

主题一：预备知识

本主题以义务教育阶段数学课程内容为载体，结合集合、常用逻辑用语、相等关系与不等关系，从函数观点看一元二次方程和一元二次不等式等内容的学习，为高中数学课程做好学习心理，学习方式和知识技能等方面的准备。与实验版本数学 1 相比少了函数概念与基本初等函数 1，添加了选修 1-1 中的常用逻辑用语，另外新版本还添加了“相等关系与不等关系”“从函数观点看一元二次方程和一元二次不等式”两个单元（见表 2-9）。

表 2-9　必修课程主题一内容

主题一	增加或删除部分	《标准（2017 年版）》与《标准（实验）》课标要求变化
集合	无	1. 将“集合的含义与表示”改为“集合的概念与表示”； 2. 将“体会元素与集合的属于关系”改为：“理解元素与集合的属于关系”； 3. 将“能用 Venn 图表达集合的关系及运算，体会直观图示对理解抽象概念的作用”改为：“体会图形对理解抽象概念的作用”
常用逻辑用语	删除：命题的逆命题、否命题与逆否命题及四种命题的相互关系。 删除：简单的逻辑联结词部分的内容	1. 将“理解必要条件、充分条件与充要条件的意义”改为：“①通过对典型数学命题的梳理，理解必要条件的意义，理解数学定义与必要条件的关系。②通过对典型数学命题的梳理，理解充分条件的意义，理解数学定义与充分条件的关系。③通过对典型数学命题的梳理，理解充要条件的意义，理解数学定义与充要条件的关系”。 2. 将“能正解地对含有一个量词的命题进行否定”改为：“①能正确使用存在量词对全称量词进行否定。②能正确使用全称量词对存在量词进行否定”
相等关系与不等关系	删除：探索并了解基本不等式的证明过程，删除了二元一次不等式组与简单线性规划问题。 删除：关于二分法求相应方程的近似解	1. 将“通过具体情境，感受在现实世界和日常生活中存在着大量的不等关系，了解不等式（组）的实际背景。”改为：“梳理等式的性质，理解不等式的概念，掌握不等式的性质”。 2. 将对一元二次不等式的要求改为：“从函数的观点看一元一次方程和一元二次不等式，会结合一元二次函数的图象，判断一元二次方程实根存在性及根的个数，了解函数的零点与方程根的关系”

主题二：函数

本主题主要是旧版本中数学 1 中的函数概念与基本初等函数 1 部分和数学 4 中的基本初等函数 2 两部分的内容，新加入了函数应用这一单元（见表 2-10）。

表 2-10　必修课程主题二内容

主题二	增加或删除部分	《标准（2017 年版）》与《标准（实验）》课标要求变化
函数概念与性质	删除：了解映射的概念	将“会求一些简单函数的定义域和值域”改为“能求简单函数的定义域”； 将“学会运用函数图象理解和研究函数的性质”改为“理解函数图象的作用”； 将“通过已学过的函数特别是二次函数，理解函数的单调性、最大（小）值及其几何意义”改为“借助函数图象，会用符号语言表达函数的单调性、最大值、最小值，理解它们的作用和实际意义”； 增加“结合三角函数，了解周期性的概念及几何意义”
幂函数、指数函数、对数函数	无	将“对指数函数模型的实际背景和在解决简单实际问题的过程中，体会指数函数是一类重要的函数模型”改为“只是注重对指数函数实际意义的理解和概念的理解”
三角函数	新增：三角函数应用，会用三角函数解决简单的实际问题，体会利用三角函数构建刻画事物周期变化的数学模型	1. 将“了解任意角的概念和弧度制，能进行弧度与角度的互化”改为“了解任意角的概念和弧度制，能进行弧度角度的互化，体会引入弧度制的必要性”； 2.《标准（实验）》中对三角函数的学习提醒学生要重视学科之间的联系与综合，在学习其他学科的相关内容（如单摆运动、波的传播、交流电）时，注意运用三角函数来分析和理解。在《标准（2017 年版）》中并没有要求，而是改为了“利用单位圆分析性质和运用计算机画出图象”
函数应用	新增：对数函数新增对数概念的形成与发展历史资料等	增加了去收集阅读现实生活中的一些数学模型，要求学生感悟数学模型的现实意义更加注重数学与生活，实际或者经济领域的联系，让学生明白学习数学用处，增强应用意识

主题三：几何与代数

主题三为几何与代数，主要为实验版数学 2 中的立体几何初步和数学 4 中的平面上的向量以及选修 2-2 中的数系的扩充与复数的引入三部分的内容（见表 2-11）。

表 2-11　必修课程主题三内容

主题三	增加或删除部分	《标准（2017 年版）》与《标准（实验）》课标要求变化
立体几何初步	1. 删除：三视图、平行投影与中心投影； 2. 增加：（选学内容）几何学的发展； 3. 将“空间几何体、点、线、面之间的位置关系”部分内容变成三块：基本立方体图、基本图形位置关系。	将“了解球、棱柱、棱锥、棱台的表面积和体积的计算公式（不要求记忆公式）”改为“知道球、棱柱、棱锥、棱台的表面积和体积的计算公式，能用公式解决简单的实际问题。”
平面上的向量	删减：利用平面向量的数量积推导出三角恒等变换的一些公式	无
数系的扩充与复数的引入	增加：（选学内容）复数的三角表示	1. 将“在问题情境中了解数系的扩充过程，体会数学内部的矛盾（数的运算规划、方程理论）在数系扩充过程中的作用，感觉理性思维的作用以及数与现实世界的联系。”改为“通过方程的解认识复数”； 2. 将“理解复数的基本概念以及复数相等的充要条件。”改为“理解两个复数相等的含义”； 3. 将“了解复数的代数表示法及其几何意义”改为“理解复数的代数表示法及其几何意义”； 4. 将“能进行复代数形式的四则运算”改为“掌握复数代数形式的四则运算”

主题四：概率与统计

主题四为概率与统计，主要为实验版数学 3 中的概率与统计两部分内容（见表 2-12）。

表 2-12　必修课程主题四内容

主题四	增加或删除内容	《标准（2017 年版）》与《标准（实验）》课标要求变化
概率	增加：随机事件的独立性； 删除：几何概型	无
统计	1. 将标准（实验版）中的“随机抽样、用样本估计总体、变量的相关性”改为“获取数据的基本途径及相关概念、抽样、统计图表、有样本估计总体”。 2. 删除：系统抽样	《标准（2017 年版）》版对最小二乘法要求变为：“掌握一元线性回归模型参数的最小二乘估计方法”

主题五：数学建模活动与数学探究活动

数学探究、数学建模、数学文化是贯穿于整个高中数学课程的重要内容，这些内容不单独设置，渗透在每个专题中。要求学生完成一个课题研究，包括选题、开题、做题、结题四个环节。学生需要撰写开题报告，根据选题内容，报告可以采用专题作业、测量报告、算法程序、制作的实物或研究论文等多种形式。在课题研究中逐步提升数学建模、数学抽象、数据分析、数学运算、逻辑推理和直观想象素养。

（2）选择性必修课程

选择性必修课程新版变化：名称由“必修模块”变为“选择性必修模块”。在课程内容上，分为四个主题，分别是函数、几何与代数、概率与统计、数学建模活动与数学探究活动。这样清晰地分块有利于教师系统地把握教材，对于知识的理解分块更加容易。首先给出了本节主题的地位作用和主要内容，有利于教师把握知识前后之间的联系，了解本主题的大致内容。然后按照内容要求、教学提示、学业要求三部分详细展开说明。内容要求给出了内容目标，然后详细列举了每一模块的具体内容，细分到了具体的知识点和方法。教学提示按照知识模块给出对于具体的教学建议，包括教学方法和教学建议。学业要求按照知识模块给出具体的教学目标。

《标准（2017年版）》中的选择性必修课程文理不分科，在原来必修课程文科内容的基础上，增加了理科的一些内容，介于原来的文科与理科内容之间，比原文科内容要高，比原理科内容要求降低。选择性必修课程与原文科课程内容对比如见表2-13。

表2-13　选择性必修课程与文科课程对比

<table>
<tr><th>《标准（实验）》</th><th>《标准（2017年版）》与《标准（实验）》课标变化</th></tr>
<tr><td rowspan="4">选修1-1
常用逻辑用语（8课时）
圆锥曲线与方程（12课时）
导数及其应用（16课时）
选修1-2
统计案例（14课时）
推理与证明（10课时）
数系的扩充与复数的引入（4课时）
框图（6学时）</td><td>主题一　函数（30课时）
数列（增加数学归纳法作为选学）（14课时）
一元函数导数及其应用（减少生活中的优化问题，增加体会极限思想，16课时）</td></tr>
<tr><td>主题2　几何与代数（44课时）
空间向量与立体几何（理科原要求12课时）+空间直角坐标系（原必修平面解析几何中2课时）
平面解析几何[含原必修中的平面解析几何初步（直线与方程、圆与方程）18课时，圆锥曲线与方程12课时]</td></tr>
<tr><td>主题3　统计与概率（26课时）
计数原理（理科原要求降低，9课时）
统计（统计案例，9课时）</td></tr>
<tr><td>主题4　数学建模与数学探究活动（4课时）</td></tr>
<tr><td>共计70学时</td><td>共计104课时，机动4课时</td></tr>
</table>

主题一：函数

主题一的“数列”主要由实验版本必修 5 第二章全部内容；“一元函数导数及其应用”主要为选修 2-2 第一章全部内容（见表 2-14）。

表 2-14　选择性必修课程主题一内容

主题一	内容删除或增加	《标准（2017 年版）》与《标准（实验）》课标要求变化
数列	增加：数学归纳法*（选学）	1. 将“①通过实例，理解等差数列、等比数列的概念”改为“通过生活中的实例，理解等差数列的概念和通项公式的意义”； 2. 将“②探究并掌握等差数列、等比数列的通项公式与前 n 项和公式”改为“探索并掌握等差数列（等比数列）的前 n 项和公式，理解等比数列的通项公式与前 n 项和公式的关系”
一元函数导数及其应用	删掉：“生活中的优化问题举例”这一知识点； 由“定积分与微积分基本定理”改为“微积分的创立与发展”； 增加：极限思想	1. 将“求不超过三次的多项式函数的极大值、极小值”改为“能利用导数求某些函数的极大值、极小值”； 2. 由“体会导数方法在研究函数性质中的一般性和有效性”改为“体会导数与单调性、极值、最大（小）值的关系”

从主题内容上看，数列部分增加了选学“数学归纳法”，数学归纳法中直接验证和演绎推理相结合的推导过程让学生对于理解数学归纳法有一定的困难。一元函数导数及其应用部分对“微积分”进行了重新整合，由于微积分的大部分内容对于高中学生比较难以理解且出现频率不高，可将这部分讲解重点放在介绍数学家的生平，微积分思想和方法的发展轨迹、科学地位和意义上。

教学提示给出具体的教学建议，比如：“引导学生通过实例理解数列的概念和性质”，“引导学生通过类比的方法探索等差数列与一元一次函数、等比数列与指数函数的联系”，“引导学生通过具体实例感受导数在研究函数和解决实际问题中的作用，体会导数的意义”，“组织学生收集、阅读微积分创立与发展的历史资料”等。

学业要求也给出对此部分知识需掌握的方向和程度，指明了“重点提升数学抽象、数学运算、直观想象、数学建模和逻辑推理素养”。

主题二：几何与代数

主题二中的“空间向量与立体几何”来自实验版中的选修 2-1 第三章全部内容和必修 2 第四章第三节，“平面解析几何”来自实验版的必修 2 第三章、第四章+选修 2-1 第二章全部内容（见表 2-15）。

表 2-15　选择性必修课程主题二内容

主题内容	增加或删除	《标准（2017 年版）》与《标准（实验）》课标要求变化
空间向量与立体几何	增加：了解空间向量投影的概念以及投影向量的意义	1. 由《标准（实验）》课程标准中的单列小知识点“③掌握空间向量的线性运算及其坐标表示。④掌握空间向量的数量积及其坐标表示，能运用向量的数量积判断向量的共线与垂直。”改为：“（3）向量基本定理及坐标表示：①了解空间向量基本定理及其意义，掌握空间向量的正交分解及其坐标表示。②掌握空间向量的线性运算及其坐标表示。③掌握空间向量的数量积及其坐标表示。④了解空间向量投影的概念以及投影向量的意义（参见案例 9）”。 2. 将“③能用向量方法证明有关线、面位置关系的一些定量（包括三垂线定理）”改为：“能用向量方法证明必修内容中有关直线、平面位置的关系的判定定理”。 3. 将“④能用向量方法解决线线、线面、面面的夹角的计算问题，体会向量方法在研究几何问题中的作用”改为：“④能用向量方法解决点到直线、点到平面、相互平行的直线、相互平行的平面的距离问题（参见案例 16）和简单夹角问题，并能描述解决这一类问题的程序，体会向量方法在研究几何问题中的作用”。
平面解析几何	1. 删除：体会斜截式与一次函数的关系； 2. 删除：在平面解析几何初步的学习过程中，体会用代数方法处理几何问题的思想； 3. 删除：曲线与方程； 4. 增加：平面解析几何的形成与发展	1. 将“能用直线和圆的方程解决一些简单的问题”改为：“能用直线和圆的方程解决一些简单的数学问题与实际问题”； 2. 增加了“了解椭圆、抛物线的简单应用”，删掉了“经历从具体情境中抽象出抛物线模型的过程”，由原来的“了解双曲线的定义、几何图形和标准方程，知道双曲线的有关性质”改为“了解抛物线与双曲线的定义、几何图形和标准方程，以及它们的简单几何性质”。

教学提示指出在空间向量与立体几何的教学中，应重视引导学生运用类比的方法、鼓励学生灵活选择运用向量方法与立体几何方法，从不同的角度解决立体几何问题(如距离问题)，应充分发挥信息技术的作用，在教学中可以组织学生收集、阅读平面解析几何的形成与发展的历史资料等。

学业要求部分给出的教学目标，例如能够理解空间向量的概念、运算、背景和作用；能够掌握空间向量基本定理，体会其作用，并能简单应用等。重点提升直观想象、数学运算、数学建模、逻辑推理和数学抽象素养。

主题三：概率与统计

主题三的“计数原理”来自实验版中选修 2-3 第一章全部内容，“概率”来自选修 2-3 第二章全部内容，“统计”来自选修 2-3 第三章全部内容及必修 3 第二章第三节内容。（见表 2-16）

表 2-16　选择性必修课程主题三内容

主题内容	删除或增加内容	《标准（2017 年版）》与《标准（实验）》课标要求变化
计数原理	对于排列组合，删掉了“能解决简单的实际问题”	1. 将“通过实例，总结出分类加法计数原理、分步乘法计数原理；能根据具体问题的特征，选择分类加法计数原理或分步乘法计数原理解决一些简单的实际问题”改为：“通过实例，了解分类加法计数原理、分类乘法计数原理及其意义”。 2. 将“用计数原理证明二项式定理”改为“能用多项式运算和计数原理证明二项式定理”。
概率	1. 增加：（选学）*了解贝叶斯公式。 2. 增加：特别提出“了解伯努利试验”； 3. 增加“了解正态分布的均值、方差及其含义”	1. 将“通过实例（如彩票抽奖），理解超几何分布及其导出过程，并能进行简单的应用。”改为：“通过具体事例，了解超几何分布及其均值，并能解决简单的实际问题”。 2. 将“在具体情境中，了解条件概率和两个事件相互独立的概念”改为：“结合古典概型，了解条件概型，能计算简单随机事件的概率，了解条件概率与独立性”。 3. 将“理解 n 次独立重复试验的模型及二项分布，并能解决一些简单的实际问题”改为“通过具体实例，了解伯努利试验，掌握二项分布及其数字特征，并能解决简单的实际问题”。 4. 将“通过实际问题，借助直观（如实际问题的直方图），认识正态分布曲线的特点及定义”改为“①通过误差模型，了解服从正态分布的随机变量。通过具体实例，借助频率分布直方图了解正态分布的特征；②了解正态分布的均值、方差及其含义”。
统计	1. 删除：聚类分析； 2. 由实验版课程标准中的两部分“用样本估计总体、统计案例”改为“成对数据的统计相关性、一元线性回归模型”	将“通过对典型案例（如“肺癌与吸烟有关吗”等）的探究，了解独立性检验（只要求 2×2 列联表的基本思想、方法及初步应用。了解聚类分析的基本思想、方法及其初步应用。了解回归的基本思想、方法及初步应用。”改为“①通过实例，理解 2×2 列联表的统计意义；②通过实例，了解 2×2 列联表独立性检验及其应用”。

教学提示给出具体的建议，比如：“应通过典型案例开展教学活动”“在案例教学中要重视过程”“在教学过程中，应在引导学生利用所学知识解决一些实际问题的基础上，适当进行严格、准确的描述”以及“应通过具体案例引导学生参与数据分析的全过程，并鼓励学

生使用相应的统计软件”等，充分说明统计与概率内容的设置，特别强调学生真正投入到统计与实验的过程中，使学生真正地理解统计与概率的思想和作用。

学业要求能够结合具体实例理解或掌握此部分知识，比如“识别和理解分类加法计数原理和分步乘法计数原理及其作用，并能够运用这些原理解决简单的实际问题”，以及“能够解决成对数据统计相关性的简单实际问题”，“掌握运用一元线性回归分析的方法，掌握运用 2×2 列联表的方法”等，重点提升学生的数据分析、数学建模、逻辑推理、数学运算和数学抽象素养。

主题四：数学建模活动与数学探究活动

对于数学建模活动与数学探究活动建议 4 个课时，但旧版课程标准没有给出具体的课时要求，而且旧版课程标准是将“数学探究、数学建模、数学文化”作为贯穿整个高中数学课程的重要活动，渗透或安排在每个模块或专题中，新版本课程标准直接改为“数学建模活动与数学探究活动”，要求以课题研究的形式开展，在选择性必修课程中，要求学生完成一个课题研究，可以是数学建模的课题研究，也可以是数学探究的课题研究。课题可以是学生在学习必修课程时已完成课题的延续，或者是新的课题。

（3）选修课程

《标准（实验）》选修课程按照系列 1、系列 2 进行说明，每一个系列中按照教材模块，从内容与要求、说明与建议进行说明。内容与要求部分给出具体教学内容，在说明与建议部分会结合具体案例。《标准（2017 年版）》将整个选修课程分为 A、B、C、D、E 五类，每类课程下分专题，然后按照专题内容进行详细内容说明，系统清晰地呈现出某一类知识结构。《标准（2017 年版）》对选修课程的分类、内容及学分做了具体阐述如下：

A 类课程包括微积分、空间向量与代数、概率与统计三个专题，其中微积分 2.5 学分，空间向量与代数 2 学分，概率与统计 1.5 学分。供有志于学习数理类（如数学、物理、计算机、精密仪器等）专业的学生选择。微积分专题内容包括：数列极限、函数极限、连续函数、导数与微分、定积分；空间向量与代数专题内容包括：空间向量代数、三阶矩阵与行列式、三元一次方程组、空间中的平面与直线、等距变换；统计与概率专题内容包括：连续型随机变量及其分布、二维随机变量及其联合分布、参数估计、假设检验、二元线性回归模型。

B 类课程包括微积分、空间向量与代数、应用统计、模型四个专题，其中微积分 2 学分，空间向量与代数 1 学分，应用统计 2 学分，模型 1 学分。供有志于学习经济、社会类（如数理经济、社会学等）和部分理工类专业（如化学、生物、机械等）的学生选择。微积分专题包括：极限、导数与微分、定积分、二元函数；空间向量与代数专题内容包括：空间向量代数、三阶矩阵与行列式、三元一次方程组；应用统计专题内容包括：逻辑推理、数学模型、社会调查与数据分析。

C 类课程包括逻辑推理初步、数学模型、社会调查与数据分析三个专题，每个专题 2 学分。供有志于学习人文类专业（如历史、人文类）的学生选择。

D 类课程包括美与数学、音乐中的数学、美术中的数学、体育运动中的数学四个专题，每个专题 1 学分。供有志于学习体育，艺术类专业（包括音乐、美术等）的学生选择。

E 类课程包括扩展视野、日常生活、地方特色的数学课程，还包括大学数学先修课程等。

大学数学选修类课程包括微积分、空间向量与代数、概率与统计三个专题。

2. 高中数学课程课时分配建议表

必修课程、选择性必修课程的课时分配建议如表 2-17 和表 2-18 所示

表 2-17　必修课程课时分配建议表

主题	建议课时
主题一：预备知识	18
主题二：　函数	52
主题三：几何与代数	42
主题四：概率与统计	6
主题五：数学建模活动与数学探究活动	6
机动	6

表 2-18　选择性必修课程课时分配建议表

主题	建议课时
主题一：函数	30
主题二：几何与代数	44
主题三：概率与统计	26
主题四：数学建模活动与数学探究活动	4
机动	4

3. 知识主线分析

更为更好地、整体地把握数学课程，图 2-4~图 2-8 分别从函数、几何、统计概率 、运算、数学建模和数学探究活动五条主线展示高中数学知识。

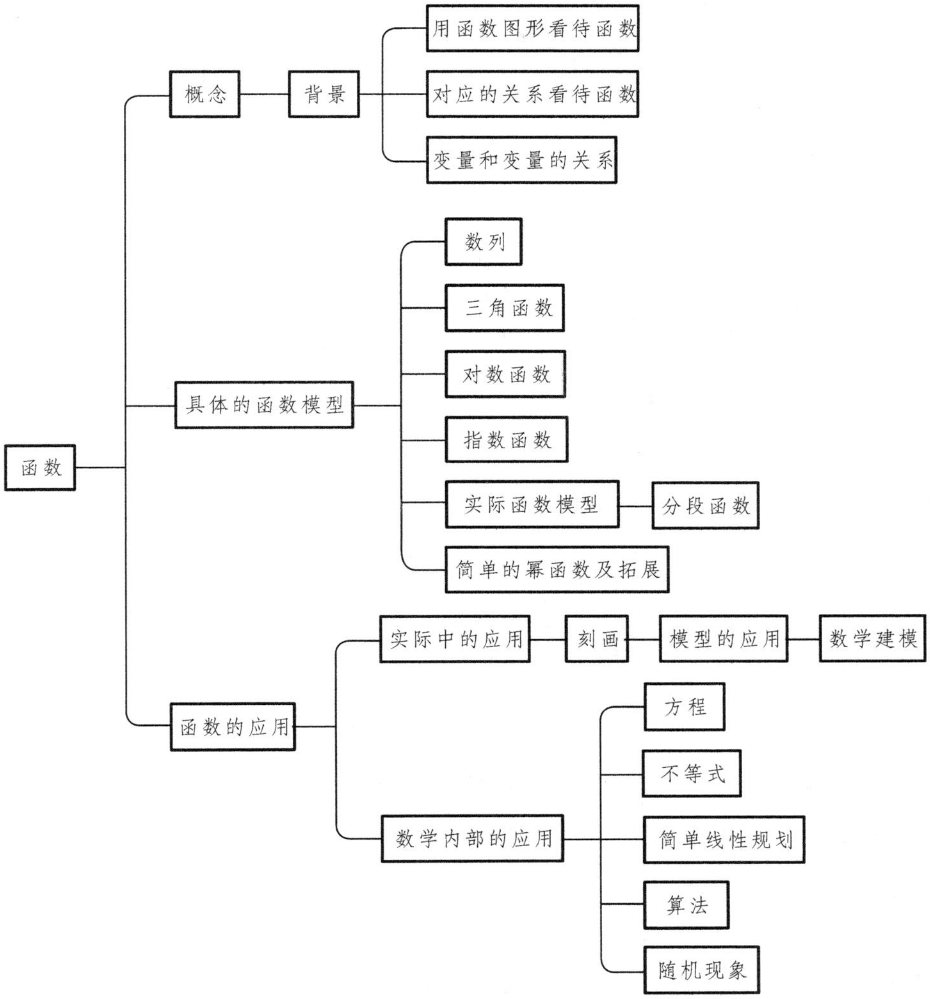

图 2-4　函数知识主线分析

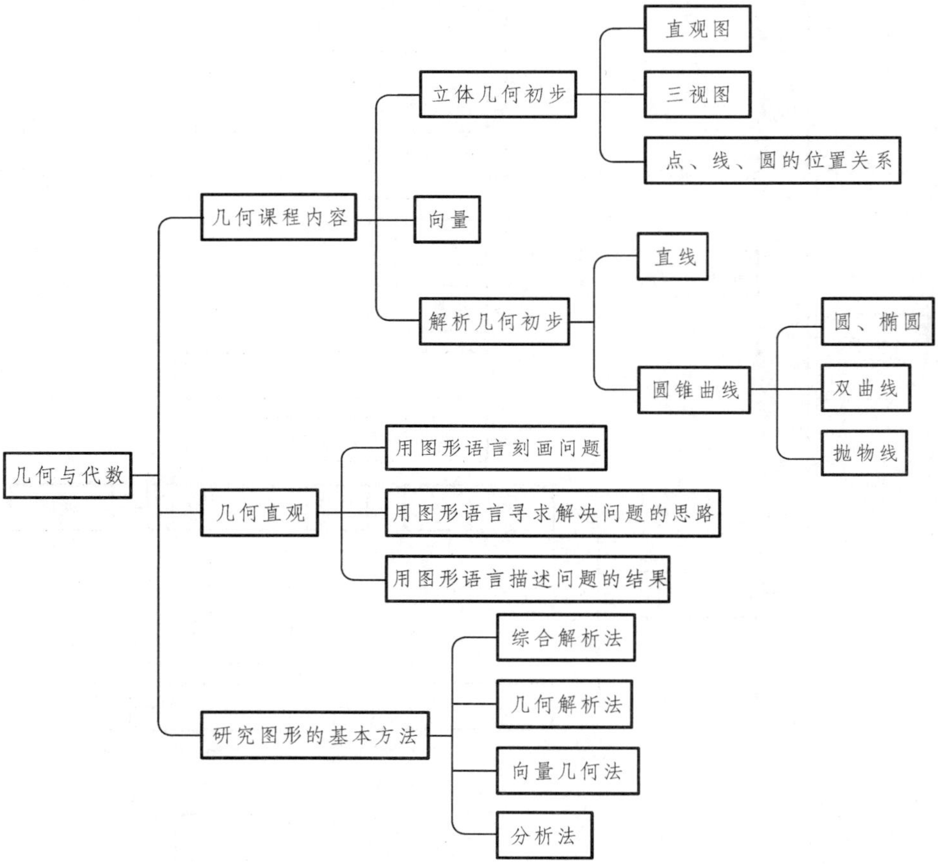

图 2-5　几何与代数知识主线

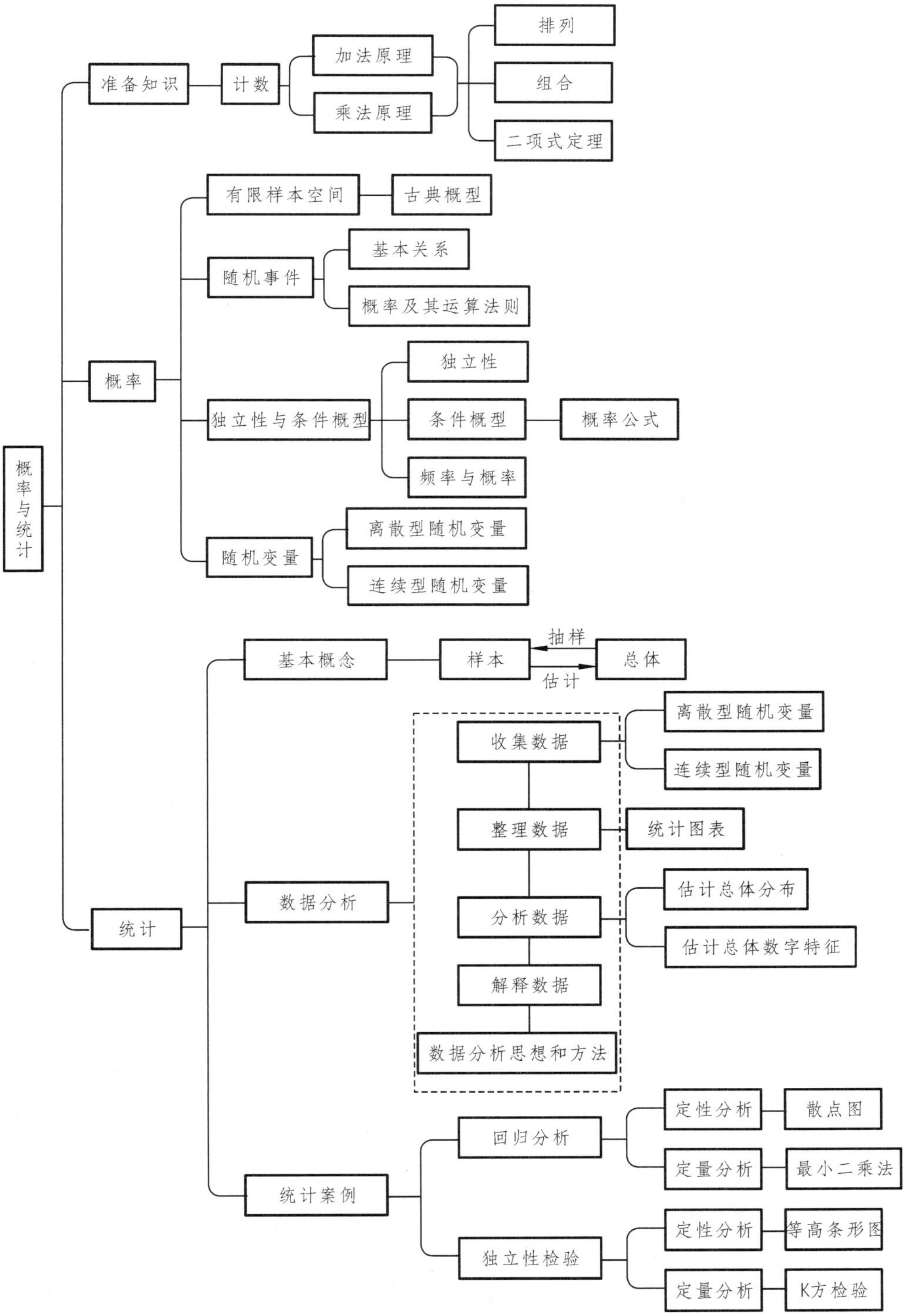

图 2-6　概率与统计知识主线

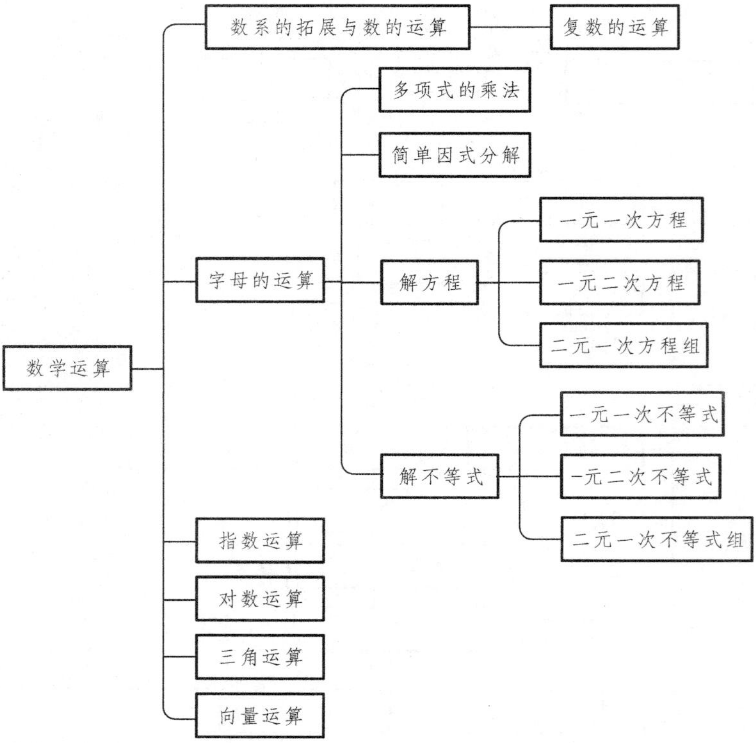

图 2-7　数学运算知识主线

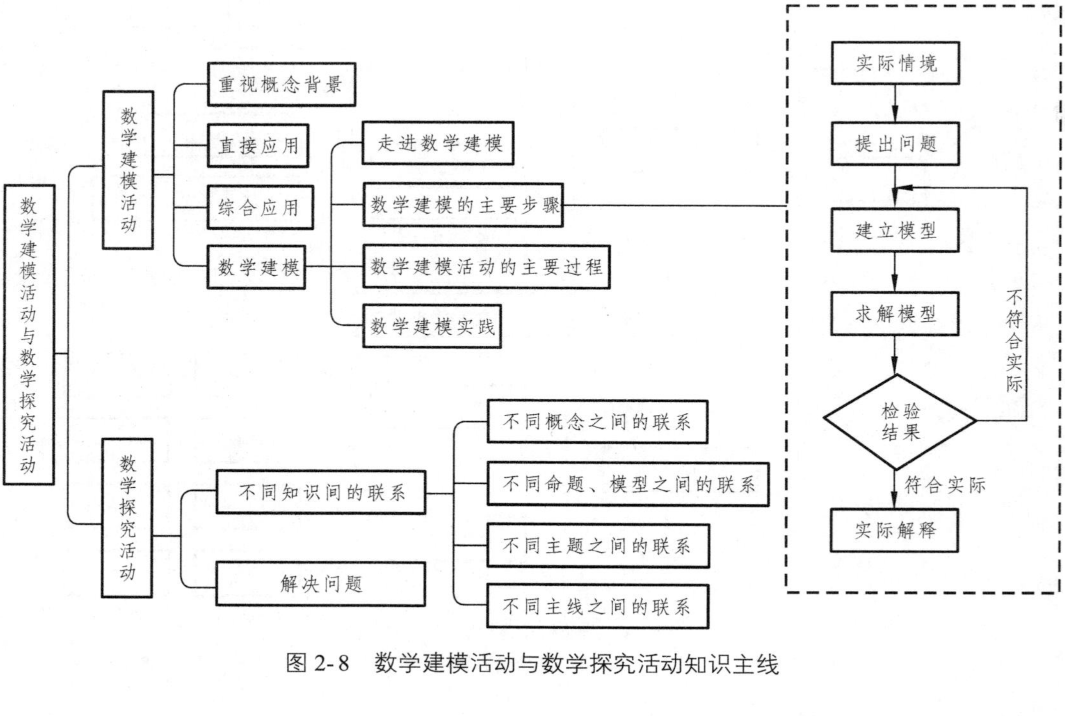

图 2-8　数学建模活动与数学探究活动知识主线

2.3.2.6 学业质量

学业质量为《标准（2017 年版）》的新增内容，《标准（实验）》中没有关于学业质量的阐述。

在《标准（2017 年版）》中，从“学业质量内涵”“学业质量水平”和“学业质量水平与考试评价的关系”三个方面对学业质量进行了说明。其中，“学业质量内涵是”学生自主学习评价、教师教学活动与评价、教材编写的指导性要求以及相应考试命题的依据。“学业质量水平”是六个数学学科核心素养水平的综合表现，每一个数学学科核心素养划分为三个水平，并结合案例进行了阐述。“学业质量水平与考试评价的关系”：数学学业质量水平一是高中毕业应当达到的要求，也是高中毕业的数学学业水平考试的命题依据；数学学业质量水平二是高考的要求，也是数学高考的命题依据；数学学业质量水平三是基于必修、选择性必修和选修课程的某些内容对数学学科核心素养的达成提出的要求，可以作为大学自主招生的参考。

2.3.2.7 实施建议

对比两版课程标准（见表 2-19）可以看到变化主要有以下三点：

表 2-19　实施建议内容及变化

《普通高中数学课程标准（实验）》	《普通高中数学课程标准（2017 年版）》
一、教学建议 二、评价建议 三、教材编写建议	（一）教学与评价建议 （二）学业水平考试与高考命题建议 （三）教材编写建议 （四）地方与学校实施课程标准的建议

变化一：将“教学建议和评价建议”合二为一变成“教学与评价建议”。

变化二：增加了“学业水平考试与高考命题建议”，对高中毕业的数学学业水平考试、数学高考的命题提出如下建议：

①命题应根据学业质量标准和课程内容，注重对学生数学学科核心素养的考查处理好数学学科核心素养与知识技能的关系，要充分考虑对教学的积极引导作用。在传统评分的基础上，可以根据解题情况对学生的数学学科核心素养水平的达成进行评价。

②考试命题路径。基于数学学科核心素养的考试命题，应注意构建数学学科核心素养的评价框架，依据评价框架，统筹考虑上述三个维度，编制基于数学学科核心素养的试题，每道试题都有针对性的考查重点。对于每道试题，除了给出传统评分标准外，还需要给出反映相应数学学科核心素养的水平划分依据。

③在命题中，选择合适的问题情境是考查数学学科核心素养的重要载体，应特别关注数学学习过程中思维品质的形成，关注学生会学数学的能力。

变化三：增加了“地方与学校实施课程标准的建议”，具体从地方实施课程标准应注意的四个问题，学校实施课程标准应注意的四个问题，教师实施课程标准应注意的五个问题。

地方实施课程标准应注意的四个问题：① 重视顶层设计，建立有效的数学教研体系；② 示范引领，整体推进数学课程的实施；③ 集中力量研究解决课程标准实施中的关键问题；④ 重视过程性评价。

“学校实施课程标准应注意的四个问题：① 加强学校课程建设；② 形成有效的课程管理机制；③ 加强数学教师的专业发展和团队建设；④ 开展有针对性的数学教研活动。”

“教师实施课程标准应注意的五个问题：① 以教师专业标准的理念为指导，提升自身的专业水平；② 数学教师要努力提升通识素养；③ 数学教师要努力提升数学专业素养；④ 数学教师要努力提升数学教育理论素养；⑤ 数学教师要努力提升教学实践能力。数学教师应用立论指导实践，不断总结与反思自己的教学实践，不断提高教学能力，最终落实到课堂、落实到学生，其核心就是落实数学学科核心素养，对数学教师提出了新的要求。”

2.3.2.8 附录

对比两版课程标准（见表 2-20）可以看到变化主要有以下三点：

表 2-20 附录变化

《普通高中数学课程标准（实验）》	《普通高中数学课程标准（2017 年版）》
附录 标准中引用的外国数学家人名中外文对照表	附录 1 数学学科核心素养的水平划分 附录 2 教学与评价案例

变化一：删减了“标准中引用的外国数学家人名中外文对照表”。

变化二：附录 1 增加了数学学科核心素养的水平划分，每一种数学素养从三个水平能力加以阐述，一、二、三层层递进，目的是体现“人人都能获得良好的数学教育，不同的人在数学上得到不同的发展”，对不同的水平的学生提出相应的要求。

变化三：附录 2 增加教学与评价案例，总共增加了 37 个案例，每一个案例由三部分构成：目的、情境、分析。目的是帮助教师更好地理解课程标准的要求，特别是理解数学学科核心素养与内容、教学、评价、考试命题的关系，为教学、评价、考试命题提供案例，比如案例 6 利用单位圆的对称性探究三角函数的诱导公式，提升直观想象和逻辑推理素养。

案例按照课程标准中出现的顺序排列，有些案例是说明内容、教学、评价、考试命题中的一个问题，有些案例是说明两个或者两个以上问题，有些案例主要体现某个数学核心素养，比如案例 7（停车距离问题），体现数学建模素养。有些案例综合体现几个数学学科核心素养，比如案例 1（借助一元二次函数，求解一元二次不等式）体现了直观想象与数学运算素养，案例中素养表述的顺序反映了所体现素养的主次，有些案例针对数学理解和教学过程中容易出现的一些问题，是为了帮助教师答疑解惑。每一个案例都有简短说明，说明本案例针对的问题及其蕴含的数学学科核心素养，以及如何使用该教材。

第3章 几何与代数的主线分析

函数、几何与代数、概率与统计以及强调应用的数学建模活动与数学探究活动是高中数学课程的主要内容。函数是描述客观世界中变量关系和规律最为基本的数学语言和工具；几何与代数是数学知识之间联系的桥梁；概率与统计是人们认识客观世界的重要手段；数学建模和数学探究活动是连接数学与外部世界的主要方法。这些内容同时也是学生进入社会所需的必备知识和进一步学习最主要的基础，是解决实际问题最主要的知识、技能、思想，是提高学生数学核心素养的基本载体。为了更好地使教师或学生进一步地掌握高中数学课程的主要内容，第3~6章将针对几何与代数、函数、概率与统计以及数学建模活动与数学探究活动四个模块进行主线分析，以便为高中教师或学生提供借鉴。

3.1 几何与代数主线概述

几何与代数是高中数学课程的四大主线之一。在必修课程与选择性必修课程中，突出几何直观与代数运算之间的融合，通过形与数的结合，感悟数学知识之间的联系，加强对数学整体性的理解。

首先，几何与代数具有数和形的特质，其运算可以描述几何图形以及推理过程。对于逻辑推理关系不强烈、代数关系高度抽象不理想的学生，若能将立体几何拆分成平面图形，找到相对应的平面位置关系，再应用已知的公理或定理进行演绎推理。这一过程不仅能够推理演绎空间图形中的位置关系等相关内容，还可以将少数的已知条件清晰地转换成数形关系，有利于解决问题。

其次，《普通高中数学课程标注（2017年版）》中的几何与代数这一主线的作用，着重关注学生几何直觉的能力。使学生感悟几何中蕴含的数学思想。

通过几何与代数主题的学习主要提升直观想象、逻辑推理、数学运算、数学建模和数学抽象素养。几何与代数知识结构框图如图3-1所示。

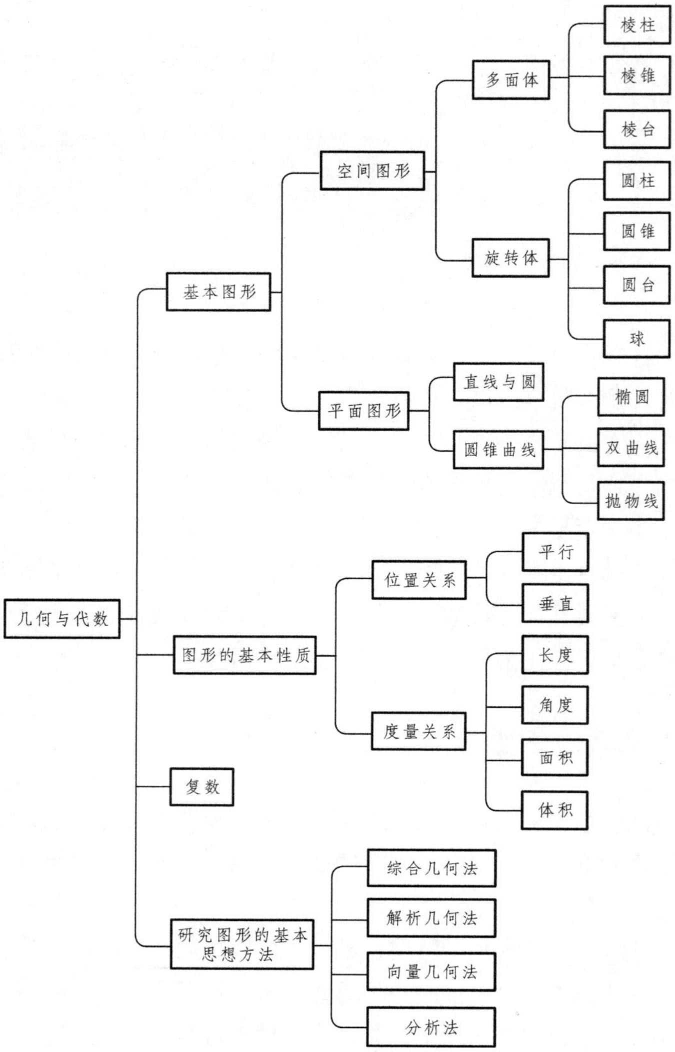

图 3-1　几何与代数知识结构框图

3.2 几何与代数主线分析

3.2.1 基本图形

3.2.1.1 空间图形

1. 多面体

多面体：一般地，我们把由若干个平面多边形围成的几何体叫作多面体。高中学习阶段多面体学习主要包括棱柱、棱锥、棱台，其中主要以长方体为载体来帮助学生学习点、线、面的位置关系及其性质和判定定理。

（1）棱柱：一般地，有两个面互相平行，其余各面都是四边形，并且每相邻两个四边形的公共边都互相平行，由这些面所围成的多面体叫作棱柱。

（2）棱锥：一般地，有一个面是多边形，其余各面都是有一个公共顶点的三角形，由这些面所围成的多面体叫作棱锥。

（3）棱台：用一个平行于棱锥底面的平面去截棱锥，所得的底面与截面之间的部分的多面体叫作棱台。

2. 旋转体

旋转体：我们把由一个平面图形围绕它所在平面内的一条定直线旋转所形成的封闭几何体叫作旋转体。高中学习阶段旋转体学习主要包括圆柱、圆锥、圆台和球。

（1）圆柱：以矩形的一边所在直线为旋转轴，其余三边旋转形成的面所围成的旋转体叫作圆柱。

（2）圆锥：以直角三角形的一条直角边所在直线为旋转轴，其余两边旋转形成的面所围成的旋转体叫作圆锥。

（3）圆台：用平行于圆锥底面的平面去截圆锥，所得底面与截面之间的部分叫作圆台。

（4）球：以半圆的直径所在直线为旋转轴，半圆面旋转一周形成的旋转体叫作球体，简称球。

3. 简单组合体

简单组合体：由简单几何体组合而成的几何体叫作简单组合体。

两种基本构成形式：

（1）由简单几何体拼接而成。

（2）由简单几何体截去或挖去一部分而成。

3.2.1.2 平面图形

1. 直线与方程

（1）直线的倾斜角与斜率

倾斜角：当直线 l 与 x 轴相交时，取轴作为基准，x 轴正向与直线 l 向上方向之间所成的角 α 叫作直线的倾斜角。

斜率：我们把一条直线的倾斜角 α 的正切值叫作这条直线的斜率，用小写字母 k 表示，即

$$k=\tan\alpha$$

经过两点 $P_1(x_1,y_1)P_2(x_2,y_2)(x_1\neq x_2)$ 的直线的斜率公式

$$k=\frac{y_2-y_1}{x_2-x_1}$$

（2）直线的方程

① 直线的点斜式方程。

过点 $P_0(x_0,y_0)$，斜率 k 为的直线 l 的方程

$$y-y_0=k(x-x_0)$$

② 直线的斜截式方程。

斜率为 k，与 y 轴的截距为 b 的直线的方程

$$y=kx+b$$

③ 直线的两点式方程。

经过两点 $P_1(x_1,y_1),P_2(x_2y_2)(\text{其中}x_1\neq x_2,y_1\neq y_2)$ 的直线方程

$$\frac{y-y_1}{y_2-y_1}=\frac{x-x_1}{x_2-x_1}$$

④ 直线的一般式方程。

关于 x，y 的二元一次方程

$$Ax+By+C=0$$

叫作直线的一般式方程（其中 A，B 不同时为 0），简称一般式。

2. 圆与方程

（1）圆的标准方程

我们把圆心为（a，b），半径为 r 的圆的方程

$$(x-a)^2+(y-b)^2=r^2$$

叫作圆的标准方程。

（2）圆的一般方程

我们把形如

$$x^2+y^2+Dx+Ey+F=0$$

其中 $D^2+E^2-4F>0$ 的方程叫作圆的一般方程，圆心为 $(-\frac{D}{2},-\frac{E}{2})$，半径为 $\frac{1}{2}\sqrt{D^2+E^2-4F}$ 。

3. 圆锥曲线

曲线的方程：一般地，在直角坐标系中，如果某曲线（看作点的集合或适合某种条件的点的轨迹）上的点与一个二元方程 $f(x,y)=0$ 的实数解建立如下关系：

①曲线上点的坐标都是这个方程的解；

②以这个方程的解为坐标的点都是曲线上的点。

那么，这个方程叫作曲线的方程；这条曲线叫作方程的曲线。

高中阶段学习的圆锥曲线主要包括椭圆、双曲线和抛物线。

（1）椭圆

我们把平面内与两个定点，F_1,F_2 的距离的和等于常数（大于 $|F_1F_2|$ ）的点的轨迹叫作椭圆（见表 3-1）。这两个定点叫作椭圆的焦点，两焦点间的距离叫作椭圆的焦距。

① 焦点在 x 轴上的椭圆的标准方程

$$\frac{x^2}{a^2}+\frac{y^2}{b^2}=1(a>b>0)$$

两个焦点分别为 $F_1(-c,0),F_2(c,0)$ ，这里 $c^2=a^2-b^2$ 。

② 焦点在 y 轴上的椭圆的标准方程

$$\frac{y^2}{a^2}+\frac{x^2}{b^2}=1(a>b>0)$$

两个焦点分别为 $F_1(0,-c),F_2(0,c)$ 。

表 3-1　椭圆的简单几何性质

图象	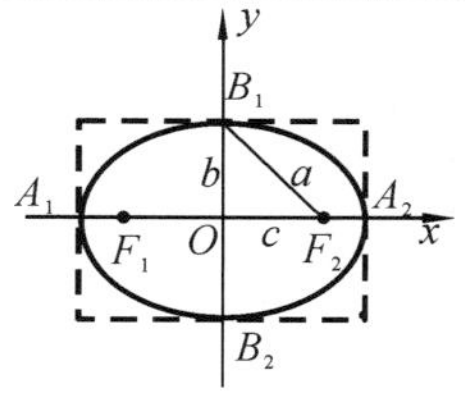	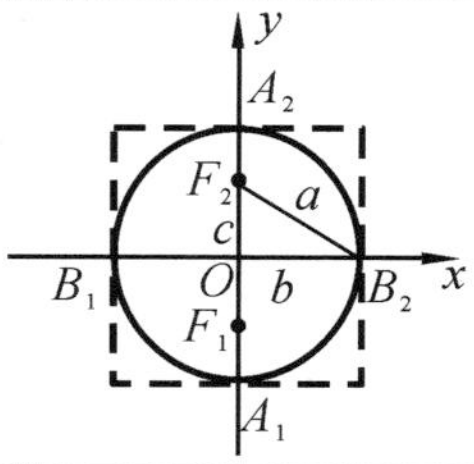
标准方程	$\frac{x^2}{a^2}+\frac{y^2}{b^2}=1$	$\frac{y^2}{a^2}+\frac{x^2}{b^2}=1$
范围	$-a<x<a,-b<y<b$	$-b<x<b,-a<y<a$
对称性	对称轴为 x 轴，y 轴；对称中心为坐标原点	
顶点坐标	$A_1(-a,0)$ ，$A_2(a,0)$ $B_1(0,b)$ ，$B_2(0,-b)$	$A_1(0,-a)$ ，$A_2(0,a)$ $B_1(-b,0)$ ，$B_2(b,0)$
焦点坐标	$F_1(-c,0),F_2(c,0)$	$F_1(0,-c),F_2(0,c)$
半轴长	长半轴长为 a，短半轴长为 b；焦距为 $2c$	
离心率	$e=\frac{c}{a}(0<e<1)$	
a，b，c 的关系	$c^2=a^2-b^2$	

（2）双曲线

我们把平面内与两个定点 F_1 ， F_2 的距离的差的绝对值等于常数（小于 $|F_1F_2|$ ）的点的轨迹叫作双曲线，两个定点叫作双曲线的焦点，两焦点间的距离叫作双曲线的焦距（见表 3-2）。

①焦点在 x 轴上的双曲线的标准方程

$$\frac{x^2}{a^2}-\frac{y^2}{b^2}=1(a>0,b>0)$$

两个焦点分别是 $F_1(-c,0),F_2(c,0)$ ；这里 $c^2=a^2+b^2$

②焦点在 y 轴上的双曲线的标准方程

$$\frac{y^2}{a^2}-\frac{x^2}{b^2}=1(a>0,b>0)$$

两焦分别为 $F_1(0,-c),F_2(0,c)$。

表 3-2 双曲线的简单几何性质

图象	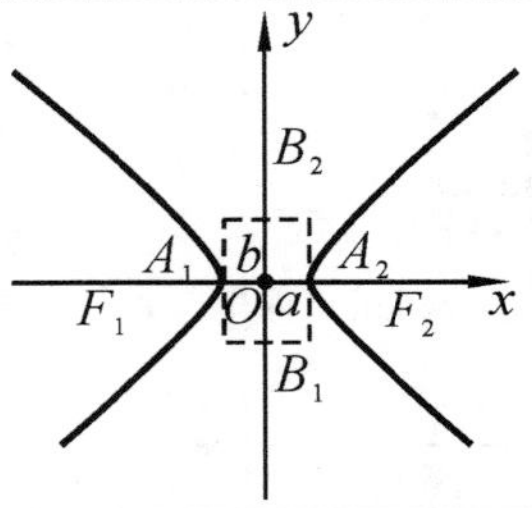	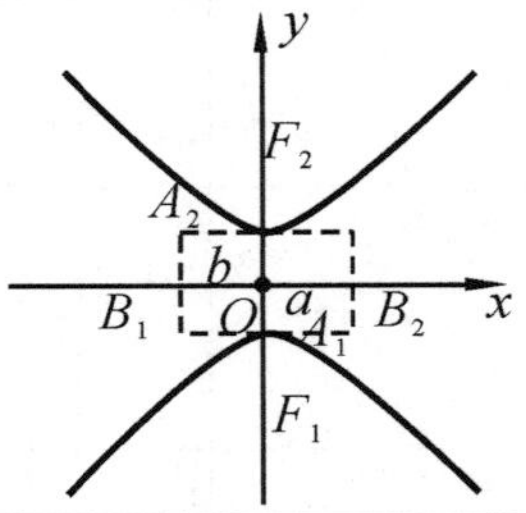
标准方程	$\frac{x^2}{a^2}-\frac{y^2}{b^2}=1(a>0,b>0)$	$\frac{y^2}{a^2}-\frac{x^2}{b^2}=1(a>0,b>0)$
范围	$x\leqslant -a$ 或 $x\geqslant a$	$y\leqslant -a$ 或 $y\geq a$
对称性	对称轴：x 轴、y 轴；对称中心：坐标原点	
顶点	$A_1(-a,0),A_2(a,0)$	$A_1(0,-a),A_2(0,a)$
半轴长	半实轴长为 a，半虚轴长为 b	
渐近线	$y=\pm\frac{b}{a}x$	$y=\pm\frac{a}{b}x$
离心率	$e=\frac{c}{a}e>1$	
准线	$x=\pm\frac{a^2}{c}$	$y=\pm\frac{a^2}{c}$
a，b，c 的关系	$c^2=a^2+b^2$	

（3）抛物线

抛物线的定义：我们把平面内与一个定点 F 和一条定直线 l（l 不经过点 F）距离相等的点的轨迹叫作抛物线。点 F 叫作抛物线的焦点，直线叫作抛物线的准线。定义如图 3-2 所示；具体图象与性质见表 3-3。

如图 3-2 所示，设 $|KF| = p(p>0)$，那么焦点 F 的坐标为 $(\frac{p}{2},0)$，准线 l 的方程为 $x=-\frac{p}{2}$。根据抛物线的定义，抛物线的标准方程为 $y^2=2px(p>0)$。

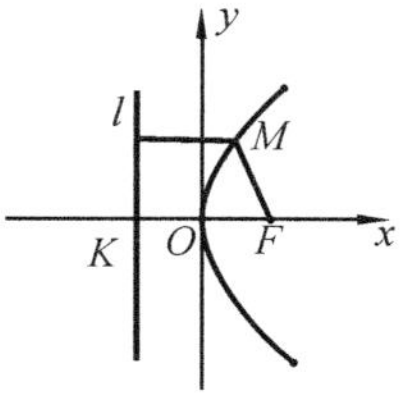

图 3-2

表 3-3 抛物线的简单几何性质

图象	标准方程	焦点坐标	准线方程
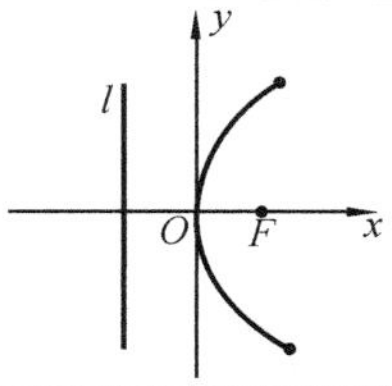	$y^2=2px \quad (p>0)$	$(\frac{p}{2},0)$	$x=-\frac{p}{2}$
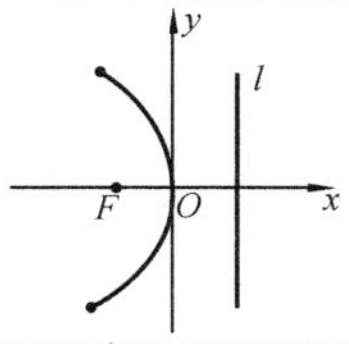	$y^2=-2px \quad (p>0)$	$(-\frac{p}{2},0)$	$x=\frac{p}{2}$
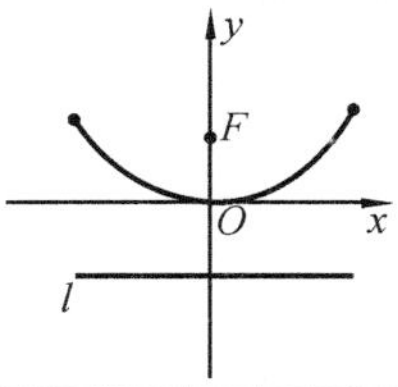	$x^2=-2py \quad (p>0)$	$(0,-\frac{p}{2})$	$y=\frac{p}{2}$
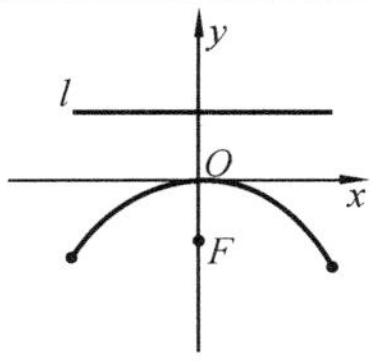	$x^2=-2py$ $(p>0)$	$(0,-\frac{p}{2})$	$y=\frac{p}{2}$

3.2.2 图形的基本性质

3.2.2.1 位置关系

在高中阶段学习的位置关系是空间点、直线、平面之间的位置关系。主要借助长方体，直观认识空间点、直线、平面的位置关系，抽象出它们位置关系的定义，归纳出相关的公理、定理；并从归纳出的公理和定理出发，借助长方体了解空间中的直线与直线、直线与平面、平面与平面的平行关系、垂直关系及角度关系，并归纳出性质定理和判定定理，加以证明。

1. 空间点、直线、平面之间的位置关系

空间点、直线、平面之间的位置关系的学习，主要学习以下 4 个公理和 1 个定理。

公理 1：如果一条直线上的两点在一个平面内，那么这条直线在此平面内。

公理 2：过不在一条直线上的三点，有且只有一个平面。

公理 3：如果两个不重合的平面有一个公共点，那么它们有且只有一条过该点的公共直线。

公理 4：平行于同一条直线的两条直线互相平行。

定理：空间中如果两个角的两边分别对应平行，那么这两个角相等或互补。

2. 直线、平面平行的判定及其性质

（1）直线与平面平行的判定

定理：平面外一条直线与此平面内的一条直线平行，则该直线与此平面平行。

符号表示：$a \not\subset \alpha, b \subset \alpha$ 且 $a // b \Rightarrow a // \alpha$。

（2）平面与平面平行的判定

定理：一个平面内的两条相交直线与另一个平面平行，则这两个平面平行。

符号表示：$a \subset \beta, b \subset \beta, a \cap b = p, a // \alpha, b // \alpha \Rightarrow \alpha // \beta$。

（3）直线与平面平行的性质

定理：一条直线与一个平面平行，则过这条直线的任一平面与此平面的交线与该直线平行。

（4）平面与平面平行的性质

定理：如果两个平行平面同时和第三个平面相交，那么它们的交线平行。

3. 直线、平面垂直的判定及其性质

（1）直线与平面垂直的判定

定理：一条直线与一个平面内的两条相交直线都垂直，则该直线与此平面垂直。

符号表示：$a \not\subset \alpha, b \subset \alpha, c \subset b, b \cap c = p, a \perp b$ 且 $a \perp c \Rightarrow a \perp \alpha$。

（2）平面与平面垂直的判定

定理：一个平面过另一个平面的垂线，则这两个平面垂直。

符号表示：$a \perp \alpha, a \subset \beta \Rightarrow \alpha \perp \beta$。

（3）直线与平面垂直的性质

定理：垂直于同一个平面的两条直线平行。

（4）平面与平面垂直的性质

定理：两个平面垂直，则一个平面内垂直于交线的直线与另一个平面垂直。

3.2.2.2 度量关系

1. 长度

（1）两点间的距离

两点 $P_1(x_1,y_1),P_2(x_2,y_2)$ 间的距离公式

$$P_1P_2=\sqrt{(x_2-x_1)^2-(y_2-y_1)^2}$$

（2）点到直线的距离

点 $P_0(x_0,y_0)$ 到直线 $l:Ax+By+c=0$ 的距离

$$d=\frac{|Ax_0+By_0+C|}{\sqrt{A^2+B^2}}$$

（3）空间两点间的距离

空间中点 $P_1(x_1,y_1,z_1),P_2(x_2,y_2,z_2)$ 之间的距离

$$P_1P_2=\sqrt{(x_2-x_1)^2+(y_2-y_1)^2+(z_2-z_1)^2}$$

2. 角度

（1）两直线间的夹角

当两条直线 l_1 与 l_2 共面时，我们把 l_1 与 l_2 所成的锐角（或直角）叫作两直线的夹角。

当直线 l_1 与 l_2 是异面直线时，经过空间任一点 O 作直线 $l_1' \parallel l_1$，$l_2' \parallel l_2$，我们把 l_1' 与 l_2' 所成的锐角（或直角）叫作异面直线 l_1 与 l_2 所成的夹角。

（2）直线与平面的夹角

平面的一条斜线和它在平面上的射影所成的锐角，叫作这条直线与这个平面的夹角。

（3）平面与平面的夹角

二面角：从一条直线出发的两个半平面所组成的图形叫作二面角。这条直线叫作二面角的棱，这两个半平面叫作二面角的面。

二面角的平面角：以二面角的棱上的任意一点为端点，在两个面内分别作垂直于棱的两条射线，这两条射线所成的角叫作二面角的平面角。

直二面角：平面角是直角的二面角叫作直二面角。

3.2.3 复数

1. 数系的扩充

为了解决 $x^2+1=0$ 这样的方程在实数系中无解的问题，引入一个新数 i，使 i 是方程 $x^2+1=0$ 的根，即使 $i^2=-1$。并且 i 满足实数系中规定的加法和乘法交换律和结合律，以及乘法对加法满足分配律。把运算的结果都可以写成 $a+b\mathrm{i}(a,b\in\mathbf{R})$ 的形式，这样实数系经过扩充后得到了新的数集 $C=\{a+b\mathrm{i}|a,b\in\mathbf{R}\}$。

2. 复数的概念

定义：集合 $C=\{a+b\mathrm{i}\ |a,b\in\mathbf{R}\}$ 中的数，即形如 $a+b\mathrm{i}(a,b\in\mathbf{R})$ 的数叫作复数，其中 i 叫作虚数单位，全体复数所成的集合 C 叫作复数集。

表示形式：复数常用字母 z 表示，即 $z=a+b\mathrm{i}(a,b\in\mathbf{R})$，这表示形式叫作复数的代数形式。其中 a 和 b 分别叫作复数的实部和虚部。

两复数相等的充要条件：对应的实部和虚部都相等。

3. 复数代数形式的四则运算

（1）加法法则

设 $z_1=a+b\mathrm{i},z_2=c+d\mathrm{i}$ 是任意两个复数，那么

$$(a+b\mathrm{i})+(c+d\mathrm{i})=(a+c)+(b+d)\mathrm{i}$$

（2）减法法则

$$(a+b\mathrm{i})-(c+d\mathrm{i})=(a-c)+(b-d)\mathrm{i}$$

（3）乘法法则

设 $z_1=a+b\mathrm{i},z_2=c+d\mathrm{i}$ 是任意两个复数，那么它们的积

$$(a+b\mathrm{i})(c+d\mathrm{i})=(ac-bd)+(ad+bc)\mathrm{i}$$

（4）除法法则

$$(a+b\mathrm{i})\div(c+d\mathrm{i})=\frac{ac+bd}{c^2+d^2}+\frac{bc-ad}{c^2+d^2}\mathrm{i}(c+d\mathrm{i}\neq 0)$$

可以看出，复数经过四则运算后所得的是一个确定的复数。

3.2.4 向量的概念

1. 平面向量及其应用

（1）向量的概念

向量：既有大小又有方向的量叫作向量。

有向线段：带有方向的线段叫作有向线段，以 A 为起点，B 为终点的有向线段记作 $\overrightarrow{AB}$。

向量的模：向量 $\overline{AB}$ 的大小，也就是向量 $\overline{AB}$ 的长度（或称模），记作$|\overline{AB}|$。

平行向量：方向相同或相反的非零向量叫作平行向量，记作 $a \parallel b$.

相等向量：长度相等且方向相同的向量叫作相等向量，记作 $\vec{a}=\vec{b}$.

共线向量：可以移动到同一条直线上的向量叫作共线向量，平行向量也叫作共线向量。

（2）向量运算（表 3-4）

表 3-4 向量运算

向量运算	几何表示	代数表示
向量的加法	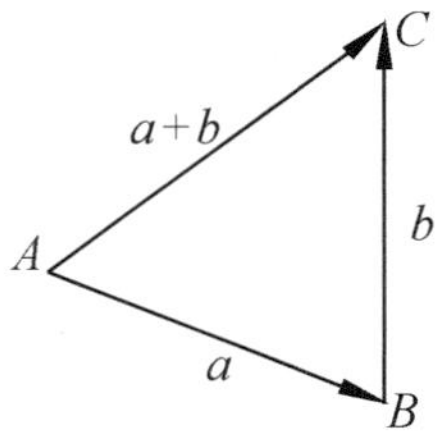	向量加法的三角形法则 $\vec{a}+\vec{b}=\overrightarrow{AB}+\overrightarrow{BC}=\overrightarrow{AC}$
	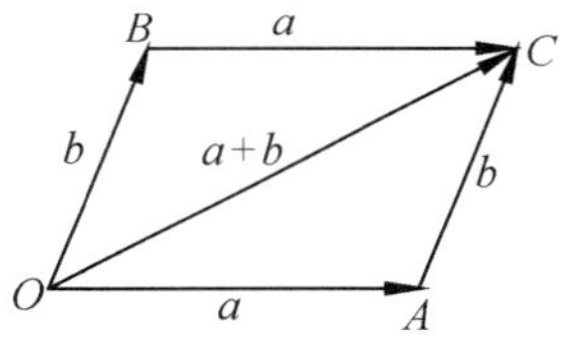	向量加法的平行四边形法则 $\overrightarrow{OA}+\overrightarrow{OB}=\overrightarrow{OC}$
向量的减法	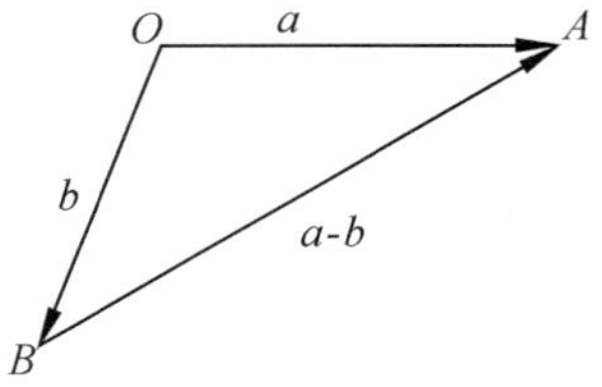	向量减法的法则 $\overrightarrow{OA}-\overrightarrow{OB}=\overrightarrow{BA}$
向量的数乘	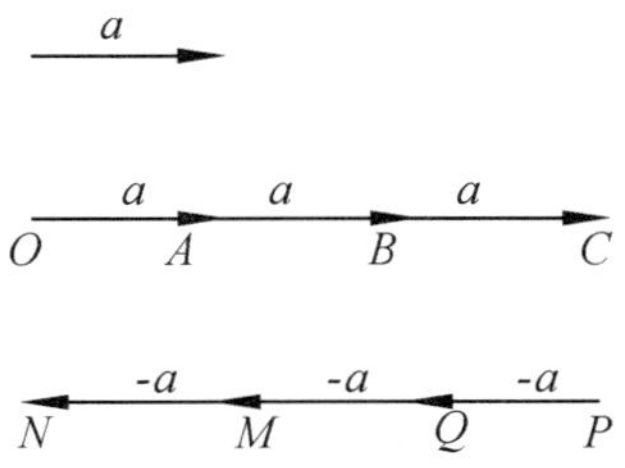	向量数乘的运算律 设 λ 、μ 为实数，那么 （1）$\lambda(\mu\vec{a})=(\lambda\mu)\vec{a}$ （2）$(\lambda+\mu)\vec{a}=\lambda\vec{a}+\mu\vec{a}$ （3）$\lambda(\vec{a}+\vec{b})=\lambda\vec{a}+\lambda\vec{b}$
几何意义：三角形两边之和大于第三边，两边之差小于第三边。 一般地，有 $\lvert\vec{a}\rvert-\lvert\vec{b}\rvert \leqslant \lvert\vec{a}+\vec{b}\rvert \leqslant \lvert\vec{a}\rvert+\lvert\vec{b}\rvert$ 向量共线定理：向量 $\vec{a}(\vec{a}\neq\vec{0})$ 与 $\vec{b}$ 共线，当且仅当有唯一一个实数 λ，使 $\vec{b}=\lambda\vec{a}$。		

（3）向量基本定理及坐标表示

平面向量基本定理：如果$\vec{e_1}$、$\vec{e_2}$是同一平面内的两个不共线向量，那么对于这一平面内的任意向量$\vec{a}$，有且只有一对实数λ_1、λ_2，使$\vec{a}=\lambda_1\vec{e_1}+\lambda_2\vec{e_2}$。

基底：把不共线的向量$\vec{e_1}$、$\vec{e_2}$叫作表示这一平面内所有向量的一组基底。

正交分解：把一个向量分解为两个互相垂直的向量，叫作把向量正交分解。

单位正交基：在平面直角坐标系中，分别取与x轴、y轴方向相同的两个单位向量$\vec{i}$、$\vec{j}$作为基底，像这样的基叫作单位正交基。

向量的坐标表示：$\vec{a}=(x,y)$，x叫作$\vec{a}$在x轴上的坐标，y叫作$\vec{a}$在y轴上的坐标。

平面向量的坐标运算：已知$\vec{a}=(x_1,y_1),\vec{b}=(x_2,y_2)$

$$\vec{a}+\vec{b}=(x_1+x_2,y_1+y_2)$$

$$\vec{a}-\vec{b}=(x_1-x_2,y_1-y_2)$$

$$\lambda\vec{a}=(x_1-x_2,y_1-y_2)$$

（4）平面向量的数量积

① 数量积：已知两个非零向量$\vec{a}$与$\vec{b}$，我们把数量$|a||b|\cos\theta$叫作$\vec{a}$与$\vec{b}$的数量积（或内积）；记作$\vec{a}\vec{b}$，即$\vec{a}\vec{b}=|a||b|\cos\theta$，其中$\theta$是$\vec{a}$与$\vec{b}$的夹角。

② 平面向量数量积的坐标表示、模、夹角。

已知$\vec{a}=(x_1,y_1),\vec{b}=(x_2,y_2)$

数量积的坐标表示：$\vec{a}\vec{b}=x_1x_2+y_1y_2$；

模的坐标表示：$|\vec{a}|=\sqrt{x_2+y_2}$；

夹角的坐标表示：$\cos\theta=\dfrac{\vec{a}\vec{b}}{|\vec{a}||\vec{b}|}=\dfrac{x_1x_2+y_1y_2}{\sqrt{x^2+y^2}}$。

2. 空间向量与立体几何

（1）空间向量基本定理：如果三个向量$\vec{a}$，$\vec{b}$，$\vec{c}$不共面，那么对空间任一向量$\vec{p}$，存在有序实数组$\{x,y,z\}$，使得$\vec{p}=x\vec{a}+y\vec{b}+z\vec{c}$。

我们把$\{\vec{a},\vec{b},\vec{c}\}$叫作空间的一个基底，$\vec{a}$，$\vec{b}$，$\vec{c}$都叫作基向量。

（2）空间向量运算的坐标表示

设，$\vec{a}=(a_1,a_2,a_3),\vec{b}=(b_1,b_2,b_3)$，则

$$\vec{a}+\vec{b}=(a_1+b_1,a_2+b_2,a_3+b_3)\text{；}$$
$$\vec{a}-\vec{b}=(a_1-b_1,a_2-b_2,a_3-b_3)\text{；}$$
$$\lambda\vec{a}=(\lambda a_1,\lambda a_2,\lambda a_3),\ (\lambda\in\mathbf{R})\text{；}$$
$$\vec{a}\vec{b}=a_1b_1+a_2b_2+a_3b_3\text{；}$$
$$\vec{a}\parallel\vec{b}\Leftrightarrow\vec{a}=\lambda\vec{b}\Leftrightarrow a_1=\lambda b_1,a_2=\lambda b_2,a_3=\lambda b_3,(\lambda\in\mathbf{R})\text{；}$$
$$\vec{a}\perp\vec{b}\Leftrightarrow\vec{a}\vec{b}=0\Leftrightarrow a_1b_1+a_2b_2+a_3b_3=0\text{；}$$
$$|\vec{a}|=\sqrt{\vec{a}\vec{a}}=\sqrt{a_1^{\ 2}+a_2^{\ 2}+a_3^{\ 3}}\text{；}$$
$$\cos\left\langle\vec{a},\vec{b}\right\rangle=\frac{\vec{a}\vec{b}}{|\vec{a}||\vec{b}|}=\frac{a_1b_1+a_2b_2+a_3b_3}{\sqrt{a_1^{\ 2}+a_2^{\ 2}+a_3^{\ 2}}\sqrt{b_1^{\ 2}+b_2^{\ 2}+b_3^{\ 2}}}$$

（3）立体几何中的向量方法

设直线l，m的方向向量分别为$\vec{a}$，$\vec{b}$，平面α，β的法向量分别为$\vec{u}$，$\vec{v}$，则

$$l\parallel m\Leftrightarrow\vec{a}\parallel\vec{b}\Leftrightarrow\vec{a}=k\vec{b},k\in\mathbf{R};$$
$$l\perp m\Leftrightarrow\vec{a}\perp\vec{b}\Leftrightarrow\vec{a}\vec{b}=0;$$
$$l\parallel\alpha\Leftrightarrow\vec{a}\perp\vec{u}\Leftrightarrow\vec{a}\vec{u}=0;$$
$$l\perp\alpha\Leftrightarrow\vec{a}\parallel\vec{u}\Leftrightarrow\vec{a}=k\vec{u},k\in\mathbf{R};$$
$$\alpha\parallel\beta\Leftrightarrow\vec{v}\parallel\vec{u}\Leftrightarrow\vec{u}=k\vec{v},k\in\mathbf{R};$$
$$\alpha\perp\beta\Leftrightarrow\vec{u}\perp\vec{v}\Leftrightarrow\vec{u}\vec{v}=0$$

3.2.5 研究图形的基本思想方法

研究图形过程中运用到许多数学思想方法，这里主要介绍以下几种。

1. 数形结合

数形结合思想是数学中最重要的，也是最基本的思想方法之一，是解决许多数学问题的有效思想。“数缺形时少直观，形无数时难入微”是我国著名数学家华罗庚教授的名言，是对数形结合的作用进行了高度的概括。

2. 转化思想

在整个高中数学中，转化与化归思想一直贯穿其中整个教学过程中。转化思想是把一个未知（待解决）的问题化为已解决的或易于解决的问题来解决，如化繁为简、化难为易，化未知为已知，化高次为低次等，它是解决问题的一种最基本的思想，也是解决数学问题过程中常用到的数学基本思想方法。

3. 分类讨论思想

分类讨论思想是解答数学问题的一种重要思想方法和解题策略。它是为了解决因各种因素制约着的数学问题，使原本变幻不定的问题，分解成若干个相对确定的问题，再各个击破，从而获得完整的解答。如点与圆的位置关系、直线与圆的位置关系、圆与圆的位置关系等都是通过分类讨论的。

4. 整体思想

从问题的整体性质出发，突出对问题的整体结构的分析和改造，发现问题的整体结构特征，善于用“集成”的眼光，把某些式子或图形看成一个整体，把握它们之间的关联，进行有目的的、有意识的整体处理，从而有条不紊地解决问题。

第4章 函数主线分析

20 世纪初，在英国数学家贝利和德国数学家克莱因等人的大力倡导和推动下，函数进入了中学数学。克莱因提出了一个重要的思想——以函数概念和思想统一数学教育的内容，他认为："函数概念，应该成为数学教育的灵魂。以函数概念为中心，将全部数学教材集中在它周围，充分地进行综合。德国数学家康托尔的集合论被人们接受后，用集合对应关系来定义函数概念就出现在了高中课本里。我国清代数学家李善兰在翻译《代数学》（1895 年）一书时，把"function"翻译成"函数"。李善兰给出的定义是："凡式中含天，为天之函数"。函数的历史演变过程大致如图 4-1 所示。

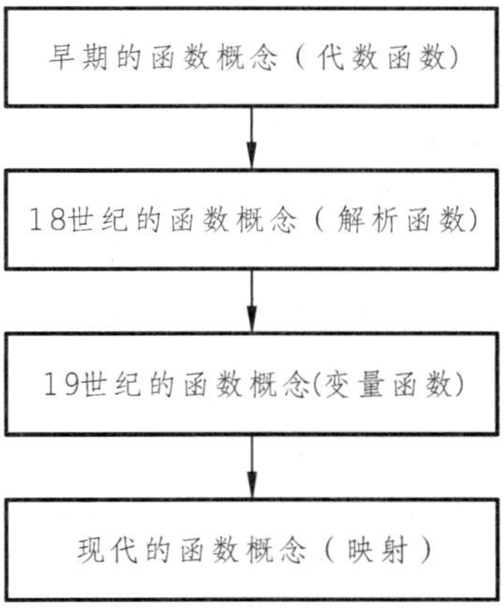

图 4-1

函数是现代数学最基本的概念，是描述客观世界中变量关系和规律的最为基本的数学语言和工具，在解决实际问题中发挥重要作用，函数也是贯穿高中数学课程的主线。

函数是从数量上刻画客观事物发展变化、反映变量之间相互依赖关系的数学工具。也就是说，函数是运动变化的一种数学模型。函数单元有两个主要部分，分为：函数的一般概念和基本初等函数。

函数概念在义务教育阶段数学课程里，曾用变量之间相互依赖的形象语言描述，高中使用比较抽象的集合与对应的语言加以刻画，二者相辅相成。基本初等函数是一些重要变化现象的模型，在高中教材里揭示其所描述的现实背景，研究其基本性质，刻画其数量变化的特征，而在后续的选修课，将会用微积分方法继续研究初等函数的性质。

函数模型的内涵十分丰富，初等函数的四则运算、复合、恒等变换等是数学的基本运算技能之一。课程内容要运用函数工具分析和解决现实问题，突出“函数是数学模型”的中心思想。

4.1 函数的地位

函数是整个中学乃至大学的一个重点内容，函数的思想贯穿了整个中学、大学，具有极其广泛的应用价值。在初中阶段就已经讲述了函数的定义，进入高中后在学习集合、映射的基础上，接着重新学习函数的概念用集合的观点来刻画，这概念是学生在有一定的函数基础上更深层次地认识函数。通过对基本初等函数的研究，能够认识函数的性质、图象及其初步的应用，为后续的内容极限、微积分初步等知识的学习提供基础，中学的其他数学内容也都与函数内容有关。

函数是描述客观世界中变量关系和规律的最为基本的数学语言和工具，在解决实际问题中发挥着重要的作用，它是贯穿高中数学课程的主线，这条线将延续到大学数学中。

4.2 函数的作用

第一，高中数学课程标准要求素材的选取应体现数学的本质、联系实际，而函数的学习不仅有助于学生理解数学的本质，还使学生感到数学就在自己身边。例如：通过速度的变化率、体积的膨胀率，以及效率等大量丰富的现实背景引入导数的概念；通过气温的变化、出租车的计价等入手，抽象出一般函数的概念和性质。因此，函数引入高中教材是非常重要的。

第二，函数的学习可以培养学生的学科核心素养。如：三角恒等变换的推导在数学中有利于发展学生的逻辑推理能力和数学运算能力；函数概念的学习有利于培养学生的数学建模能力、数学抽象能力等。因此，函数作为一条主线引入高中数学教材是必然的。

第三，有利于计算机等现代信息技术在高中数学教学中普遍使用。通过几何画板、Office办公软件等计算机软件绘制出函数图象，能使学生直观感受到图象的性质和特点，为学生降低了学习函数的难度，另外，也使学生感受到使用计算机的必要性。

4.3 函数的主线

- 函数
  - 定义
    - 变量和变量的关系（变量关系说）
    - 用对应关系看待函数（对应关系说）
    - 用图形看待函数（图形关系说）
  - 性质
    - 单调性
    - 周期性
    - 对称性
  - 基本初等函数
    - 指数函数
    - 对数函数
    - 幂函数
    - 三角函数
    - 常数函数
  - 函数与其他数学知识的关系
    - 方程
    - 不等式
    - 简单线性规划
    - 算法
    - 数列
  - 研究函数的思想方法
    - 几何的思想方法
    - 运算的思想方法
    - 极限的思想方法

4.3.1 函数的定义

1. 变量说

函数是刻画变量与变量之间依赖关系的模型，通过探索可以用变量与变量之间的依赖关系反映自然规律，在现实生活中或其他学科中，这种依赖关系表现为一个变量的变化引起另一个变量的变化。例如：在物理中刻画物体运动时，路程随着时间的变化而变化；邮局按邮件的重量收取邮资，邮资与邮件的重量等等。这些对象的变量之间都有着密切的依赖关系，函数正是反映变量之间这种依赖关系的，它是刻画现实世界中自然规律的重要模型，这也是数学联系实际的基础。

2. 对应说

函数是连接两类对象的桥梁，即通常说的映射关系。在高中阶段，函数的定义为：给定两个实数集合 A、B，对集合 A 的任一元素，按照某种对应关系 f，在集合 B 中存在唯一元素 y 与之对应，即 $y=f(x)$。我们称这个对应关系 f 为集合 A 到集合 B 的一个函数关系，简称函数，记作：f：$y=f(x)$。

这是用映射的观点刻画函数，反映两个数集之间的关系，在两个数集之间架起了一座桥梁。

3. 图形说

函数可以用“图形”来刻画。函数关系是平面上点的集合，又可以看作平面上的一个“图形”。在很多情况下，函数是满足一定条件的曲线。因此，从某种意义上说，研究函数就是研究曲线的性质，研究曲线的变化。用这种看法，函数可以看作数形结合的载体之一。实际上，高中数学课程中的数形结合主要有三个载体：函数、解析几何、向量几何。

在讨论函数问题时，帮助学生养成画函数图形，并且用函数图形思考问题的习惯。树立“图形意识”是掌握函数性质、学好函数的关键。

4.3.2 函数的性质

数学中研究函数主要是研究函数的变化特征。因为函数的变化特征反映了它所刻画的自然规律的特征。在高中阶段主要研究函数的单调性、周期性、对称性（奇偶性）。

1. 单调性

单调性是高中阶段讨论函数“变化”的一个最基本的性质。就是当自变量增加（减少）时，函数值是增加还是减少？单调性反映的是某个区间里函数的变化，不是函数的局部性质。从几何的角度看，就是研究函数图象走势的变化规律。如图 4-2 所示，函数 $y = x^2$ 在区间 $(-\infty, 0)$ 上单调递减；在区间 $(-\infty, 0)$ 上单调递增。

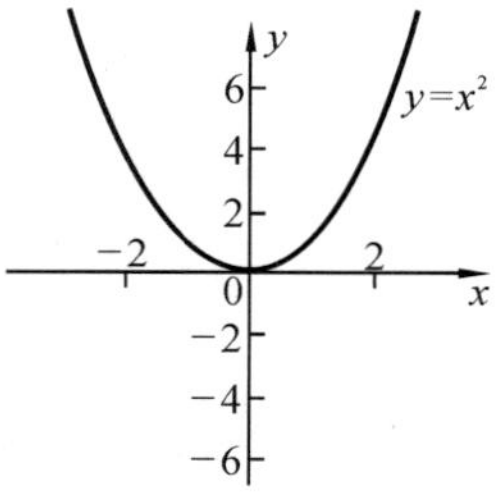

图 4-2

在高中数学课程中，对于函数这个性质的研究分成两个阶段。

第一阶段，用运算的性质研究单调性。要求理解单调性的几何直观和定义及其单调性在研究函数中的作用。单调性与函数图形有密切关系，了解了函数的单调性，基本上就可以决定函数图形的走势；反过来，掌握了函数图形的走势，也就基本了解了函数的单调性，这是掌握函数最基本的东西。

第二阶段，用导数的性质研究单调性。在课程导数及其应用中体现，导数是描述函数变化率的概念，导数概念可以帮助我们对“函数的变化”有进一步了解。在这一部分内容中，要求学生理解导数与单调性的联系：在一个区间内，如果函数在每一处的导数大于零，则函数是递增的；如果函数在每一处的导数小于零，则函数是递减的；反之，也可以用单调性判断导数的符号。如果函数在一个区间内是递增函数，那么它的导函数在这一区间内的导数大于或等于零；如果函数在一个区间内是递减函数，那么它的导函数在这一区间内的导数小于或等于零。

2. 周期性

周期性是中学阶段学习函数的另一个基本性质。周期性反映了函数变化周而复始的规律。在我们的生活中，存在着大量的周期变化的现象，大到宇宙的变化，小到粒子的变化。例如：在太阳系中，行星围绕太阳的运动。因此，学会用周期的观点来看待周围事物的变化是非常重要的。比如：周期函数在高中学习有正弦和余弦函数、正切和余切函数都是刻画周期变化的基本函数模型。用周期的观点来研究周期函数，可以是集中研究函数在一个周期里的变化，在此基础上，就可以了解函数在整个定义域内的变化情况。

3. 对称性（奇偶性）

奇偶性反映了函数图形的对称性质，偶函数图形是关于 y 轴对称的，奇函数图形是关于原点对称的，奇偶性反映了函数图形的对称与坐标系的选择有关。奇偶性可以帮助我们用对称美思想来研究函数的变化规律。例如：简单幂函数的奇偶性，即函数 $y=x^2, y=x^3, y=x^{-1}$，如图 4-3 所示。

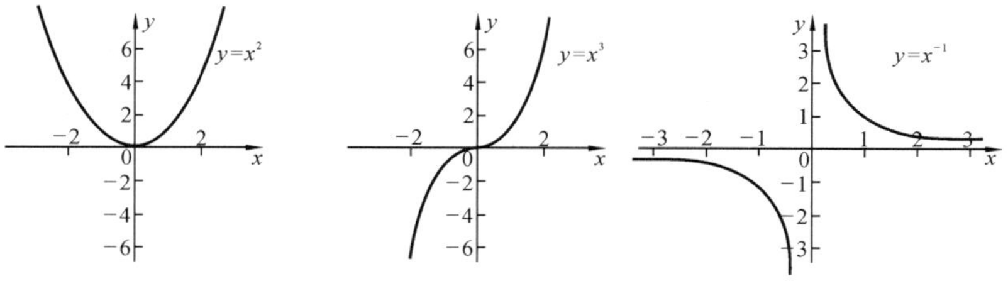

图 4-3

4.3.3 基本初等函数

1. 指数函数

定义：一般地，函数 $y=a^x$（a 是常数，$a>0$，且 $a\neq 1$）叫指数函数，其中 x 是变量，函数的定义域是 **R**。图象如图 4-4 所示。

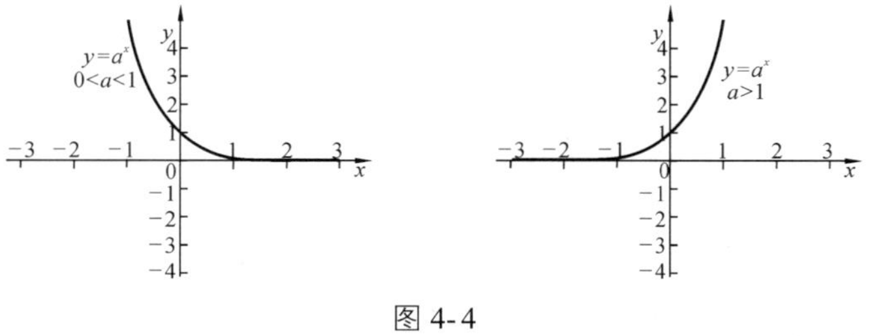

图 4-4

指数函数的性质见表 4-1。

表 4-1 指数函数性质

性质	$y=a^x(a>1)$	$y=a^x(0<a<1)$
定义域	$(-\infty,+\infty)$	
值域	$(0,+\infty)$	
奇偶性	非奇非偶	
公共点	过点（0，1），即当 $x=0$ 时，$y=1$	
单调性	在 $(-\infty,+\infty)$ 上是增函数	在 $(-\infty,+\infty)$ 上是减函数

2. 对数函数

定义：一般地，我们把函数 $y=\log_a x$ $(a>0,且a\neq 1)$ 叫作对数函数，其中 x 为自变量，函数的定义域为 $(0,+\infty)$。图象如图 4-5 所示。

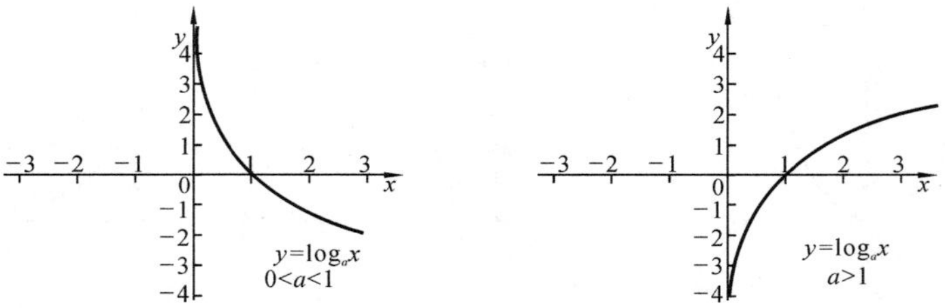

图 4-5

对数函数的性质见表 4-2。

表 4-2 对数函数的性质

性质	$y=\log_a x(a>1)$	$y=\log_a x(0<a<1)$
定义域	$(0,+\infty)$	
值域	$(-\infty,+\infty)$	
奇偶性	非奇非偶	
公共点	过点（1，0），即当 $x=1$ 时，$y=0$	
单调性	在 $(0,+\infty)$ 上是增函数	在 $(0,+\infty)$ 上是减函数

3. 幂函数

定义：一般地，函数 $y=x^\alpha$（α为常数）叫作幂函数，其中 x 为自变量。对于幂函数我们主要讨论$\alpha=1,2,3,\frac{1}{2},-1$时的情形。在同一平面直角坐标系中作出幂函数$y=x$，$y=x^2$，$y=x^3$，$y=x^{\frac{1}{2}}$，$y=x^{-1}$的图象如图 4-6 所示。

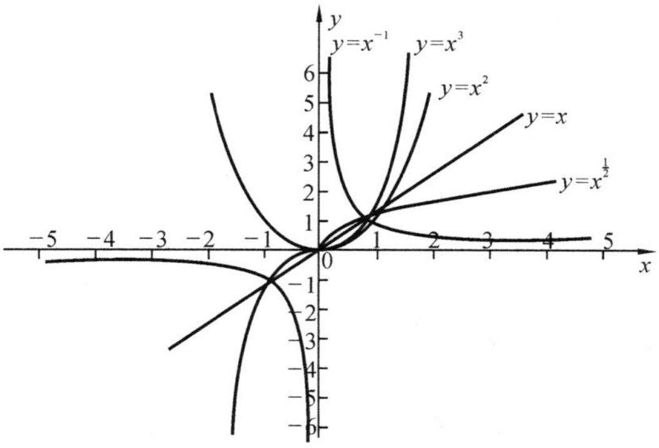

图 4-6

幂函数的性质见表 4-3。

表 4-3　幂函数的性质

性质	$y=x$	$y=x^2$	$y=x^3$	$y=x^{\frac{1}{2}}$	$y=x^{-1}$
定义域	$(-\infty,+\infty)$	$(-\infty,+\infty)$	$(-\infty,+\infty)$	$[0,+\infty)$	$\{x\|x\neq 0\}$
值域	$(-\infty,+\infty)$	$[0,+\infty)$	$(-\infty,+\infty)$	$[0,+\infty)$	$\{y\|y\neq 0\}$
奇偶性	奇	偶	奇	非奇非偶	奇
公共点	（1，1）				
单调性	增	$[0,+\infty)$ 增 $(-\infty,0)$ 减	增	增	$(0,+\infty)$ 减 $(-\infty,0)$ 减

4. 三角函数

定义：三角函数是数学中常见的一类关于角度的函数。以角度为自变量，角度对应任意两边的比值为因变量的函数叫三角函数。三角函数将直角三角形的内角和它的两个边长度的比值相关联，也可以等价地用与单位圆有关的各种线段的长度来定义。三角函数在研究三角形和圆等几何形状的性质时有重要作用，也是研究周期性现象的基础数学工具。

三角函数一般用于计算三角形中未知长度的边和未知的角度，在导航、工程学以及物理学方面都有广泛的用途。另外，以三角函数为模版，可以定义一类相似的函数，叫作双曲函数。常见的双曲函数也被称为双曲正弦函数、双曲余弦函数等等。它们在研究三角形和建模周期现象和许多其他应用中是很重要的。三角函数通常定义为包含这个角的直角三角形的两个边的比率，也可以等价地定义为单位圆上的各种线段的长度。

高中阶段三角函数主要有以下 6 种，常见的有 3 种，图象如图 4-7 所示。

正弦函数：$y=\sin x$；

余弦函数：$y=\cos x$；

正切函数：$y=\tan x$。

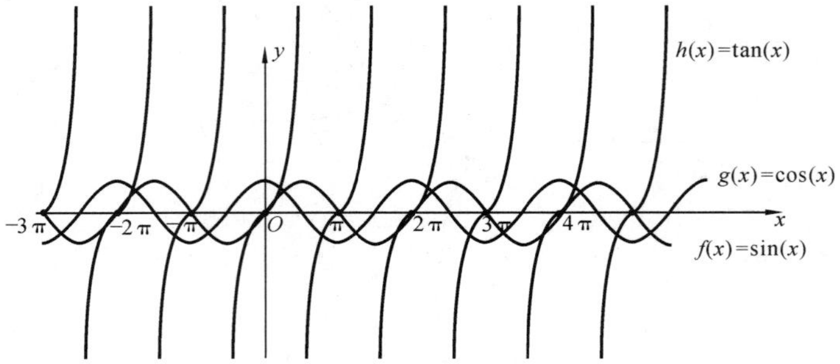

图 4-7

正余弦、正余切函数的性质见表 4-4、4-5。

表 4-4　正余弦函 167 数的性质

性质	$y=\sin x(k\in\mathbf{Z})$	$y=\cos x(k\in\mathbf{Z})$
定义域	$(-\infty,+\infty)$	
值域	[- 1， 1]	
奇偶性	奇函数	偶函数
周期性	$T=2\pi$	
对称中心	$(k\pi,0)$	$(k\pi+\dfrac{\pi}{2},0)$
对称轴	$x=k\pi+\dfrac{\pi}{2}x\in\left[2k\pi-\dfrac{\pi}{2},2k\pi+\dfrac{\pi}{2}\right](k\in\mathbf{Z})$	$x=k(k\in\mathbf{Z})$
单调性	在上是增函数； 在 $x\in\left[2k\pi+\dfrac{\pi}{2},2k\pi+\dfrac{3\pi}{2}\right]$ 上是减函数	在 $x\in[2k\pi+\pi,2k\pi+2\pi]$ 上是增函数； 在 $x\in[2k\pi,2k\pi+\pi]$ 上是减函数
最值	$x=2k\pi+\dfrac{\pi}{2}(k\in\mathbf{Z})$ 时，$y_{\max}=1$； $x=2k\pi-\dfrac{\pi}{2}(k\in\mathbf{Z})$ 时，$y_{\min}=-1$	$x=2k\pi(k\in\mathbf{Z})$ 时，$y_{\max}=1$； $x=2k\pi+\pi(k\in\mathbf{Z})$ 时，$y_{\min}=-1$

表 4-5　正余切函数的性质

性质	$y=\tan x(k\in\mathbf{Z})$	$y=\cot x(k\in\mathbf{Z})$
定义域	$x\neq k\pi+\frac{\pi}{2}(k\in\mathbf{Z})$	$x\neq k\pi\ (k\in\mathbf{Z})$
值域	$(-\infty,+\infty)$	
奇偶性	奇函数	奇函数
周期性	$T=\pi$	
对称中心	$(\frac{k\pi}{2},0)$	
对称轴	$x=k\pi+\frac{\pi}{2}(k\in\mathbf{Z})$	$x=k\pi(k\in\mathbf{Z})$
单调性	在 $x\in\left[k\pi-\frac{\pi}{2},k\pi+\frac{\pi}{2}\right]$ 上是增函数	在 $x\in[k\pi,k\pi+\pi]$ 上是减函数
零点	$(k\pi,0)$	$(k\pi+\frac{\pi}{2},0)$

5. 常数函数

在数学中，常数函数（也称常值函数）是指值不发生改变（即是常数）的函数。定义域为 **R**，值域为 $y=C$（C 是常数）本身。例如，我们有函数 $f(x)=4$，因为 f 映射任意的值到 4，因此 f 是一个常数。更一般地，对一个函数 $f:A\to B$，如果对 A 内所有的 x 和 y，都有 $f(x)=f(y)$，那么，f 是一个常数函数。

对于多项式函数，一个非零常数函数称为一个零次多项式。下列为一般形式：$y=C$（C 是常数）。

4.3.4 函数与其他数学知识的关系

1. 函数与方程

用函数的观点看待方程，可以把方程的根看成函数与 x 轴交点的横坐标，即零点的横坐标。因此，解方程 $f(x)=0$ 就是求函数 $y=f(x)$ 的零点的横坐标，从而方程可看作函数的局部性质，求方程的根就变成了思考函数图形与 x 轴的交点问题。函数图形与 x 轴的交点是函数的局部性质，如何利用函数的整体性质来讨论函数的局部性质？这是解决方程问题的基本思想。

2. 函数与数列

数列可以看成是一种特殊的函数。它的定义域一般是指正整数集，有时也可以为自然数集，或者自然数集的子集。自然数是离散的，因此，数列通常称为离散函数，离散函数是相对于定义域为实数或者实数区间上的函数而言的。数列作为离散函数，在数学中有着自己的重要地位。

在高中阶段，主要讨论一些特殊的数列，如等差、等比数列的性质。等差、等比数列也是基本的数学模型，在我们日常经济生活中许多经济问题都可以归结为等差、等比数列模型。例如，存贷款、教育储蓄、分期付款等问题，都可以用等差、等比数列来刻画。而等差数列是线性函数的离散化，等比数列是指数函数的离散化。

3. 函数与不等式

函数 $y=f(x)$ 的图象把坐标系的横坐标分成若干部分区域，一部分区域是使函数值等于0，即 $\{x|y=f(x)=0\}$；一部分区域是使函数值大于0，即 $\{x|y=f(x)>0\}$；一部分区域是使函数值小于0，即 $\{x|y=f(x)<0\}$。用函数的观点看，就是确定使函数 $y=f(x)$ 的图象在 x 轴上方或下方的区域。这样，我们首先确定函数图象与 x 轴的交点（方程 $f(x)=0$ 的解），再根据函数的图象求解不等式。

用函数的观点来讨论不等式的问题，无论是对于理解函数的思想，还是解不等式，都是非常有益的，有助于更好地理解这些知识本身和解决有关问题。

4. 函数与线性规划

线性规划问题是最优化问题的一部分。从函数的观点看，首先，要确定目标函数，高中阶段目标函数实际上是二元函数，在具体问题中，学生不难接受这个概念；其次，需要确定目标函数的可行域（有约束条件确定目标函数的定义域），用平面区域图形可以非常清晰地表达可行域（目标函数的定义域）的特征，可行域的边界是由“直线围成的区域”，其边界上的定点的个数是有限的；最后，讨论目标函数在可行域内的最值问题。

5. 函数与算法

在高中数学算法的学习中，最基本和重要的结构之一是循环结构。循环结构是理解算法的一个难点，难在对于循环变量的理解。循环结构是通过给循环变量赋值来实现循环的，给循环变量每赋一次值，就执行一次循环。循环变量控制了循环的“开始”和“结束”，使得循环体得以“循环”是刻画循环结构的关键。用函数来刻画循环变量，把循环变量看作“运算次数”的函数。

循环变量体现了函数的思想。因为“循环”的过程是依赖变量取值的变化而一步步实现的，这种依赖关系体现了函数的思想。在算法设计中，选择适当的循环变量是得到好算法的关键。

4.3.5 研究函数的思想方法

1. 几何的思想方法

认识函数的重要角度是函数图象，从某种意义上来说，函数的单调性、周期性、对称性等都可以看成图形的性质，掌握函数图形的特点，基本上就掌握了函数的基本性质。图形具有直观性，它可以帮助我们建立直观想象，可以帮助我们理解抽象的概念和规律，可以帮助我们寻求解决问题的思路。

2. 运算的思想方法

代数的核心是数学运算，运算是研究数学问题的基本手段，也是研究函数最基本的手段，这一点通过小学、初中的数学学习已经有了深刻的认知。

3. 微积分-极限思想方法

高中数学的选择性必修课程加入了导数的内容，导数定量地反映了函数局部性质变化，这个过程体现了极限的思想，导数是学生学习的第一个重要的极限。从单调性到导数，就是从定性地描述变化到定量地描述变化过程，定量地分析和解决问题时数学的基本特征，也是直观想象、数学抽象、逻辑推理素养的具体体现，这种思想方法将在研究函数中发挥重要的作用，在函数的应用中也发挥越来越大的作用。

第 5 章 概率与统计的主线分析

法国著名的数学家 Laplace 曾说："生活中最重要的问题，绝大多数归结起来实质上是概率问题"。美国著名的统计学家 C. R. Rao 说："在终极的分析中，一切知识都是历史；在抽象的意义下，一切科学都是数学；在理性的世界里，所有的判断都是统计学"。在当前的大数据时代背景下，生活中大量的数据和随机性广泛存在。因此，学习概率与统计就显得极其重要。概率的诞生与发展离不开"分赌金"这个经典的问题，而统计最开始源于研究社会经济问题，经过时代的演变发展成了如今的概率与统计。概率与统计是高中数学课程标准中的一个重要模块，同样也是中小学数学教育教学的重要内容之一。本章将从概率与统计的地位及作用、概率与统计的知识主线来进行主线分析，希望能对一线教师在进行这部分内容的教学时有一定的帮助。

5.1 概率与统计的地位及作用

高中数学知识主要包括函数、几何与代数、概率与统计、数学建模与数学探究活动这几个模块。概率与统计作为单独一块列出，可见其在高中课程中所占的重要位置。事实上，在小学和初中的数学教材中就有涉及概率与统计的相关知识，高中数学教材又在初中教材的基础上扩展了概率与统计知识的内容，并且也相应增加了学习的难度。在高中数学中，概率与统计知识既有必修的内容，又有选修的内容。在安排概率与统计的课时方面，在必修内容方面的学习有 20 个课时，而之前在实验稿中只有不到 10 个课时。另外在选修课内容方面的学习又有将近 26 个课时，总共加起来有将近 46 个课时，可见概率与统计知识在高中数学中占有非常重要的位置。

概率与统计是高中数学知识的一个重要组成部分，概率以客观世界的随机现象为研究对象，与日常生活密切相关，为我们认识客观世界提供了重要的思维模式和解决问题的方法，同时也为统计学提供了理论基础。统计以数据为研究对象，其核心是进行数据分析，为人们制定决策提供依据。通过对概率与统计的整体学习可以有助于实现数学与现实生活的结合，有助于提高数学的思维能力，提升应用数学的能力，有助于改变学生传统的学习方法，有助于提升学生的数学抽象、数学建模、数学运算以及逻辑推理的数学素养。

5.2 概率与统计的知识体系

本节主要通过准备知识、概率、统计的相关知识体系来认识和呈现概率与统计主线，并以框图的形式将必修内容和选择性选修内容系统地展示出来（见图 5-1），以便数学教师对该模块内容有一个完整的认识和理解。

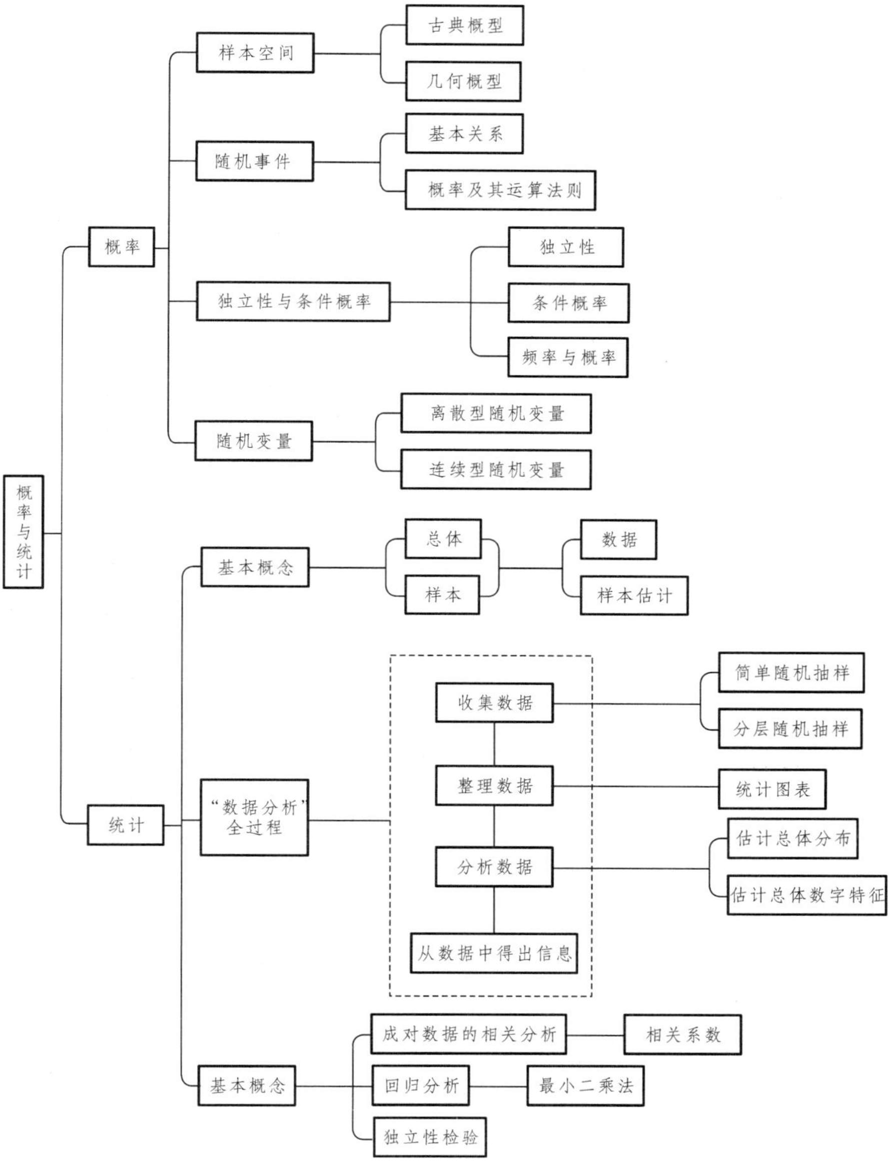

图 5-1　概率与统计的知识结构框图

5.3 高中数学概率与统计的主线分析

5.3.1 高中数学统计与概率的学习目标

概率内容主要是由三个问题进行串联：对随机现象的认识、借助有限样本空间初步理解概率模型、借助几个典型随机变量分布（两点分布、二项分布、超几何分布、正态分布）初步掌握运用模型解决问题。统计内容主要由对研究对象（总体与样本）的认识、统计分析的过程、掌握统计的几个基本问题（成对数据相关性、回归分析、独立性检验）来串联。下面主要分析分别由三个问题串联的统计与概率的学习目标。

5.3.1.1 必修部分概率的学习目标

（1）在具体情境中，了解随机事件发生的不确定性和频率的稳定性，进一步了解概率的意义以及频率与概率的区别。

（2）通过实例，了解两个互斥事件的概率加法公式。

（3）通过实例，理解古典概型及其概率计算公式，会用列举法计算一些随机事件所含的基本事件数及事件发生的概率。

（4）了解随机数的意义，能运用模拟方法（包括计算器产生随机数来进行模拟）估计概率，初步体会几何概型的意义。

（5）通过阅读材料，了解人类认识随机现象的过程。

5.3.1.2 必修部分统计的学习目标

1. 随机抽样

（1）能从现实生活或其他学科中提出具有一定价值的统计问题。

（2）结合具体的实际问题情境，理解随机抽样的必要性和重要性。

（3）在参与解决统计问题的过程中，学会用简单随机抽样方法从总体中抽取样本；通过对实例的分析，了解分层抽样和系统抽样方法。

（4）能通过试验、查阅资料、设计调查问卷等方法收集数据。

2. 用样本估计总体

（1）通过实例体会分布的意义和作用，在表示样本数据的过程中，学会列频率分布表、画频率分布直方图、频率折线图、茎叶图，体会他们各自的特点。

（2）通过实例理解样本数据标准差的意义和作用，学会计算数据标准差。

（3）能根据实际问题的需求合理地选取样本，从样本数据中提取基本的数字特征（如平均数、标准差），并作出合理的解释。

（4）在解决统计问题的过程中，进一步体会用样本估计总体的思想，会用样本的频率分布估计总体分布，会用样本的基本数字特征估计总体的基本数字特征；初步体会样本频率分布和数字特征的随机性。

（5）会用随机抽样的基本方法和样本估计总体的思想，解决一些简单的实际问题；能通过对数据的分析为合理的决策提供一些依据，认识统计的作用，体会统计思维与确定性思维的差异。

（6）形成对数据处理过程进行初步评价的意识。

3. 变量的相关性

（1）通过收集现实问题中两个有关联变量的数据作出散点图，并利用散点图直观认识变量间的相关关系。

（2）经历用不同估算方法描述两个变量线性相关的过程。知道最小二乘法的思想，能根据给出的线性回归方程系数公式建立线性回归方程。

5.3.1.3 选修部分概率与统计的学习目标

1. 概率

（1）在对具体问题的分析中，理解取有限值的离散型随机变量及其分布列的概念，认识分布列对于刻画随机现象的重要性。

（2）通过实例（如彩票抽奖），理解超几何分布及其导出过程，并能进行简单的应用。

（3）在具体情境中，了解条件概率和两个事件相互独立的概念，理解 n 次独立重复试验的模型及二项分布，并能解决一些简单的实际问题。

（4）通过实例，理解取有限值的离散型随机变量均值、方差的概念，能计算简单离散型随机变量的均值、方差，并能解决一些实际问题。

（5）通过实际问题，借助直观（如实际问题的直方图），认识正态分布曲线的特点及曲线所表示的意义。

2. 统计案例

通过典型统计案例，学习下列一些常见的统计方法，并能初步应用这些方法解决一些实际问题。

（1）通过对典型案例（如“肺癌与吸烟有关吗”）的探究，了解独立性检验（只要求 2×2 列联表）的基本思想、方法及初步应用。

（2）通过对典型案例（如“质量控制”“新药是否有效”）的探究，了解实际推断原理和假设检验的基本思想、方法及初步应用。

（3）通过对典型案例（如“昆虫分类”）的探究，了解聚类分析的基本思想、方法及其初步应用。

（4）通过对典型案例（如“学习成绩与学习时间的关系”）的探究，了解回归的基本思想、方法及其初步应用。

5.3.2 教学建议

下面本节将从以下几个方面来谈谈在进行该章教学时的建议。

1. 注意引导学生正确理解随机现象

随机现象是学习概率的基础，比较抽象，随机现象的不确定性主要体现在实验结果的不确定性上，教师应引导学生通过日常生活中的实例了解随机事件与概率的意义；理解随机事件发生的含义。在教学中教师也要适当介绍基本技术方法（如树状图、列表等）。

2. 突出核心思想、把握重难点

对概率意义和统计思想的理解，是教学的重点也是难点，不要把概率教学变成复杂的概率计算；不能将统计教学变成单纯的数据处理和计算技巧。

3. 懂得恰当地类比

概率与频率的关系、总体的数字特征与样本数字特征之间的关系，都比较抽象，这时，我们可以通过类比来进行区分。比如：事件的概率可用频率来估计，频率具有不确定性，因此我们可以增加重复试验的次数。

4. 鼓励学生动手实验

概率中的随机性在教学中是比较抽象难理解的，突破这个难点的方法是化抽象为具体，让学生有直接的感知。在教学过程中，如在掷硬币的实验中，教师最好让学生亲自动手实验感受随机性。而在统计的教学中，教学活动应通过典型的案例进行，鼓励学生尽可能运用计算器、计算机进行模拟活动，处理数据，让学生经历较为系统的数据处理的全过程，在此过程中学习数据分析的方法，理解数据分析的思路，运用所学知识和方法解决实际问题，并体会概率的意义和统计的思想。

5. 不要过于注重计算

新课标中指出，古典概型的教学不要把重点放在“如何计数”上，这样容易导致学生能听懂，但不会做题。计算随机事件的概率和进行数据分析的统计作为高中概率与统计学习的一个重要内容，无疑在高中概率与统计教学中占据着一个较大位置。因此教学应当注重让学生经历从特殊到一般地概括出具体的概率与统计模型的过程，培养学生识别概率与统计模型的能力，加深学生对概率与统计内涵的理解。

学生对概率与统计的学习从小学就开始接触，虽然在义务教育的学习时间的跨度虽然比较长，但概率与统计的学习难度并不算大，但是在高中就变得抽象困难。可能是因为高中数学更为严谨、抽象，学生需经历从确定性思维到随机性思维的转变，且增加了大量新的内容，这无形中给学生的学习和教师的教学带来压力，因此把握好概率与统计的主线和教学中的重难点是比较重要的。

第 6 章

数学建模与探究活动主线分析

数学建模素养的内涵为：在实际情境中从数学的视角发现问题，提出问题、建立模型，确定参数、计算求解，检验结果、改进模型，最终解决实际问题。数学建模主要表现为：发现和提出问题，建立和求解模型，检验和完善模型，分析和解决问题。数学探究活动强调不同知识的联系和解决问题，我们以框图形式（见图 6-1）把必修课程和选择必修课程所学的与“数学建模活动与数学探究活动”有关的主要内容系统地予以展示，希望数学教师对这些内容有一个完整的认识和理解。

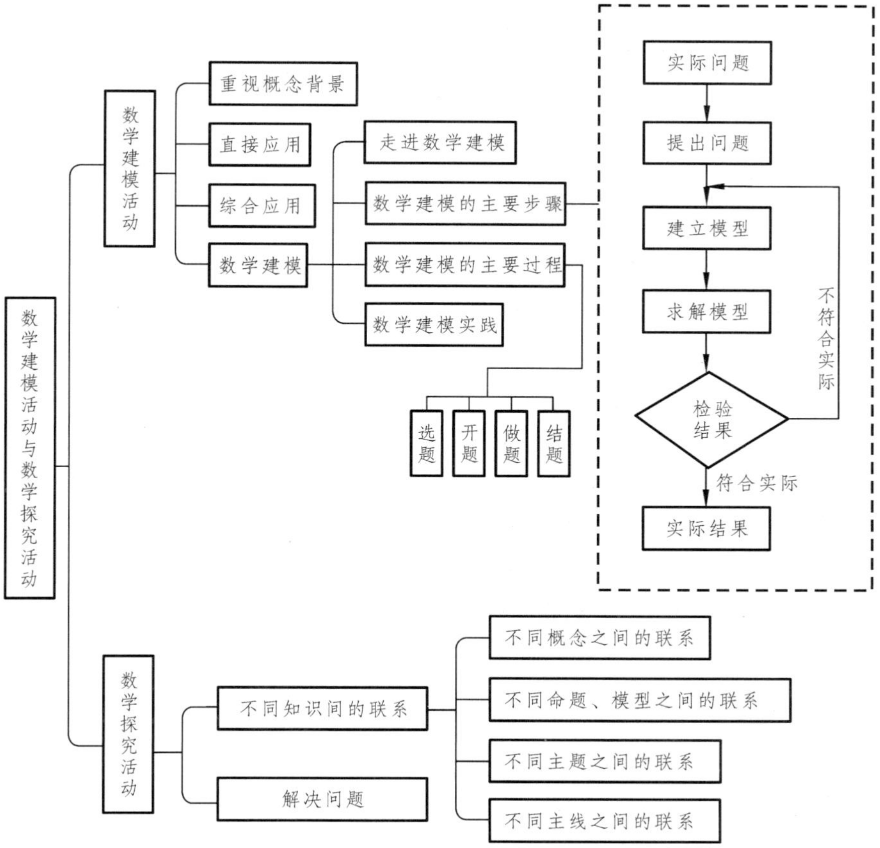

图 6-1　高中数学课程中的数学建模活动与数学探究活动主线

6.1 数学建模活动与数学探究活动背景

20 世纪 70 年代左右，英国剑桥大学教授把自己的项目分解成一些学生可以解决的问题交给他们来做，这就成了数学建模最原始的模型，用问题来调动学生学习数学的积极性。几个学期下来，就逐渐形成一门受欢迎的课程——数学建模课程。最初数学建模课程是为博士研究生开设，后来尝试给硕士研究生开设，结果显示课程开展较为成功，再接下来给大学本科生开设这门课程，最近开始给中小学学生开设。当然不同阶段的建模问题不同。数学建模的优势很快得到欧美一些西方发达国家的认可，也开始把数学建模的内容正式列入课程中。

美国为了提高学生参与数学建模课程的积极性，于 1985 年举行了大学生数学建模比赛 MCM（1987 年前的全称是 Mathematical Competition in Modeling，1988 年改全称为 Mathematical Contest in Modeling），得到很好的效果。因此数学建模很快也引起了中国政府和数学家的重视，1989 年在叶其孝教授等多位长期从事数学建模研究的大学教师的组织和推动下，中国几所大学的学生开始参加美国数学建模竞赛。1994 年教育部将全国大学生数学建模竞赛列为四项大学生课外科技活动之一。国际上关于中学数学建模教育理论与实践的研究表明，数学建模作为数学课程内容的有机组成部分和一种新型的数学学习方式，能为学生提供主动学习和自主探索的机会与空间，有助于学生深刻认识数学在解决实际问题中的作用，显著提升学生运用数学知识解决实际问题的意识与能力，强烈激发学生学习数学的兴趣与主动性，有效培养学生的探究意识与合作精神。数学建模开始进入高中数学课程。

2003 年 4 月，国家出版了《普通高中数学课程标准（实验）》，根据课程标准对数学本质的论述，“数学是研究空间形式和数量关系的科学，是刻画自然规律和社会规律的科学语言和有效工具。”与这种现代理念相对应，在课程设置上，课程标准将数学探究与建模列为与必修、选修课并置的部分，着重强调教学活动之外的数学探究与建模思想培养。

在实施高中数学课程改革的十多年中，人们不断从课程的理论和实践上加强对数学建模的探究，特别是《普通高中数学课程标准（实验）》将数学建模作为高中数学课程的一个组成部分，使其在课堂教学层面也逐渐收到了成效。《普通高中数学课程标准（2017 年版）》将数学建模作为数学学科核心素养提出，对数学建模深度挖掘育人价值。所以，在核心素养的视角下对数学建模进行审视就显得十分重要。

6.2 数学建模的内涵与价值

6.2.1 数学建模的内涵

数学建模是对现实问题进行数学抽象，用数学语言表达问题、用数学方法构建模型解决问题的素养。数学建模过程主要包括：在实际情境中从数学的视角发现问题、提出问题，分析问题、建立模型，确定参数、计算求解，检验结果、改进模型，最终解决实际问题。数学建模活动是基于数学思维运用模型解决实际问题的一类综合实际活动，重点提升数学抽象、数据分析、数学运算、逻辑推理和直观想象能力。

从核心素养的角度去认识数学建模的属性应掌握三点：一是对现实问题的数学抽象，二是会用数学语言表达问题，三是会用数学的方法构建数学模型解决问题。应掌握的几个关键点是：基于现实情境，构建数学模型，经历“发现、提出、分析、解决问题”的过程，进而发展“四能”（发现、提出、分析、解决问题），达到“三会”（会用数学的眼光看、会用数学的思维想、会用数学的语言表达现实世界）。

6.2.2 数学建模的数学学科价值

数学建模搭建了数学与外部世界联系的桥梁，是数学应用的重要形式。数学建模是应用知识解决实际问题的基本手段，也是推动数学发展的动力。

数学建模是用数学的知识与方法，通过建立模型去解决问题。数学模型重视数学概念、原理和思想方法描述现实世界的规律性。数学建模的出发点不只是数学，还包括现实的情景；数学建模的研究方向不是单向的，而是需要以数学和现实为出发点，规划研究路径、构建描述用语、验证研究结果、解释结果含义，从而得到与现实世界相容、可以描述现实世界的结论。

数学模型的来源不仅仅是数学，还包括现实。从现实的角度来看，数学模型的范畴很广，包括医学、气象学、管理学、工程学等领域，比如种群增长模型、专家诊断模型、大气环流模型、投入产出模型等等。因此，就事物的本质而言，数学模型的价值取向往往不是数学本身，而是对所描述学科起到实际的作用，当人们在构建模型和实际应用的过程中，必然会从数学的角度汲取“创造数学”的灵感，从而促进数学自身的发展。

6.2.3 数学建模素养的育人价值

通过高中数学课程的学习，学生会用数学语言表达现实世界，发现和提出问题，感悟数学与现实之间的联系；学会用数学的方法解决实际问题，积累数学实践的经验；认识数学建模在科学、社会、工程技术等领域的作用，提升实践能力，增强创新意识和科学精神。数学建模在高中阶段开设，是想通过有目标、有层次的学习活动去影响学生的学习过程，改变传统的学习方式，让学生在学习中占据主体地位。数学建模作为数学课程内容的有机组成部分和新型的学习方式，能为学生提供主动学习和自主探索的机会与空间，有助于学生深刻认识数学在解决实际问题中的作用，显著提升学生运用数学知识解决实际问题的意识与能力，激发学生学习数学的兴趣与主动性，有效培养学生的探究意识与合作精神。

6.3 数学建模素养的主要表现和水平

6.3.1 数学建模素养的主要表现

数学建模的主要表现：发现和提出问题，建立和求解模型，检验和完善模型，分析和解决问题。通俗来说，数学建模的主要表现是在问题解决的过程中，探索模型、完善结果。

在中学数学内容中，数学建模不是文字性应用题，文字性应用题的问题情境常是结构良好型，解法指向清晰，结果也是确定且是唯一的。数学建模需要将一类问题进行常规化解决，数学模型的最终结果会随初始参数的变动而改变，确定模型参数的取值或变化范围，明确模型参数和结果的关系，是数学模型方法解决问题的标志性手法。

6.3.2 数学建模素养的水平

《普通高中数学课程标准（2017 年版）》将数学建模的学业质量划分为三个水平，通过四个方面进行描述，即：情境与问题、知识与技能、思维与表达、交流与反思。数学建模素养的水平描述如表 6-1 所示。

表 6-1 数学建模素养水平的描述

水平	素养数学建模
水平一	了解熟悉的数学模型的实际背景及数学描述，了解数学模型中的参数、结论的实际含义。 知道数学建模的过程包括：提出问题、建立模型、求解模型、检验结果、完善模型。能够在熟悉的环境中，模仿学过的建模过程解决问题。 对于学习过的数学模型，能够举例说明建模的意义，体会其蕴含的数学思想；感悟数学表达对数学建模的重要性。 在交流的过程中，能够借助或引用已有数学建模的结果说明问题
水平二	能够在熟悉的环境中，发现问题并转化为数学问题，知道数学问题的价值与作用。 能够选择合适的数学模型表达所要解决的问题；理解模型参数的意义，知道如何确定参数，建立模型，求解模型；能够根据问题的实际检验结果，完善模型，解决问题。 能够在关联的情境中，经历数学建模的过程，理解数学建模的意义；能够运用数学语言，表述数学建模过程的问题以及解决问题的过程和结果，形成研究报告，展示研究成果。 在交流过程中，能够利用模型的思想说明问题
水平三	能够在综合的情境中，运用数学思维进行分析，发现情境中的数学关系，提出数学问题。 能够运用数学建模的一般方法和相关知识，创造性地建立数学模型，解决问题。 能够理解数学建模的意义和作用；能够运用数学语言，清晰、准确地表达数学建模的过程和结果。 在交流过程中，能够通过数学建模的结论和思想阐释科学规律和社会现象

6.4 数学建模的要求及过程

6.4.1 数学建模的要求

《普通高中数学课程标准（2017 年版）》要求，数学建模活动与数学探究活动这一主线在必修课程设置 6 个课时、在选择性必修课程设置 4 个课时，以及在选修课程 B 类课程（有志于学习经济、社会类和部分理工类学生选择的课程）中的学习。

数学建模活动与数学探究活动以课题研究的形式开展。在必修课程中，要求学生完成其中的一个课题研究；在选择性必修课程中完成一个课题研究或者在必修课程中的选题基础上深入探究。

经历数学建模活动与数学探究活动的全过程，整理资料，撰写研究报告，可以邀请校外专家、社会人士、家长等参与评价。研究报告及其评价应存入学生个人学习档案，为大学招生提供参考和依据。

6.4.2 数学建模的过程

数学建模活动是以课题研究的方式展开，课题研究经过选题、开题、做题、结题的过程，根据选题的内容，报告可以采用专题作业、测量报告、算法程序、制作的实物或研究论文等多种形式。其中选题可以是在教师的指导下，也可以是自主选题。

1. 选题

数学建模和数学探究是一类以问题为载体、以学生自主探究为主的学习活动寻找好的问题、把求解问题的过程设计成学生便于理解、参与的形式。以下是选题的要求：

（1）所选的问题应有研究价值和现实的可行性，考虑学生的年龄特征、认知水平和实际能力；

（2）结合学生的生活实际和同学们关注的兴趣点；

（3）有利于学生理解数学、综合利用所学的知识、学生个性和不同特长的发挥，培养学生的合作精神和创新意识。

2. 开题

确定选题之后，在老师的指导下，让学生通过分析、讲解、观察、讨论进一步明确题意，知晓相关的数学知识或模型，提出比较合理、可行、有效地解决问题的思路或方案。该环节的主要任务是：

（1）在老师的指导下，认真读题，师生一起分析、讲解、表达题意的理解；

（2）在老师的指导下，分析问题的相关背景、方法、数学模型或数学工具；

（3）师生、生生互相启发，互相发问，互相补充，提出合理、可行、有效的实施方案或思路，并说明实施方案的依据和优缺点；

（4）明确求解的目标、预期结果及其呈现的方式。

3. 做题

学生应按照开题所选的方案或思路，通过自主探究、合作学习、实验操作、观察现象、推证演算等实际操作环节，真实具体地解决问题；教师要注意观察学生的表现，及时帮助有困难的学生或小组，鼓励学生思考创新，记录学生的真实解决问题的过程，发现其中的问题和生成性的课程资源（如学生的困难点、出现的问题、突破难点的方法、学生之间思维碰撞的火花等），进而落实课程目标的要求。

4. 结题

在学生通过自己的努力，基本上解决了预设的问题之后，建模和探究活动并没有结束，简单的教师评析活动会使收获大打折扣。教师应该充分利用这个机会，给学生一个表达、展示、交流的机会，在老师的组织下，让学生将自己或小组的结果、过程的说明、学习体会和发现等与大家交流，使学生能分享成果和收获。同时通过报告的过程，学生展示解题过程的思考、学习态度、能力水平，最终通过自评、互评，进行评价。

【问题情境】如图 6-2 所示，想要骑摩托车飞越黄河，请对“起跳速度”进行测算。为了帮助一摩托车飞越黄河，我们要为他做哪些数据的收集和测算？

图 6-2 摩托车手飞越黄河图

1987 年 9 月，黄河漂流队探险队员王来安乘坐由 40 个汽车轮胎缠结成的密封舱，顺瀑布而下，揭开了人类在壶口体育探险的序幕，人称“黄河第一漂”。其后，天津勇士张志强在黄河大桥跳悬索，人称“中华第一跳”。1996 年 8 月，河南冯九山横跨壶口走钢缆，创下高空走钢缆最长的吉尼斯世界纪录，被誉为“华夏第一走”。（1997 年 6 月 1 日为迎接香港回归，“亚洲第一飞人”柯受良驾车飞越壶口，创下世界跨度最大的飞车世界纪录，被称为“世界第一飞”，中保财产保险有限公司冠名的巨幅广告被载入吉尼斯世界纪录大全，同时创造了另一项新的世界之最。）1999 年 6 月 20 日，山西吉县青年农民朱朝辉骑摩托车飞越壶口，又创下了新的奇迹。这些奇迹的创造和壶口瀑布的惊世气魄相得益彰，使名景和名人的知名度急骤升高，吸引着越来越多的国内外专家、学者及游客到此观光考察！

【分析】该题给出的问题情境是实际发生的情景，但题中没有给出任何数据是学生解决问题的难点。解决此问题应考虑哪些因素？明确解决的问题又是什么？解决这个问题又应该运用到哪些知识等等都需要学生去思考。

（1）要想骑摩托车飞越黄河，我们研究的具体问题是什么？需要假设、需要确定的条件是什么？解决这个问题应该运用到哪些数学模型？

（2）需要哪些知识、方法、工具的准备？

（3）需要事先收集、检索哪些数据信息资料？

表 6-2　问题开题报告表

实际问题转换为数学问题	要想骑摩托车飞越黄河，在保证人身安全的情况下，摩托车手沿跑道飞出的速度为多少？ 由于本题没有数据，应该在网上收集数据：飞越黄河时摩托车沿跑道飞出时前进方向与水平方向的仰角为 12°，黄河两岸的距离为 35 m，摩托车的最高点与最低点的垂直落差约为 10 m
解决问题的原因及意义	飞越黄河所在地的地理、几何方面的数据都可以测量、观测得到，飞越是否成功的关键是“起跳时的瞬时速度”。解决这个问题，他可以帮助摩托车驾驶员明确保证飞越黄河成功的最小速度，确保驾驶员的人身安全
解决问题的可行性	要想骑摩托车飞越黄河，应该保证人身安全的情况下，摩托车手沿跑道飞出的速度为多少？可以转化为物体的斜抛运动，相应的物理模型在运动学已经学过，因此根据取得的数据算出的结果是可行的
基本模型解决问题的大体思路和步骤	设飞越黄河时的瞬时速度为 v，分别建立水平运动和垂直运动的模型，就可以得到运动轨迹的抛物线。利用收集的数据和相关条件解决方程组，得到的数值解应为问题的预期结果
结果呈现方式	一份有求解过程的报告
参考文献	物理教材：运动学——斜抛运动 数学教材：参数方程 网络资料：略

表 6-3　建模问题结题报告

我们要解决的问题概述、背景和意义	一位摩托车手要飞越黄河，通过测量、观测可以事先得到所在地点的地理、几何方面的数据。设计摩托车沿跑道飞出时前进方向与水平方向的仰角为 12°，黄河两岸的距离为 35 m，为了安全，摩托车的最高点与最低点的垂直落差约为 10 m。决定飞越能否成功的关键是“飞离跑道时的瞬时速度”。 求：摩托车手飞离跑道时的瞬时速度
解决问题的数学模型、解决问题的大体思路	设飞越黄河时的瞬时速度为 v，分别建立水平运动和垂直运动的模型，就可以得到运动轨迹的抛物线。利用收集的数据和相关条件解决方程组，得到的数值解应为问题的预期结果
模型假设	假设摩托车在飞行的过程中不计空气阻力； 假设摩托车的初始速度足够大； 假设摩托车手心理素质强

续表

建立模型	设飞越黄河时的瞬时速度为 v，把摩托车和驾驶员看作一个质点，黄河两岸的距离为 x，垂直距离为 y 则水平运动方程为： $x = vt\cos 12^\circ$ 竖直运动方程为：$y = vt\cos 12^\circ - \frac{1}{2}\times 9.8t^2$ 摩托车飞离轨道后，其做抛物线运动，轨迹方程为： $\begin{cases} y = vt\cos 12^\circ - \frac{1}{2}\times 9.8t^2 \\ x = vt\cos 12^\circ \end{cases}$ 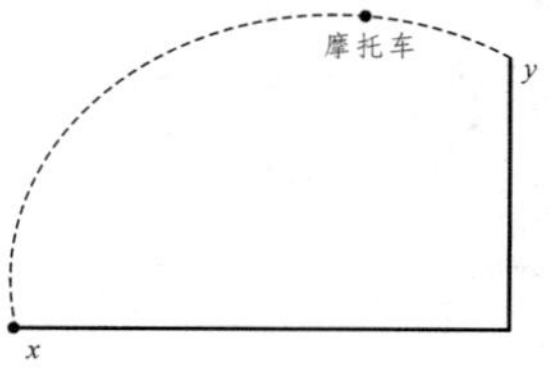 其中 v 为瞬时速度，t 为飞行时间 x 是水平飞行的速度，y 是相对于起始点的垂直高度。
模型求解	由于时间我们无法得出，应采用消元的想法，由水平运动方程得出 x 关于 t 的方程： $y = x\tan 12^\circ - \frac{9.8x^2}{2(v\cos 12^\circ)^2}$ 根据抛物线求最值法得：$x \approx 0.0207v^2$ 时： $(x, y_{\max}) = (7.82, 0.8314)$ $(35, y_{\max}) = (35, -9.165)$ 当摩托车落地时 $x = 35$ 时，$y_{\min} = -6\,247.327\,5\frac{1}{v^2} + 7.4\,375$ 因为 $y_{\max} - y_{\min} = 10$，所以： $0.002\,2v^2 + 6\,274.327\,5\frac{1}{v^2} - 17.437\,5 = 0$ 解得：$v \approx 19.44\text{m/s}$ 或 $v \approx 86.88\text{m/s}$
模型检验	若 $v \approx 86.88\text{m/s}$，则 $x = 156.246\text{m}$，与题目不符（黄河两岸的距离为 10m） 当 $v \approx 19.44\text{m/s}$ 时，$(x, y_{\max}) = (7.82, 0.831\,4)$ $(35, y_{\min}) = (35, -9.165)$ $y_{\max} - y_{\min} = 9.165 \approx 10\text{m}$ 所以 $v \approx 19.44\text{m/s}$ 符合题意
得出结论	摩托车手飞离跑道时的瞬时速度应该不低于 19.44m/s，才可以安全飞越黄河。由于本题没有考虑实际情况存在着较大的阻力问题，因此起跳的速度应该适当加大 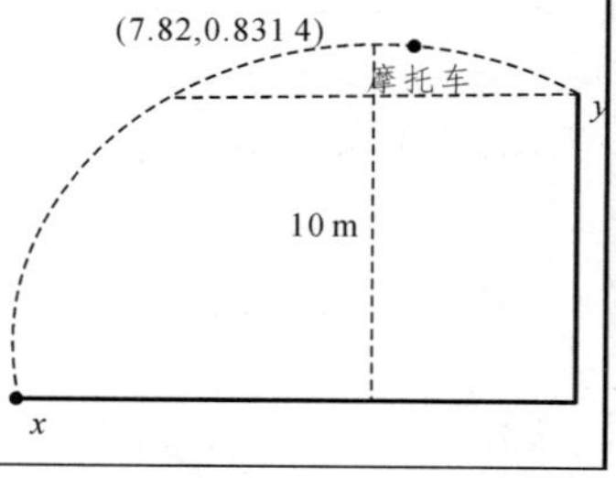

续表

模型优缺点	优点：我们可以将黄河两岸的距离设置为他值，同理改变两岸垂直落差和起跑时与水平面的夹角，该模型可以解决类似的问题。 缺点：由于本题没有考虑实际情况存在着较大的阻力问题，导致最后的误差结果比较大

这个问题是一个简单的数学建模问题，本案例主要是让学生体验数学建模选题、开题、做题、结题的完整过程（本案例也可以采取论文形式书写）。

6.5 数学探究活动

数学探究即数学探究性课题学习，是指学生围绕某个数学问题，自主探究、学习的过程。这个过程包括：观察分析数学事实，提出有意义的数学问题，猜测、探求适当的数学结论或规律，给出解释或证明。

数学探究是高中数学课程中引入的一种新的学习方式，有助于学生初步了解数学概念和结论产生的过程，初步理解直观和严谨的关系，初步尝试数学研究的过程，体验创造的激情，建立严谨的科学态度和不怕困难的科学精神；有助于培养学生勇于质疑和善于反思的习惯，培养学生发现、提出、解决数学问题的能力；有助于发展学生的创新意识和实践能力。数学探究活动要求如下：

（1）数学探究课题的选择是完成探究学习的关键。课题的选择要有助于学生对数学的理解，有助于学生体验数学研究的过程，有助于学生形成发现、探究问题的意识，有助于鼓励学生发挥自己的想象力和创造性。课题应具有一定的开放性，课题的预备知识最好不超出学生现有的知识范围。

（2）数学探究课题应该多样化，可以是某些数学结果的推广和深入，不同数学内容之间的联系和类比，也可以是发现和探索对自己来说是新的数学结果。

（3）数学探究课题可以从教材提供的案例和背景材料中发现和建立，也可以从教师提供的案例和背景材料中发现和建立，应该特别鼓励学生在学习数学知识、技能、方法、思想的过程中发现和提出自己的问题并加以研究。

（4）学生在数学探究的过程中，应学会查询资料、收集信息、阅读文献。

（5）学生在数学探究中，应养成独立思考和勇于质疑的习惯，同时也应学会与他人交流合作，建立严谨的科学态度和不怕困难的顽强精神。

（6）在数学探究中，学生将初步了解数学概念和结论的产生过程，体验数学研究的过程和创造的激情，提高发现、提出、解决数学问题的能力，发挥自己的想象力和创新精神。

（7）高中阶段至少应为学生安排 1 次数学探究活动。还应将课内与课外有机地结合起来。

我们不对数学探究的课时和内容做具体安排。学校和教师可根据各自的实际情况，统筹安排数学探究活动的内容和时间。例如，可以结合方程的近似求解、导数的应用等内容安排数学探究活动。

第7章 中学数学思想方法

数学思想方法是数学知识的精髓、灵魂，它是对数学本质的理解和认识，是数学学习的根本目的。在数学教学中注重思想方法渗透，重视数学思想方法的教学，是提高个体思维品质和数学素养、发展智力的关键所在，也是现代社会对人才培养的基本要求。

7.1 数学思想方法及其意义

数学思想是指人类对数学对象及其研究的本质及规律性认识。它是在数学活动中解决问题的基本观点和根本想法，是从某些具体的数学内容和对数学的认识过程中提炼上升的数学观点，并在认识活动中被反复运用，带有普遍的指导意义，是建立数学和运用数学工具解决问题的指导思想。

7.1.1 数学思想方法及其分类

数学思想按其对认识的研究范围来划分，可分为宏观数学思想和微观数学思想。宏观数学思想是对数学整体的认识，能够运用于其他科学和数学内部的各个分支，如公理化思想、模型思想、转化思想、分类思想等。微观数学思想则是对数学内部各分支及各种体系结构中特定内容和方法的认识，如函数思想、方程思想、数形结合思想等。

数学方法是指从数学角度提出问题、解决问题（包括数学内部问题和实际问题）的过程中的概括性策略。

在中小学数学中常用的基本数学方法大致可以分为三类。第一，一般的逻辑推理方法和发现方法，如分析法、综合法、反证法、穷举法（分类讨论）和归纳法、类比法等，它们不仅适用于数学，而且适用于其他学科领域，而当它们运用于数学中时则具有明显的数学特色。第二，数学中的一般方法，如极限方法、关系映射反演方法，数学模型方法、图象法（坐标法）、比较法、向量法、数学归纳法等。这些方法的作用范围很广，有的甚至影响着一个数学分支和其他学科的发展方向。第三，数学中的特殊方法，如换元法、待定系数法、配方法、公式法、平移法、翻折法等，他们往往和数学内容联系在一起，是解决某类具体的数学问题的方法。

数学思想是数学中处理问题的基本观点，是对数学基础知识与基本方法本质的概括，数学方法是处理、解决、探索问题，实现数学思想的技术手段和工具。数学思想和数学方法之间既有联系又有区别：首先，两者都是以一定的数学知识为基础。其次，两者具有抽象概括程度的不同，表现出互为表里的关系。数学方法受到数学思想的指引，是数学思想在数学活动中的反映和体现，表现形式外显；而数学思想是相应数学方法的结晶和升华，表现形式内隐。数学思想往往带有理论性的特征，而数学方法具有实践性的倾向。数学中用到的解题方法都体现着一定的数学思想，一定的数学思想要靠数学方法去实现。当我们强调指导思想时称数学思想，强调操作过程时称数学方法。由于人们在数学学习与研究活动中，很难把思想和方法严格区分开，所以常统称为数学思想方法。

7.1.2 数学思想方法与数学知识的关系

数学知识是陈述性知识与程序性知识的统一体，它是客观的、普遍的，是以数学语言表述的概念、公理、定理、法则等及其相互关系的逻辑演绎体系，是明确的、显性的，是看得见摸得着的；数学思想方法则是由数学内容来反映的，它蕴涵于数学概念、规律等基础知识之中，除基本的数学方法以外，其他思想方法都是隐性的，渗透在学习知识和运用知识的过程之中，它是对数学对象的本质认识，是对数学知识进一步提炼、概括。

数学的发展不只是一些知识的简单堆砌，它同时也是思想方法的沉淀、发展和演进。数学知识是数学思想方法的载体，数学思想方法隶属于数学知识。当人们遇到数学问题时，首先产生的是解决它的数学思想，然后将数学思想具体化为具体操作的数学方法，在数学思想与方法的运作下产生出数学概念，所以，数学思想方法是以一定的数学概念形式表现出来。数学思想方法是数学基础知识的重要组成部分，它蕴涵于数学知识中，又相对超脱于我们所学的数学知识。没有游离于数学知识之外的数学思想方法，也没有不包括任何数学思想方法的数学知识，这两者是相辅相成的。正像一个人的存在必须有肉体和灵魂的统一一样，数学概念、原理是肉体，而数学思想方法是灵魂，它们共同组成了数学的知识体系。

7.1.3 数学思想方法的主要特点

1. 概括性

数学知识的学习离不开概括，数学知识较其他学科的知识更具抽象性、更具概括性。而数学思想方法又是不断地从数学概念、命题和数学理论中提炼和概括的产物。例如，数学归纳法是在皮亚诺自然数公理基础上的提炼、概括。正是由于数学对象本身的概括性及数学思想方法又是对数学知识的提炼和再概括，这就使得数学思想方法具有高度概括性特点，数学思想方法因此而具有广泛的实用性。

2. 隶属性

数学思想方法有高度的概括性，使它不同于具体的数学知识，而以元知识的形态与数学知识浑然一体地存在着，成为数学科学体系中两个不可分割的部分。数学知识中蕴涵着数学思想方法，而数学思想方法又隶属于数学知识，数学知识是数学思想方法的载体，数学思想方法通过数学知识显化。例如在等比数列定义教学中，蕴涵了观察、类比、猜想、化归、字母表示数等数学思想方法，这些思想方法通过等比数列定义这一概念教学而体现。

3. 层次性

数学思想方法是对数学知识的抽象概括，概括程度的高低决定了数学思想方法具有不同的层次。第一层，与某些特殊问题联系在一起的方法，它是在某些特定情况下才能发挥作用的具有比较固定的操作程序，例如比较两个数的大小的“差值比较法”。第二层，解决一类问题采用的共同方法这些方法的操作程序不是非常具体，其适用范围比较广，例如：待定系数法、数形结合法、构造法等。第三层，数学思想方法。数学知识和方法是形成数学思想的基础，有了知识不等于有思想，有方法没有思想指导，只是机械操作，思想是对知识融会贯通的理解与升华，有思想的知识才是具有自我生成能力的知识。只有掌握了深层次的数学思想方法才算掌握了数学知识的核心。第四层，数学观念。这是数学思想方法的最高境界，是一种认识客观世界的哲学思想。

4. 迁移性

学习迁移即一种学习对另一种学习的影响。任何一种学习都要受到学习者已有知识经验、技能、态度等的影响，只要有学习，就有迁移。数学思想方法是对数学对象抽象概括的结果，它也具有迁移性特点，对数学知识的深刻理解有利于学生领会其中蕴涵的数学思想方法，同时，理解并掌握数学思想方法对进一步学习数学乃至从事其他工作会产生积极的影响。

由于思想和方法的不同层次，数学思想方法还具有其他不同特点，数学思想应呈现它的本质性、导向性、内隐性，而数学方法更多表现出程序性、操作性、外显性。

7.1.4 数学思想方法的意义

从数学思想方法发展与演进史看，数学上每一项重大成果的取得无不与数学思想方法的突破创新有关。如坐标法的创立，解决了数、形沟通及互相转化的问题，不仅直接导致产生了解析几何这门学科，而且数学从此进入了变量数学时期。许多数学家之所以在数学领域取得巨大成就，除了他们具有超人的智慧外，对数学思想方法的深邃的洞察也是一项十分重要的原因。如欧拉在众多的数学领域以及自然科学领域做出了巨大贡献，一个重要原因就是他既精通微观数学方法论，又精通宏观数学方法论，既有深刻的数学思想，又具有运用数学知识和方法的卓越才能。正是新的思想方法的不断开拓，促进着数学事实的发现和繁衍，因此可以说数学思想方法是数学发展的内在动力。

数学思想方法对人的素质的发展具有重要影响。从人的素质发展的角度看，数学思想方法比形式化的数学知识更重要，因为前者更具有普遍性。社会各行业、各部门对数学知识要求的深度与广度的差异是很大的，但对人的素质的要求是具有共性的。例如要求一个人要具备严谨的工作态度、具有善于分析情况、归纳总结、综合比较、分类评析、概括判断的工作方法，科研工作者、决策部门工作人员更需要逻辑论证，严密推测的科学方法，这些素质的形成和提高与他所受到的数学思想方法的渗透、训练紧密相连。日本著名数学教育家米山国藏指出：“学生所学的数学知识，如果在进入社会后没有什么机会应用，这种作为知识的数学，通常在走出校门后不到一两年就忘掉了。然而不管他们从事什么工作，唯有深深铭刻于心中的数学的精神、数学思想和方法等随时地发生作用，使他们受益终身。”

数学思想方法对于数学学习也具有十分重要的意义。数学教学的根本目的就是使学生通过具体的数学认知活动去发现、领会蕴含其中的数学思想方法，反之，“懂得基本原理使得学科更容易理解”（布鲁纳），掌握数学思想方法可以促进学生更好地从整体上、从内部规律上掌握系统化的知识，“把一件件事情放进构造得好的模型里面”（布鲁纳），形成良好的知识结构和思维品质，提高学生的洞察能力和问题解决能力，有利于学生形成全面的、正确的数学观。

7.2 中小学常用基本数学思想方法

中小学数学中蕴含着许多思想方法，一些重要的数学思想方法在教材中反复出现，贯穿在中小学整个数学知识体系之中。数学课程标准明确提出了对数学思想方法的要求，将数学思想方法作为基础知识和基本技能的成分，几乎渗透到每一个模块和专题。提高学生“数学地提出、分析和解决问题的能力”，“力求对现实世界中蕴涵的一些数学模式进行思考和做出判断”，就意味着数学学习不仅是对知识和技能的掌握以及具体的解题的技巧和方法的掌握，还应该对所学的知识在充分理解的基础上进行升华，达到对更一般的思想和方法的理解和应用。

在《义务教育数学课程标准（2022 年版）》和《普通高中数学课程标准（2017 年版）》中，包含的数学思想方法有观察、实验、归纳、类比、分析、综合、抽象、概括、逻辑推理、证明，以及化归、递推、等价转换、推广与限定等常用的一般数学思想方法，此外还有着一些数学学科特有的数学思想方法，如用字母表示数、集合与对应的思想方法、函数与方程的思想方法、数形结合思想方法、数学模型思想方法、最优化思想方法、统计思想和数据处理方法、分类思想方法、参数代数学方法等。本节就几种常用的基本的数学思想方法加以介绍。

7.2.1 用字母代替数的思想方法

用字母代替数的思想方法是中学数学中最基本的思想方法之一，也是代数的基本特征，它可以把数或数量关系简明而普遍地表现出来，也可以使一些复杂的运算变得简单。这是发展符号意识、进行量化刻画的基础，也是从常量研究过渡到变量研究的基础。从用字母表示数到用字母表示未知元、表示待定系数、表示函数、表示字母变换等，这一整套的代数方法都离不开字母代替数的思想方法。在具体解题中，引进辅助元法、待定系数法、换元法等都体现了用字母代替数的思想方法。

例 7-1：观察下面的算式：$0\times0=0-0$，$1\times\frac{1}{2}=1-\frac{1}{2}$，…，根据算式所反应的规律，写出满足这个规律的两个算式。

分析：题目给出的两个等式体现的信息是，两个数的差与他们的积相等。意识到这一点，学生的思维已经完成了从特殊到一般的概括。如果把这“两个数”分别用字母 a、b 来代替，学生在思维上就实现了向“用字母代替数”的跨越。由 $a\times b=a-b$ 解得 $(a\neq-1)$，使得 a、b 之间的相互依存关系以函数形式更明确地表现出来，取 a 的一些特殊的值 $(a\neq-1)$ 可得到相应的 b 的值，又从一般回到了特殊。

以上分析体现了字母代替数的思想方法，用字母把数量关系表示出来，简化了题目的解答。

7.2.2 集合与对应的思想方法

集合论是现代数学的基础，它为数学的公理化、结构化、形式化、统一化提供了语言基础与组织方式。中学数学中，集合是一种基本数学语言和一种基本数学工具，数学名词的描述（包括概念的内涵与外延的表示），数学关系的表达，都可以借助集合而获得清晰、准确和一致的刻画。用集合表示数系或代数式、用集合表示空间的线面关系、用集合表示平面轨迹及其关系、用集合表示方程（组）或不等式（组）的解、用集合表示排列组合并进行组合计数、用集合表示基本逻辑关系与推理格式等，都是集合思想的具体体现。解题中的分类讨论法、容斥原理都与集合的分拆或交并运算有关，与集合思想紧密联系。

集合之间的对应，则为研究相依关系、运动变化提供了工具，使得能方便地由一种状态确定地刻画另一种状态，由研究状态过渡到研究变化过程。数轴与坐标系的建立，函数概念的描述，RMI 原理的精神实质等，都体现着集合之间的对应。

7.2.3 函数与方程的思想方法

函数与方程是从用字母表示数的思想方法、集合与对应的思想方法这两种思想方法衍生的一种思想方法。

方程是初中数学的一项主体内容，并在高中数学中延续。函数从初中就开始研究，并成为高中数学的主体内容（基本初等函数），可以说，函数与方程是中学数学中最重要的组成部分。

方程 $f(x)=g(x)$，可以表示两个不同事物具有相同的数量关系，也可以表示同一事物具有不同的表达方式。方程的内在本质是在已知数和未知数之间建立一种等式关系。“方程思想”的本质就在于建立关系。运用方程观点可以解决大量的应用问题（建模）、求值问题、曲线方程的确定及其位置关系的讨论问题等。

函数的许多性质也可以通过方程来研究。函数概念是客观事物运动变化和相依关系在数学上的反映，本质上是集合间的对应。它是中学数学从常量到变量的一个认识上的飞跃。数学中关于式、方程、不等式、排列组合、数列等重要内容都可以通过函数来表达、沟通与研究。

案例 7-2：设 $a,b\in\mathbf{R}$ 且 $(a-1)^3+2004(a-1)=-1,(b-1)^3+2004(b-1)=1$，求 $a+b$ 的值。

分析：构建函数 $f(x)=x^3+2004x$，则 $f(a-1)=-f(b-1)$。函数具有以下性质：① $f(x)$ 是奇函数；② $f(x)$ 是增函数，所以 $f(1-a)=f(b-1)$，得到 $1-a=b-1$，得到 $a+b=2$。这道题中充分渗透了函数与方程的思想。理解并掌握函数与方程的思想是学好中学数学的一个关键。

7.2.4 数形结合思想

数学是研究空间形式和数量关系的一门科学，数与形是中学被研究得最多的两个侧面，数与形的结合是一种极具数学意义的信息转换。数学大师华罗庚曾经说过，数离形时少直观，形离数时难入微。这说明数形结合在数学中是十分重要的。所谓数形结合思想，就是在研究问题时把数和形结合考虑，把问题的数量关系转化为图形性质，或把图形性质转化为数量关系，从而使复杂问题简单化，抽象问题具体化。解题中的数形结合，是指对问题既进行几何直观的呈现，又进行代数抽象的揭示，两个方面相辅相成，而不是简单地代数问题用几何方法或几何问题用代数方法，两方面有机结合才是完整的数形结合。

案例 7-3：求 $|x-1|+|x-2|+|x-3|$ 的最小值。

分析：绝对值通过数轴这个工具可以与两点间距离紧密地结合在一起，对此，本题可划一条数轴，如图 7-1 所示，数轴上 A,B,C 点分别对应数 1，2，3，P 点对应的有理数为 x，则有 $PA=|x-1|,PB=|x-2|,PC=|x-3|$，这样，问题转化为在数轴上找一点 P，使得 $PA+PB+PC$ 最小，显然，当 P 与 B 重合时，$PA+PB+PC=2$ 最小，亦即 $|x-1|+|x-2|+|x-3|$ 的最小值为 2（当 $x=2$ 时）。

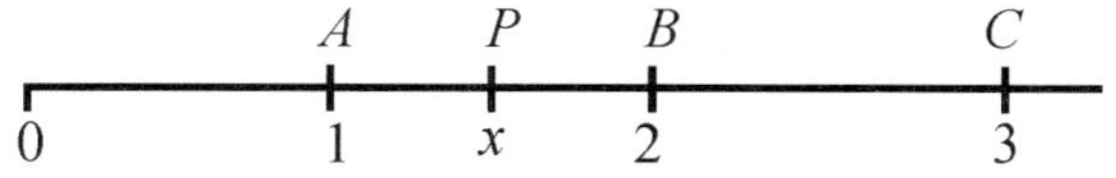

图 7-1

这道题把数与形有机地结合起来，既发挥代数方法的一般性、解题过程的程序化、机械化优势，又发挥几何方法的形象直观特征，形成一柄双刃的解题利剑。

数学中数轴和坐标系、函数及图象、曲线及方程、复数及其复平面、向量以及坐标法、三角法、构造图形法等都是数形结合的辉煌成果。

7.2.5 数学模型的思想方法

现代数学哲学认为数学是模式的科学，数学所揭示的是人们从自然界和数学本身的抽象世界中所观察到的数学结构。各种数学概念和各种数学命题都具有超越特殊对象的普遍意义，它们都是一种模式。并且数学的问题和方法也是一种模式，数学思维方法就是一些思维模式。

如果把数学理解为由概念、命题、问题和方法等多种组合的复合体，那么，掌握模式的思想就有助于领悟数学的本质。在中学数学的教学中，常称“模式”为“数学模型”，它不同于具体的模型。

欧拉将“哥尼斯堡七桥问题”抽象为“一笔画”问题的讨论，清晰地展示了数学模型思想方法的应用过程：①选择有意义的实际问题；②把实际问题构建成数学模型（建模）；③寻找适当的数学工具解决问题；④把数学中的结论拿到实际中去应用、检验。其中，“建模”是这种方法的关键。在具体解题中，构造“数学模型”的途径是非常宽广的，可以构造函数、构造方程、构造恒等式、构造图形、构造算法等等。近年来，中学数学源于实际应用题的巨增，通常采用数学建模思想方法，将具有实际意义的应用题，通过数学抽象转化为数学模型，以求得问题的解决。

中小学数学中的“列方程解应用题”即数学模型思想方法的应用。

这类题的基本思路是：

根据题意（实际问题）列出方程（数学模型）；运用数学方法求解方程（数学问题的解）；根据问题的实际意义检验方程解的合理性；给出原问题的答案（即用数学解对实际问题的解进行解释）（见图 7-2）。

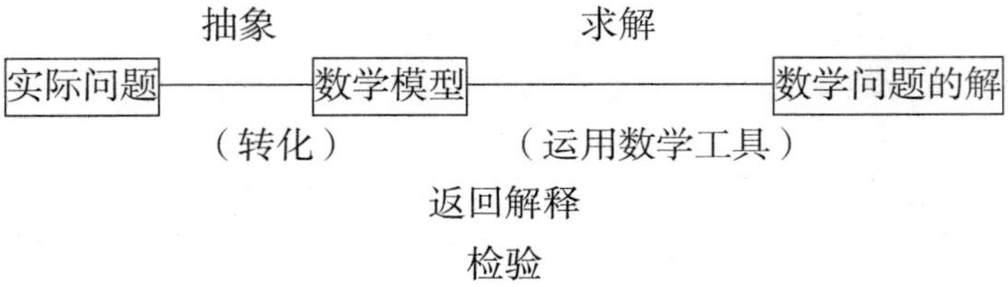

图 7-2

案例 7-4：（6 人集会问题）在 6 人的集会上，总有 3 人互相认识，或互不认识。

解析：这个问题可通过构造几何模型来解决，只需考虑以下三种情况，其中某人与其他 5 人都认识；其中某人与其余 4 人都认识；其中与其余 3 人都认识。不妨用图示意，如图 7-3 所示。

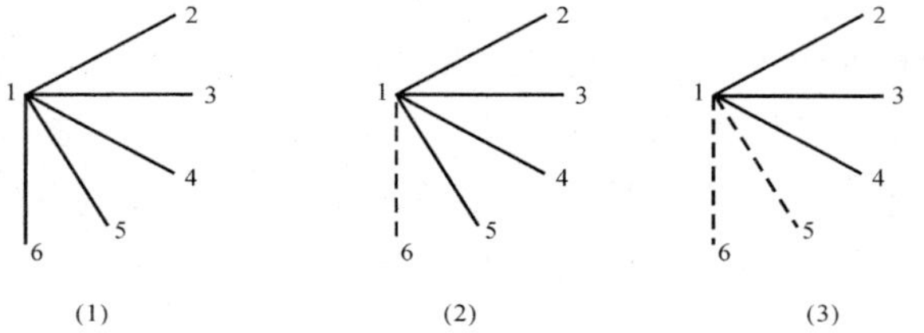

图 7-3

在情况（1）中，若 2，3，4，5，6 间互不认识，则结论成立；若 2，3，4，5，6 中至少有两人认识，结论也成立。

在情况（2）中，若 2，3，4，5 间互不认识，则结论成立；若 2，3，4，5 中至少有两人认识，结论也成立。

在情况（3）中，若2，3，4间互不认识，则结论成立；若2，3，4中至少有两人认识，结论也成立。

7.2.6 转换化归的思想方法

由数学结论呈现的公理化结构，使得数学上任何一个正确的结论都可以按照需要与可能而成为推断其他结论的依据，于是任何一个待解决的问题只需通过某种转化过程，归结到一类已经解决或比较容易解决的问题上，即可获得原有问题的解决，这就是转换化归思想方法。它是一种极具数学特征的思想方法。简言之，就是指在求解数学问题时，如果对当前的问题感到生疏困惑，可以把它进行变换转化，化繁为简，化难为易，化生为熟，从而使问题得以解决。这种思想是科学研究与数学学习中常用的方法，它是解决问题获得新知的重要思想。

案例 7-5：求方程 $2x-x^2=\dfrac{2}{x}$ 的正根的个数为（　　）。

A. 0 个　　B. 1 个　　C. 2 个　　D. 3 个

解析：如果直接从解方程入手将很难求解，如果利用转化思想，把方程的正根问题转化成函数 $y=2x-x^2$ 与函数 $y=\dfrac{2}{x}$ 的图象在 y 轴右侧的交点问题，则问题就迎刃而解了。

中小学数学问题解决中模式识别、分类讨论、消元、降次等策略或方法，都明显体现了转换化归的思想方法；RMI 原理则是转换化归思想方法的理论提炼。

7.3 数学思想方法的教学策略与途径

由于数学思想方法是基于数学知识而高于数学知识的一种隐性的数学知识，要在学生的反复实践与体验中才能被逐渐认识、理解，因此，数学思想方法的教学在数学学习中具有十分重要的意义。

7.3.1 数学思想方法的教学策略

数学思想方法的教学最终目的是提高个体的思维品质和能力，提高个体整体素质。数学思想方法应该渗透在知识的教学中，使之产生潜移默化的影响。教学中实现这一目的的策略主要有以下几点。

1. 渐进性

数学思想方法以数学概念和原理为载体。数学的逻辑性和学生认知发展的规律决定了数学知识在中小学数学课程中必须按照一定的顺序呈现，从而对数学思想方法的学习也必须遵循一定顺序，体现出层次性和渐进性。一般与具体数学概念结合紧密的方法可以结合知识的教学而达到掌握的目的，例如解方程中的“代入法”“消元法”等；而对于那些概括程度高、统摄性强的数学思想方法的形成则需要经历较长的过程，而且需要通过不同知识的学习不断加以强化、巩固和提升。这时就要掌握有序性，通过循序渐进有序的教学渗透，使学生真正理解数学知识中所蕴含的数学思想方法。

案例 7-6：在中小学数学教学自始至终都蕴涵着化归思想方法的教学。

在“有理数”教学中就孕育着化归思想，如利用绝对值可以将有理数大小比较问题转化为算术数大小的比较的问题，有理数四则运算转化为算术数四则运算；整式加减的实质是利用同类项概念转化为有理数的加减。通过这些知识的学习，学生初步认识到化归思想方法是将新知识转化为旧知识从而解决新知识的方法。在“一元一次方程”的教学中，进一步孕育化归思想，使学生明白解方程就是把一个一般的、相对复杂的一元一次方程化为最简方程。在“二元一次方程组”的教学中除了使学生明确化归对象、目标、方法外，还要使学生初步认识到，化归目标应当根据问题的要求而定。教学“一元二次方程”，继续用化归思想指导解题，掌握降次、消元、有理化、整式化等具体解题方法，学完一元二次方程、简单的高次方程、分式方程、无理方程后，多数学生已经对化归的思想方法有了初步感受。

进一步地，在平面几何教学中，要使学生认识到，复杂图形由简单的基本图形组成的，因此，从复杂图形中分析出简单的基本图形，就是解决几何问题的基本的思想方法。这样通过在各种新情境下对化归思想方法的应用，学生对精神实质的理解就不断得到巩固和深化。

2. 过程性

数学思想方法蕴涵于数学知识中，特别是蕴涵于数学概念和原理的形成过程中。因此，数学概念和原理，特别是那些核心概念的形成过程是进行数学思想方法教学的最重要载体。这就要求教师精心设计概念和原理的教学方案，有意识地让学生在概念的形成过程中领悟数学思想方法。数学思想方法重在“悟”，悟就需要过程，有一个循序渐进、逐步逼近思想本质的过程。

案例 7-7：相交弦定理的教学。

教师明白，这个定理的结论并不是十分重要的，除了用于解决几何问题，很多学生可能一辈子都不会用到它。定理的价值在于它的思想方法，如构造与转化、分析与综合等思想方法，而这种思想价值蕴涵在结论的探索过程以及结论发现后的证明过程中。所以，教师的主要任务是创设合适的教学情境，引导学生探索、分析直至发现结论，并完成对结论的证明。

3. 变式

数学思想方法是对数学概念、命题和数学理论概括和提炼的产物，以隐性的形式蕴涵在数学知识之中，这种高度的概括性和内隐性决定了对数学思想方法的领会和掌握比学习数学知识具有更大的难度。学生虽然知道了某一方面的数学知识，但却没能领会其中的数学思想方法。所以变式教学对于数学思想方法的教学就具有十分重要的意义。数学思想方法的变式策略，就是通过具有适当变化性的问题情境，把那些在解题思想方法上具有相似或相关的内容，用变式的形式串起来，通过变化概念的非本质属性突出概念的本质属性，在变化过程中逐步凸现蕴涵其中的数学思想方法；通过在不同的问题情境中对数学思想方法的运用，进一步强化学生对数学思想方法的理解。在变式中求不变，从变式中领悟数学思想方法的真谛，体会数学思想方法对于掌握数学知识和问题解决的指导意义。

在课堂教学中经常可以看到这样的现象，有的教师对基本概念的教学轻描淡写，匆忙结束概念原理教学后，就让学生进行大量的类型训练，试图通过重复性强化训练，让学生记住各种“题型”的解法，认为这就是在进行数学思想方法教学。其实这样的教学是非常有害的，它把解题活动当成了“刺激—反应”的过程，把思想方法变成僵化的教条，其结果是，学生只是在熟悉的情境中对问题作条件反射，而在新的问题情境中缺乏在数学思想方法指导下进行有条理探索问题解决策略的能力。

案例 7-8：解方程组 $\begin{cases}2x+3y=-1\\2x-5y=7\end{cases}$

变式题组一

变式问题 1

解方程组 $\begin{cases}3x-2y=-1\\-5x+2y=7\end{cases}$

变式问题 2

解方程组 $\begin{cases}4x+3y=1\\2x-5y=7\end{cases}$

变式问题 3

解方程组 $\begin{cases}3x-2y=1\\-5x+3y=7\end{cases}$

变式题组二

变式问题 1：解关于 x,y 的方程组

解方程组 $\begin{cases}ax+3y=-1(a\neq 0\\ax-5y=7\end{cases}$

变式子题 2：解关于 x,y 的方程组

解方程组 $\begin{cases}ax+by=-1\\cx-dy=7\end{cases}(a\neq 0,b\neq 0,c\neq 0,d\neq 0,bc-ad\neq 0)$

通过以上的变式教学，学生就会更深刻地理解加减消元法，形成较完整的数学知识结构网，使学生在变式教学中领会加减消元法的思想实质。

真正有效的数学策略性知识往往是难述于语言文字，“只可意会不可言传”，只有在实践的过程中，亲自动脑、动手去做，获得体验，产生领悟，才能达到学会的目的。

7.3.2 数学思想方法教学途径

数学思想方法是隐含在一般数学知识中的精髓。学生需要通过反复体验、实践才能发现、领悟和运用。因此在数学课本中即使是直接指出“××思想方法”也不一定能起到灵活运用的作用。要使学生领悟、理解、掌握、运用数学思想方法，就要通过精心的教学设计和课堂上的教学活动过程，沟通课本与学生的认识，在教师的主导、学生的参与下完成。

一般认为，数学思想方法的学习分为形势模仿阶段、初步形成和运用阶段、自觉应用阶段三个阶段。

（1）形式模仿阶段：由于认知发展的水平限制，在数学学习中，学生往往会只注意数学知识的学习，发现不了隐含在这些知识背后的观点和方法策略，有时即使有所觉察，也是处于“朦朦胧胧”、似有所悟的状态。例如学生用换元法解分式方程，对换元的理解是按教师要求：设未知数、换元、解换元后方程，这些步骤。学生把换元法当作固定的解题步骤来记忆，而未能体会出换元思想。题目上要求换元法，学生就可以正确做出，但如果没有要求则学生会感到很困难。

（2）初步形成和运用阶段：在学生接触过较多的数学问题后，在头脑中初步形成了相关的数学思想方法，并逐渐能够进行初步应用。即学生对数学方法的认识已经明朗，开始理解解题过程中所使用的探索方法和策略，也会概括。

（3）自觉应用阶段：随着学习的不断深入，学生对数学思想方法的理解水平与应用能力不断提高。即学生能依据题意，恰当运用某种思想方法进行探索，以求得问题的解决。这一阶段，既是进一步学习数学思想方法的阶段，也是实际运用数学思想方法的阶段。

学生的三个学习阶段，不可逾越或替代、颠倒顺序。由于个体的差异性，这三个阶段的时间因学生的不同而不同，而我们的教学任务是促进前两个阶段的形成，尽快达到第三阶段。

在教学中一般可以通过以下途径实现数学思想方法教学。

1. 在教材中充分挖掘数学思想方法

数学思想方法是数学知识在更高层次上的抽象概括，蕴涵在数学知识的发生、发展和应用过程中，有时两者融为一体（如配方法、换元法、待定系数法），需要教师在教材中认真加以挖掘。

从逻辑的角度分析教材，除了把握教材的体系与脉络、地位与作用、重点与难点外，还要按照知识→方法→思想的顺序，从知识中挖掘方法，从方法中提炼思想，使教材分析具有较高的观点。例如，对立体几何教材进行分析时，不仅要把握它的内容、体系、作用等，而且应从数学思想方法的角度认识它的显著特点：①将一些空间图形的问题转化为平面问题去解决；②利用空间图形与平面图形的相似关系，采用类比思想方法从平面图形的性质去探求空间图形的有关性质。③教材较好地体现了立体几何课程体系的公理化特点。

从数学发展历史的角度分析教材。数学发展史也是数学思想发展史，教师要在数学史的基础上，明确数学思想方法的突破点，它既是数学历史发展的重要转折点，又是学生学习的难点。比如，一元二次方程的求解，历史上就有几何方法、特殊值代入法、逐次逼近法、试位法、反演法、十字相乘法和公式法等；对这一章教材进行分析，不仅要发掘出将“未知”转化为“已知”的思想方法，而且能从数学历史发展与演进的角度加以领悟。

要使数学思想方法的教学落到实处，确定教学目的时，既要体现数学知识，又要体现数学思想方法；备课时不仅要明确章节和课时教学的知识点，还要列出知识与思想方法结合的交叉点。比如在讲高中的数列及其表示知识点时，采用公式法、图象法、递推法、符号思想、集合思想、函数思想等思想方法；在讲数列的通项公式时，结合归纳法、方程法、待定系数法、方程思想、转化思想等思想方法；在讲数列分类时，渗透分类思想等。只要教师能深刻分析教材，就不难发现数学知识中蕴涵的数学思想方法，同时在教学中及时渗透这些数学思想方法，这对学生学习概念、理解概念和问题解决都有很大的帮助。

2. 在概念形成的过程中渗透数学思想方法

数学教学过程，大体可分为知识发生和应用两个阶段，前者建立新旧知识的内在联系，使学生得到新知识的过程，包括概念的形成与概括、结论的发展与推导，数学方法的探求与思考过程等。后者指对已有概念、定理、公式、法则和方法的巩固和在应用中进一步理解的过程。实际上，知识的发生过程也就是其思想方法发生的过程，因此，概念的形成过程、问题的产生过程、规律的揭示过程、结论的推导过程、方法的思考过程等等都是对学生进行数学思想方法训练和培养的好机会，是数学思想方法教学的主渠道。例如，讲授排列的概念时，教师不应直接把定义抛给学生，而应该通过提供现实生活中简单而直观的感性材料，学生通过具体操作实验得到答案，从中获得问题解决的初步体验，再从具体问题及其解决过程概括出问题和解决方法的抽象模式。

案例 7-9：

（1）北京—上海—广州三个民航站之间的直达航线，需要准备多少种不同的飞机票？

（2）由数字 1、2、3 可以组成多少个没有重复数字的两位数？

学生通过一系列的思维操作从中抽象出共同特点，即均可看成从三个不同的元素中，每次任取出两个元素，按照一定的顺序排成一列，问有多少种不同的排法——抽象成相同的数学模型，进而给出排列的定义。这样，学生得到的就不只是排列的概念，还受到了数学思想方法的训练和熏陶。

需要指出的是，有些概念本身就蕴涵着某种思想方法。例如，数的绝对值和算术根的概念中就蕴涵着分类思想，涉及绝对值和算术根的问题常须抓住零点分类进行讨论；复数相等的概念蕴涵着转化思想，即利用复数相等定义可以将复数范围的问题转化到实数范围内解决，等等。对于规律（定义、公式、法则等），也要重视其发生过程的教学，教师也应当善于引导学生通过感性的直观背景材料或已有的知识发现规律，不要过早地给结论，弄清抽象概括或证明的过程，充分地向学生展现自己是怎样去思考的，使学生领悟蕴涵其中的思想方法。

下面举一个具体教学片段来说明。

案例 7-10：椭圆第二定义教学片段。

教学过程：

回顾上一节课椭圆标准方程的推导（多媒体演示）。

引导学生思考，椭圆的标准方程能体现“椭圆上的一点到两定点距离之和等于定长 $2a$”这一本质属性吗？

在推导过程中，哪一个等式（方程）能够体现这一本质属性？

$$\sqrt{(x+c)^2+y^2}+\sqrt{(x-c)^2+y^2}=2a$$

我们为什么不把这个方程作为椭圆的标准方程？

对上述问题的思考、分析、讨论并非多余，它可以使学生感受到概念结论的简洁明了是数学研究追求的目标，体现了数学的求简、求美精神，这是对学生进行数学精神思想熏陶的具体材料。

新课教学：

引导学生分析、发现标准方程推导过程中，等式 $a^2-cx=a\sqrt{(x-c)^2+y^2}$ 中各个代数式的几何意义，整个等式的几何意义，提示学生必要时作适当变形，如，

两边同除以 a：　　$a-\frac{c}{a}x=\sqrt{(x-c)^2+y^2}$

提取系数 $\frac{c}{a}$：　　$\frac{c}{a}(\frac{a^2}{c}-x)=\sqrt{(x-c)^2+y^2}$

变形过程中始终抓住“各个代数式的几何意义，整个等式的几何意义”这一核心，最终得到一个全新而又有明显的几何意义的关系式：

$$\frac{\sqrt{(x-c)^2+y^2}}{\left|x-\frac{a^2}{c}\right|}=\frac{c}{a}\cdots\cdots\cdots\cdots\cdots\cdots(*)$$

要求学生用自己的语言完整地叙述：

椭圆上的点 $M(x,y)$ 到焦点 $(c,0)$ 和定直线 $x=\frac{a^2}{c}$ 的距离之比为常数 $\frac{c}{a}<1(a>c>0)$。

引导学生思考这一“发现”与原来椭圆定义（即第一定义）的关系，激发学生思考、提出并解决新的问题：

满足（*）式的点的轨迹是椭圆吗？

把这些知识消化吸收成具有“个性”的数学思想，逐步形成用数学思想方法指导思维活动的习惯，这样，在解决问题时才能举一反三，融会贯通。

在解题教学中教师首先要善于通过选择典型例题进行解题示范，通过范例展现自己是如何“想”数学，如何“做”数学的。进一步说，就是自己是怎样审清题意的，是怎样运用探

索法诱发灵感，产生“好念头”的，是怎样对问题进行转化和变更的，是怎样通过解题进行回顾、概括形成方法和模式的，是怎样运用合情推理发现结论的，等等。其次，在解题教学中，要引导学生善于开展反思活动。

案例 7-11：在等差数列$\{a_n\}$中，若$S_m=S_n$，则$S_{m+n}=?$

分析一：简单地从外形上看，很难发现$S_m=S_n$与S_{m+n}有什么直接的联系，因此可以用a_1,d基本量为媒介，将题设与结论联系起来。

解法一：由$S_m=S_n$ $(m\neq n)$得

$$ma_1+\frac{m(m-1)d}{2}=na_1+\frac{n(n-1)d}{2}$$

所以

$$a_1+\frac{(m+n-1)d}{2}=0$$

所以

$$S_{m+n}=(m+n)\left[a_1+\frac{(m+n-1)d}{2}\right]=0$$

概括与推广：我们用等差数列的基本量a_1，d建立了题设条件与所求结论的联系，这就是化归与转化思想。这种思想可以类比推广到等比数列中去，可称这种方法为基本量法。

分析二：我们从$S_m=S_n$的具体意义入手分析，看能有何发现。

解法二：由$S_m=S_n$（不妨设$m>n$）得

$$a_{m+1}+a_{m+2}+\cdots+a_n=0$$

所以
$$\frac{(n-m)}{2}(a_{m+1}+a_n)=0$$

所以
$$a_{m+1}+a_n=0$$

又
$$S_{m+n}=\frac{(n+m)(a_1+a_{m+n})}{2}=\frac{(n+m)(a_{m+1}+a_n)}{2}$$

解法三：
$$S_n=na_1+\frac{n(n-1)d}{2}=\frac{dn^2}{2}+(a_1-\frac{d}{2})n$$

当$d\neq0$时，由$S_m=S_n$，可知二次函数S_n图象关于直线$x=\frac{m+n}{2}$对称，而在横轴上，0与$m+n$也关于直线$x=\frac{m+n}{2}$对称，所以$S_m=S_0=0$；

当 $d=0$ 时，解略。

对同一个问题，引导学生从不同角度进行广泛联想，探求多种解题方法，这不仅培养了学生观察、分析、探索、猜想等良好习惯，而且还沟通了数学知识之间的联系，加深了数学思想方法的理解与运用。

3. 在知识整理总结中概括和提炼数学思想方法

数学思想方法具有隶属性，数学思想方法的教学应该以数学知识为载体进行。由于同一内容可以蕴涵不同的数学思想方法，而同一思想方法又常常分布在许多不同的知识点里，从而，数学思想方法的教学就体现出一定的"分散性"。这种"分散性"不仅符合数学思想方法的自身特点，也符合学生的认知规律，学生在潜移默化的影响下逐步感受、领悟和掌握数学思想方法。同时，我们应当看到，"分散"与"整合"是辩证统一的，注意到"分散"而忽略"整合"也会影响学生对数学知识和数字思想方法的整体认识和把握。因此，在对数学知识进行总结整理的同时概括和提炼数学思想方法是数学思想方法教学的重要途径。

总结与复习是数学教学的一个重要环节，揭示知识之间的内在联系以及归纳、提炼知识中蕴涵的数学思想方法，是总结与复习的任务之一。知识的总结与复习是对数学知识、思想方法的深化、精练和概括，不能停留在把已学过的知识简单复习记忆一遍的水平上，而要促进学生努力将本阶段所学的知识和统领这些知识的数学思想方法系统化，从更高的层面系统地理解、把握数学知识和数学思想方法，从整体上去思考新知识是怎样产生、展开、证明的其实质是什么，怎样应用它，等等，形成良好的认知结构。

例如在解析几何章节中，可以通过具体所学知识，再一次向学生强调解析几何是用代数方法研究几何图形性质，它的基本思想，是将几何问题转化为代数问题，用坐标表示点，用方程表示曲线等几何图形，将图形的有关性质转化为数与方程通过代数计算和变形的方法来解决。突出数形结合思想及函数与方程思想。再如，在集合单元复习时，可以在平时渗透性教学的基础上进行小节，提炼出交集法、并集法、补集法等方法，进而概括出"把所考察的对象作为一个整体（集合），然后利用集合的概念、表示、运算来解决问题的思想——集合思想"。

案例 7-12：勾股定理的应用的教学片段。

在学过勾股定理，并且利用勾股定理解决了一些简单的实际问题之后，安排一节课进一步探究勾股定理应用。

在对勾股定理进行复习巩固之后，教师出示下列问题：

活动一：如图 7-4 所示，将长 2.5 米的梯子 AC 斜靠在竖直的墙上，梯子底端 C 与墙的水平距离 BC 的长为 1.5 米，若梯子底端点 C 在水平方向向后移了 0.5 米，它的上端点 A 在竖直方向下滑了多少米？

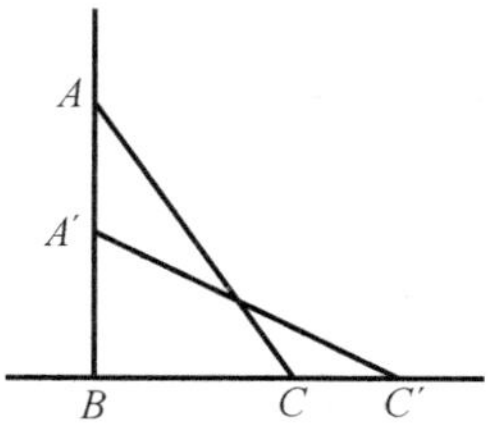

图 7-4

安排一名学生（生 1）板演解决问题的过程，同时其他学生独立思考并解决问题。

生 1 以及大部分学生完成了任务，教师请生 1 把解决问题的思路讲给大家听。

生 1：这个问题是要求 AA' 的长度，可以根据勾股定理先在 $\text{Rt}\triangle ABC$ 中，求得 $AB=2$ 米，在 $\text{Rt}\triangle A'BC'$ 求得 $A'B=15$ 米，所以 $AA'=2-1.5=0.5$ 米。

教师重复叙述了生 1 的思路，让同学概括出生 1 解题思路的特点。

学生各抒己见，经过讨论，认为他的思路体现了化归思想（转化思想）。

教师进一步引导学生思考，从本题的结果中能获得什么信息？

有的学生发现：梯子上下两端滑动的距离相等。

教师引导学生用语言叙述这个 “发现”，部分学生叙述成：斜靠在竖直的墙上梯子两端在滑动过程中，两端滑动的距离相等，符合教师的预计。

教师出示活动二：

在刚才的问题中，若梯子底端点在水平方向向后移了 0.5 米，你认为它的上端点在竖直方向下滑了多少米？（一部分学生的答案是 0.6 米，一部分学生的答案是不一定，还有一部分学生保持沉默）

教师请一名答案是 0.6 米的学生说一说理由。

生 2：我认为梯子下端移动的距离与上端下滑的距离相等。

师：同意这个结论吗？请与同桌同学（学习小组）讨论。

几分钟后，全班交流讨论结果。

生 3：我们的想法是假设 $A'A$ 和 CC' 都是 0.6 米，$A'B$ 的长度为 $(2-0.6)=1.4$ 米，$A'B^2=1.96$，$BC'^2=4.41$，$A'C'^2 6.25$，所以 $A'B^2+BC'^2\neq A'C'^2$。根据勾股定理的逆定理，$\triangle A'BC'$ 不是直角三角形。而我们知道墙与地面始终是互相垂直的，这个三角形一定是直角三角形，出现了矛盾。

生 4：我们是通过计算发现问题的。由 $CC'=0.6$ 米，用刚才的方法计算，求得 $A'A\approx 0.64$ 米，所以我们也认为这个结论是错误的。

生 5：我们是假设 $CC'=0.7$ 米，通过计算发现，$A'A\approx 0.8$ 米，所以我们也认为这个结论是不正确的。

师：生 4 与生 5 的方法基本上是一样的，只是假设的数据不同，非常好。

生 6：我们是设 $AB=c,BC=a,AC=b$，则 $b^2=a^2+c^2$。设梯子下端后移了 x 米，上端下

滑了 y 米，则 $(c-y)^2+(a+x)^2=c^2+a^2+2(ax-cy)+y^2+x^2$，只有当 $2(ax-cy)+y^2+x^2=0$ 时，才能使 $b^2=a^2+c^2$，所以这两条线段不一定相等。

师：这个小组给大家提供了一种更一般的说明问题的方法，思维很有创新性，应该表扬。

师生共同讨论，教师引导学生进一步认识刚才的过程（总结）：

（1）活动一中梯子的上下两端都滑动 0.5 米，这是一个特例，从中得出“梯子下端移动的距离与上端下滑的距离相等”，这就把结论推广到了一般情况。这种从特殊到一般的方法是一种非常重要的数学思想方法，许多数学定理都是这样发现的，包括我们刚刚学过的勾股定理。我们要学会推广，增强推广意识，善于从少数的现象中发现一般规律，这是科学发现、创新的萌芽。

（2）从特殊推广到一般，得到的结论可能正确，如勾股定理，也可能错误，如我们刚才的“发现”。我们既不能害怕出错不敢推广，也不能盲目地不加思考地认为结果正确。而应该“大胆猜想，小心求证”。

（3）要确认一个数学结论正确，必须给出严格的证明，有资料显示，勾股定理的证明方法已有 500 余种，仅我国清末数学家华蘅芳就提供了二十多种精彩的证法。而要说明一个结论是不正确的，只要举出一个反例就可以了，通常这也是最简单的方法。挖掘出勾股定理 500 多种证明方法并不是对勾股定理有怀疑，而是把证明勾股定理当成一种智力游戏、智力挑战，当成一种艺术享受，充分体现的数学的魅力。

点评：这个片段的设计独具特色。教师以勾股定理的应用为主线，以数学思想方法为价值取向，从梯子滑动这一简单而常见的现象中提炼出有价值的数学问题，并引导学生独立地、积极地去解决问题，充分体现了教师对数学知识应用的重视。在问题解决的过程注意挖掘蕴涵其中的数学思想，并引导学生结合自己的探索过程去思考、体会，有效地培养了学生的数学意识。注重过程性教学，学生既有观察、质疑、猜想，又有讨论、交流，既鼓励学生大胆猜想、善于发现，又引导学生勇于怀疑、严格求证，培养了学生严谨的科学精神。勾股定理的证明方法和我国数学家的贡献等数学历史文化材料的引进自然、贴切，使学生在学习数学具体知识的同时感受数学文化的熏陶。

第8章 数学教育的核心内容

8.1 数学教学目标

8.1.1 数学教育目标的确定

8.1.1.1 数学教育的基本功能

数学教育目标，要服从于我国整体教育的培养目标。对基础教育来说，就是要实施素质教育，培养有社会主义觉悟的德、智、体、美、劳全面发展的公民。

数学教育的目标，可以具体地落实为以下三种功能：

（1）实用性功能。例如，数学在日常生活中有用，在今后就业时会有用，在从事科学技术活动中有用。还有，数学是科学的语言，数学模型是描述自然现象和社会现象的工具，数学是能够产生经济效益的技术，等等。通过这些论述，强调数学教育的实用性。

（2）思维训练功能。例如，数学能够提升人的思维品质，养成严谨、准确、符合逻辑的思维习惯，形成科学的思维方法，培育正确的世界观，以及欣赏数学的美学价值等等。这些论述，强调数学教育的思维训练和公民素质养成。

（3）选拔性功能。例如，数学使人聪明，数学智力是其他智力的基础。数学成绩好的人，物理、化学、计算机科学的成绩也往往会好。升学选拔以“语文、数学、外语”为主要科目。数学教育承担为高一级学校输送人才的任务。奥林匹克数学竞赛可以发现优秀人才。这些论述，强调数学教育在人才选拔中的特殊作用。

8.1.1.2 我国关于数学教育目的（目标）的各种提法

（1）1922 年 11 月 1 日北京市政府公布《学校系统改革令》，1923 年 6 月公布《初级中学算学课程纲要》，其中规定的教学目的是：

① 使学生依据数理关系，推出事物的当然结果。

② 供给研究自然科学的工具。

③ 适应社会生活的需要。

④ 以数学的方法发展学生的推理能力。

（2）1951 年的《中学数学科课程标准草案》规定的教学目的是：

① 形数知识。以讲授数量计算、空间形式及其相互关系的普通知识为主。

② 科学习惯。培养学生观察、分析、归纳、判断、推理等科学习惯。

③ 辩证思想。指示因某数量（或形式）的变化所引起的量变与质变，借以启发学生的辩证思想。

④ 应用技能。训练学生熟悉工具（名词、记号、定理、公式、方法），使能准确计算、精密绘图，稳健地应用它们去解决（在日常生活、社会经济及自然环境所遇到的）有关形与数的实际问题。

这一提法仍然分为四条。既有日常生活、社会经济的应用，也有与函数概念有关的辩证思想，既讲明是“普通知识”又强调“系统学习”。总的来看，还是相当不错的一种提法。

（3）1963 年，数学教学目的提法的重点有变化。

其中规定，数学教学的目的是：“使学生牢固地掌握代数、平面几何、立体几何、三角和平面解析几何的基础知识，培养学生正确而且迅速的计算能力、逻辑推理能力和空间想象能力，以适应参加生产劳动和进一步学习的需要。”

这一提法中，数学教育就是掌握知识，至于它的来源，与现实的关系，如何去运用，都没有提，重点突出的是著名的“三大能力”。至于如何适应参加生产劳动的需要，没有具体的说明，也没有认真研究过这种需要究竟是什么。这一目的的提法，实用功能减弱，思维素质培养的功能加强。

（4）20 世纪 80 年代，回到 1963 年的提法。由于社会上追求升学率需求的驱使，在人们的心目中，数学教育的选拔性功能日益加强。

（5）20 世纪 90 年代，我国数学教学目标着重反映学生数学素质与能力的发展，中华人民共和国教育部颁布的《九年义务教育全日制初中数学教学大纲》规定了义务教育阶段初中数学的教学目的：使学生学好当代社会中每一个公民适应日常生活、参加生产和进一步学习所必需的代数、几何的基础知识与基本技能，进一步培养运算能力，发展思维能力和空间观念，使他们能够运用所学知识解决简单的实际问题，并逐步形成数学创新意识，培养学生良好的个性品质和初步的辩证唯物主义的观点。不难看出，这一数学教学目的的提出，依然保留 1963 年教学大纲的基本精神。

（6）2001 年颁布的《义务教育数学课程标准（实验稿）》设置的总体目标是：通过义务教育阶段的数学学习，使学生能够：

① 获得适应未来社会生活和进一步发展所必需的重要数学知识 （包括数学事实，数学活动经验）以及基本的数学思想方法和必要的应用技能；

② 初步学会运用数学的思维方式去观察、分析现实社会，去解决日常生活中和其他学科学习中的问题，增强应用数学的意识；

③ 体会数学与自然及人类社会的密切联系，了解数学的价值，增进对数学的理解和学好数学的信心。

④ 具有初步的创新精神和实践能力，在情感态度和一般能力方面都能得到充分发展。

这一总体目标的提法，在实用功能和思维培养功能上得到比较好的平衡，在了解数学价值，情感态度，实践能力上都有新的提法。

（7）2011 年颁布的《义务教育数学课程标准（2011 年版）》中设置的总体目标是通过义务教育阶段的数学学习，学生能：

① 获得适应社会生活和进一步发展所需的数学基础知识、基本技能、基本思想、基本活动经验。

② 体会数学知识之间、数学与其他学科之间、数学与生活之间的联系，运用数学的思维方式进行思考，增强发现和提出问题的能力、分析和解决问题的能力。

③ 了解数学的价值，提高学习数学的兴趣，增强学好数学的信心，养成良好的学习习惯，具有初步的创新意识和科学态度

（8）2022 年颁布的《义务教育数学课程标准（2022 年版）》中设置的总体目标通过义务教育阶段的数学学习，学生逐步会用数学的眼光观察现实世界，会用数学的思维思考现实世界，会用数学的语言表达现实世界（简称“三会”）。学生能：

① 获得适应未来生活和进一步发展所必需的数学基础知识、基本技能、基本思想、基本活动经验。

② 体会数学知识之间、数学与其他学科之间、数学与生活之间的联系，在探索真实情境所蕴含的关系中，发现问题和提出问题，运用数学和其他学科的知识与方法分析问题和解决问题。

③ 对数学具有好奇心和求知欲，了解数学的价值，欣赏数学的美，提高学习数学的兴趣，建立学好数学的信心，养成良好的学习习惯，形成质疑问难、自我反思和勇于探索的科学精神。

（9）2003 年颁布的《普通高中数学课程标准（实验）》中明确提出：“本标准的目标要求包括三个方面：知识与技能，过程与方法，情感、态度与价值观。”规定的总目标是：使学生在九年义务教育数学课程的基础上，进一步提高作为未来公民所必要的数学素养，以满足个人发展与社会进步的需要。具体目标是：

① 获得必要的数学基础知识和基本技能，理解基本的数学概念、数学结论的本质，了解概念、结论等产生的背景、应用，体会其中所蕴含的数学思想和方法，以及它们在后续学习中的作用。通过不同形式的自主学习、探究活动，体验数学发现和创造的历程。

② 提高空间想象、抽象概括、推理论证、运算求解、数据处理等基本能力。

③ 提高提出、分析和解决问题（包括简单的实际问题）的能力，数学表达和交流的能力，发展独立获取数学知识的能力。

④ 发展数学应用意识和创新意识，力求对现实世界中蕴含的一些数学模式进行思考和作出判断。

⑤ 提高学习数学的兴趣，树立学好数学的信心，形成锲而不舍的钻研精神和科学态度。

⑥ 具有一定的数学视野，逐步认识数学的科学价值、应用价值和文化价值，形成批判性

的思维习惯，崇尚数学的理性精神，体会数学的美学意义，从而进一步树立辩证唯物主义和历史唯物主义世界观。

（10）2017 年颁布的《普通高中数学课程标准（2017 年版）》中设置的目标是：

通过高中数学课程的学习，学生能获得进一步学习以及未来发展所需的数学基础知识、基本技能、基本思想、基本活动经验（简称“四基”）；提高从数学角度发现和提出问题的能力、分析和解决问题的能力（简称“四能”）。

在学习数学和应用数学的过程中，学生能发展数学抽象、逻辑推理、数学建模、直观想象、数学运算、数据分析等数学学科核心素养。

通过高中数学课程的学习，学生能够学习数学的兴趣，增强学好数学的信心，养成良好的数学学习习惯，发展自主学习的能力；树立敢于质疑、善于思考、严谨求实的科学精神；不断提高实践能力，提升创新意识；认识数学的科学价值、应用价值、文化价值和审美价值。

8.1.2 数学教学目标

8.1.2.1 数学教学目的与教学目标

“数学教学目标”与“数学教学目的”都是由国家教育主管部门制定的通过数学教学，学生生活、进一步学习或就业应达到的总体要求。在我国教学理论专业术语中，“数学教学目标”与“数学教学目的”并没有确定的含义，在使用上也比较混乱。目前，从我国基础教育课程改革来看，以前教学大纲中提出的“教学目的”与新课程标准中提出的“教学目标”这两个术语并不相同。

“数学教学目标”指向的主体是学生，是期望学生学习可能发生的行为变化的结果，是用“学生学会了什么”“学生经历了什么”“学生学会后能够做什么”来表述，使教师在课堂中可观察、可测量、可评估。“数学教学目的”指向的主体是教师，是对教师教学提出的一种概括性的、总体的要求，是一种方向、指针，是用“使学生学会了什么”等来表述，在教学实践中，教学的结果往往与理想的期望之间存在差距。为了区别对待，本书采用“数学教学目标”这个术语。

案例 8-1 初中阶段培养学生“解决实际问题”的教学目的和教学目标的比较。

2000 年《九年义务教育初级中学数学教学大纲》“数学教学目的”中，指出：“使他们能够运用所学知识解决简单的实际问题”。但教师在教学实践中怎样才算符合要求并未说明。

2001 年《义务教育数学课程标准（实验稿）》“数学教学目标”中，具体表述如下：①初步学会从数学的角度提出问题、理解问题，并能综合运用所学的知识和技能解决问题，发展应用意识。②形成解决问题的一些基本策略，体验解决问题策略的多样性，发展实践能力与创新精神。③学会与人合作，并能与他人交流思维的过程和结果。④初步形成评价与反思的意识。

8.1.2.2 影响数学教学目标制定的因素分析

由于数学教学目标是评价数学活动是否有效的标准，因此，数学教学目标的制定，必须考虑其合理性、可行性和可能性。综合分析，影响数学教学目标的制定主要有社会、数学、学生等三个方面的因素。

1. 社会因素

数学教学目标既受制于社会的发展，又必须符合社会的需要，这就是要回答基础教育阶段要教给学生什么样的数学，体现着目标的合理性要求。首先数学教学受制于社会的发展，是受到一定社会发展状况的制约。数学教学目标如果超越了现实社会发展的基础，则难以实施相应的教学活动。其次数学教学必须符合社会需要。教育的作用就是要把自然的人培养成社会的人、社会的生产力。当今社会和未来社会需要公民具有何种数学素养都影响着数学教学的目标。数学教学既要反映社会的需要，也要反映社会公众的需求。数学推动着社会的发展，反过来，社会又影响着数学教学目标。

案例 8-2：对新课程标准中“综合与实践”的分析。

基于新课标理念：以学生发展为本，以核心素养为导向，形成正确的情感、态度和价值观。在综合与实践部分的要求：在小学阶段综合与实践领域，主要是以主题式学习的形式，让学生感悟自然界和生活中的数学，在获取知识的同时，激发学习数学的兴趣；初中阶段综合与实践领域，可采用项目式学习的方式，以问题解决为导向，整合数学与其他学科的知识和思想方法，让学生从数学的角度观察与分析、思考与表达、解决与阐释社会生活以及科学技术中遇到的现实问题，感受数学与科学、技术、经济、金融、地理、艺术等学科领域的融合，积累数学活动经验，体会数学的科学价值，提高发现与提出问题、分析与解决问题的能力，发展应用意识、创新意识和实践能力。

2. 数学因素

数学的特点直接影响数学教学目标，这就是为什么要学习数学的根本所在，体现着目标的可行性要求。现代数学的发展已渗透到了与人类生存息息相关的各个领域，不仅是为其他学科提供语言和工具，“数学技术”可直接创造生产价值。数学不仅帮助人们更好地探求客观世界的规律，提高认识的准确性和预见性，还能锻炼和发展人们的思维能力，提高思维效率；数学不仅能训练科学意识，科学思想方法，科学精神，科学态度，提高个体科学素养，还能培养人们的意志和信念，提高人们审美水平；数学模型的广泛应用；数学能赋予人创造性；数学是一种人类文化；等等。

现代数学的发展对数学教育产生了重大的影响。“数学”既是教育的“目的”，也是教育的“手段”。作为目的，学生要获得基础的数学知识、基本的数学技能和数学思想方法，形成正确的数学观和一定的数学活动经验。作为手段，学生通过学习数学来提高数学能力，形成良好的个性品质、道德品质、创新意识及实践能力等。数学教育应使学生体会数学与现实世界和人类进步的密切关系，使学生体会数学研究的方法，将使人终身受益。

3. 学生因素

数学教学目标的制定，必须慎重考虑学生的年龄特征和认知能力，体现其实施的可能性。数学教学目标必须与学生身心特点相适应，否则，不仅达不到数学教学的目标，甚至会阻碍学生的身心发展。

首先，制定数学教学目标要有整体性。如：中学阶段的学习，既以小学阶段为基础，又为升入高一级学校的学习打基础，因此，制定中学数学教学目标时，必须同小学和大学的教学目标一起整体规划。

其次，制定数学教学目标要有针对性。依据心理学研究，人的身心发展具有阶段性和连续性、加速期和关键期，这些特点表明各阶段的学生学习能力也不同。如果教学内容超过了学生的认知水平，学生就学不会。如果教学内容要求过低，学生会觉得缺乏挑战性。如，初中阶段学生从形象思维向抽象逻辑思维转化，且主要以经验型为主的抽象逻辑思维；高中生主要以理论型为主的抽象逻辑思维。可见，抽象化程度较高的数学内容，对初中生来说就难以接受。所以，确定数学教学目标要以学生的生理和心理的成熟程度及特点为基础。

8.1.2.3 关于目标的表述

过去一般用“了解、理解、掌握、灵活运用”四个词来控制课堂教学目标的深度和广度。新课程标准中，不仅使用了这四个动词表述知识技能的目标，而且首次使用了“经历（感受）、体验（体会）、探索”等刻画数学活动水平的目标动词。如，“经历探究物体与图形的形状、大小、位置关系和变换的过程”，“经历提出问题、收集和处理数据、作出决策和预测的过程”等。

数学教学中，教师一般能够把握的是一种“看得见、摸得着”的结果性知识技能目标，如学会一种运算、能解一种方程、知道一个定理等。而“经历……过程”的过程性目标，往往使人“摸不着边”，也许经过一段时间的活动后，并没让学生学到“实质性”的东西，只是在“操作、思考、交流”。其实，数学思考、问题解决等目标必须在活动过程中才能达成。经历过程不单单是为了知识技能的习得结果，而是带给学生探索的体验、创新的尝试、实践的机会和发现的能力，这些比那些具体的结果更重要。

案例 8-3：“有理数的概念”教学目标分析。

对结果性目标“理解有理数的意义，能用数轴上的点表示有理数，会比较有理数的大小”的理解：

“理解有理数的意义”是一项知识目标，但“理解”只是一个较模糊的概念，其程度只能通过学生的作业行为来表征，即“能用数轴上的点表示有理数，会比较有理数的大小”，从技能的角度来体现对“理解”的程度。然而，要使学生“能”与“会”，就与教师配置给学生习题的质和量直接相关，也就直接涉及学生已有的数学活动经验。另外，目标中“能用数轴上的点表示有理数”也反映了映射思想，通过这种映射，使有理数问题可以转化到数轴上去，变为直观的“几何”问题，这样就使有理数的问题，如大小比较，在数轴上就一目了然。对教学目标内涵的挖掘，有助于在更高层次上把握教学内容，提高教学质量。

案例 8-4：“平方差公式”的教学目标分析

（1）知识与技能：了解平方差公式的几何背景，会用面积法（几何图形面积的割补方法）推导平方差公式，并用代数方法（多项式与多项式相乘的法则）验证平方差公式，理解并掌握平方差公式的结构特征和字母指代，能够运用平方差公式进行简单的计算。

（2）过程与方法：让学生经历“特例—猜测—验证—用数学符号表示”的过程，培养学生的符号感和推理能力；经历平方差公式的几何解释探求过程，体验数形结合的数学思想；通过变式训练加深学生对公式结构特征的记忆，培养学生举一反三的能力。

（3）情感态度与价值观：通过实际问题引出平方差公式，让学生感受数学源于生活又服务于生活；通过小组合作学习，培养学生在解决问题过程中与他人合作交流的能力。在探究平方差公式的活动中渗透数学史知识，拓宽学生视野，增加课堂的趣味性，培养学生数学素养。

8.2 数学教学原则

8.2.1 数学教学原则概述

数学教学原则是依据数学教学目的和教学过程的客观规律而制定的指导数学教学工作的一般原理，是进行数学教学活动应遵循的基本要求，是对数学教学经验的概括总结，来源于实践，又对有效地开展数学教学具有指导作用。

8.2.1.1 历史上有关教学原则的一些论述

在我国教育史上，早在先秦时期，孔子就提出“不愤不启，不悱不发”“学而时习之”，“温故而知新”，“人因其材，而施其教”等教学要求。古代教育论中则提出：“教学相长”，“道而弗牵，强而弗抑，开而弗达，道而弗牵则和，强而弗抑则易，开而弗达则思”等教学主张。南宋教育家朱熹提出“循序而渐进，熟读而精思”等论述。这些教学原则至今仍有着积极的借鉴作用，概括起来大致有下述几条：启发性原则、巩固性原则、循序渐进原则、师生协同原则、学以致用原则、因材施教原则等。

历史上第一个系统地论述教学原则的是 17 世纪捷克教育家夸美纽斯，他在《大教学论》中提出自然适应性等 37 条教学原则。自然的教学原则认为教学须符合人的天性及其发展规律，并指出教学应先示实物，后教文字；先举例证，后讲规则；先求理解，然后记忆；从具体到抽象，从一般到特殊，从简单到复杂，等等。18 世纪德国教育界赫尔巴特强调人的可塑性和适应性，认为人总是完成用旧观念去解释和融化新观念的“统觉”因而提出了“统觉原则”。20 世纪美国教育家杜威从实用主义出发，主张“表象教育”，提出“从做中学”的教学原则。苏联教育家 H.A.凯洛夫认为学生掌握知识是一种积极的过程，提出了自觉性和积极性等原则。近代教育家如卫国的布鲁纳认为学习动机是推动学习的动力，提出动机原则。他还认为，每个学科可以归结为一系列基本概念，以恰当方式组成知识结构，提出结构原则，以及程序原则和反馈原则。根据这些原则，进而提出了“结构课程论”。苏联的赞可夫根据教学促进学生一般发展的论点，提出高难度、高速度进行教学等 5 条原则。苏联的巴班斯基则着眼于教学过程的最优化，提出综合解决教养、教育和发展等任务的教学目的性、各种教学方法和教学组织最优结合、为教学创设条件等 11 条原则体系。

中华人民共和国成立以来，我国各级各类学校在教学实践中积累了丰富的教学经验，现今在各种教育论著中提出的教学原则不尽相同，主要有以下几条原则：科学性与思想性统一的原则、理论联系实际的原则、教师与学生的协同的原则、传授知识与发展能力相结合的原则、直观性与抽象性相结合的原则、系统性与循序渐进相结合的原则、理解性与巩固性相结合的原则、量力性与尽力性相结合的原则、统一要求与因材施教相结合的原则。

上述教学原则并非一成不变，随着时间的推移，教育、教学实践和研究的不断发展，以及对于教学规律认识的不断深入，教学原则体系必定会得到进一步的充实和完善。

8.2.1.2 数学教学原则的含义

1. 教学原则的含义

教学原则是人们根据对教学规律的认识而制定的，来自教学实践，又指导教学实践。教学规律即教学内部所包含的矛盾关系。教学的进行、发展和提高，正是教学中各种矛盾运动的结果。教学原则就是处理教学中一些基本矛盾关系的原则，“基本矛盾”是指贯穿于整个教学过程并制约教学进程的矛盾关系。由于对教学规律的认识不同，提出的原则也不一样。教学原则为教学实践进行合理选择提供基本的准则，古今中外许多教育家从不同教育观、哲学观出发，提出的教学原则不尽相同，有些只是表述方式上的差异，有些则相去甚远。如：教学中理论与实践的辩证联系，这是客观存在的教学规律，杜威提出“从做中学”的教学原则，我国则提出“理论联系实际”的教学原则。

教学原则受到教育、教学目标的制约。教育、教学目标明确了培养人才的规格和方向、质和量的要求，作为教学成分的教学原则必须服从于教育、教学目的。如，我国新世纪的教育目的：以提高国民素质为根本宗旨，以培养学生的创新精神和实践能力为重点，造就“有理想、有道德、有文化、有纪律”的德、智、体、美、劳全面发展的社会主义事业的建设者和接班人。为实现教育目的，提出“科学性与思想性统一”“传授知识与发展能力相统一”的原则等。

2. 数学教学原则的含义

数学教学原则就是依据数学教育目的、数学教学目标，反映数学教学规律，综合数学教学实践，解决数学教学的基本矛盾而制定的指导数学教学的基本要求。数学教学原则的本质特征就是转化贯穿于整个数学教学过程的基本矛盾关系，是具体的可操作性的策略性知识，是促进数学学习和教学活动有效开展的条件。数学教学既要遵循一般教学原则，又要遵循区别于其他学科的特殊教学原则。

8.2.1.3 教学原则与教学规律、教学原理、教学方法的关系

1. 教学原则与教学规律

教学规律是不以人们的意志为转移的客观存在，是教学过程中固有存在的、本质的、必然的联系。对于客观规律，人们只能发现、掌握和利用，而不能取消、改造和制造。

教学原则不同于教学规律，它是由人们制定的，是属于主观意识形态的东西。人们可以从不同角度，多个侧面反映教育规律，由此而形成各种风格的教学原则。因此，与教学规律相比，教学原则带有明显的个别性和特殊性。

但是，两者又具有密切的联系，教学原则的形成必须以教学规律为基点，也就是说，教学规律是制定教学原则的客观依据和基础；而科学的教学原则，则应是教学规律的正确体现和恰当反映，否则应予以坚决摒弃。

2. 教学原则与教学原理、教学方法

教学原理属于一个大的教育概念范畴，它是指对教学的目标、内容、过程、方法以及组织形式等等，展开研究而形成的一般性结论。教学原理是一个宽泛的概念，所涉范围很广，因此教学原则应属于教学原理的概念范畴，主要是对教学过程的本质联系加以分析研究而形成的一般原理，显然只是教学原理的一部分，所以与教学原理相比教学原则要具体得多，它既是教学实践的经验总结，也是教育实验研究的结果，同时可反过来运用于新的教学实践，指导教学实践。

教学方法是教学实践中形成和发展起来的能够促使教学目的达成的具体办法，按现在的一般说法是，所谓教学方法就是教师引导学生掌握知识技能、获得身心发展而共同活动的方法，它既包括教的方法也包括学的方法。

显然，教学方法也属于教学原理的概念范畴，但与教学原则不同，教学方法强调具体方法的操作，其中虽然不包含教学思想、教学原理和教学原则的内容，但它是这些基本原理贯彻于教学过程末端的具体表现形式，是教育理论在教学活动中的集中体现。例如，认知学派布鲁纳在“动机”“结构”等原则的指导下，提出“发现式教学方法”。因此，教学方法既有别于教学原则，但也与之存在某种深刻的联系，因为许多教学原则是通过具体的教学方法来实现它的要求的，离开教学方法来谈论、贯彻和实施教学原则，是不切实际的，是教学空洞化的典型表现。

8.2.2 数学教学原则

在国内外教育学和数学教育学方面的著作中有关教学原则的论述，因各自时代不同，研

究的角度和理论基础不同，教学原则的表述、条目等各不相同。针对数学课堂教学的特殊性，我们认为存在于数学课堂教学中基本矛盾关系有三个，如图 8-1 所示，即数学教学内容与学生原有水平之间的矛盾关系；数学教师教的主动性与学生学的适应性之间的矛盾关系；数学课程的数学特征与教育特征之间的矛盾关系。这三个方面的矛盾长久和稳定地存在于数学教学全过程，这些矛盾运动的结果导致数学教学不断前进。

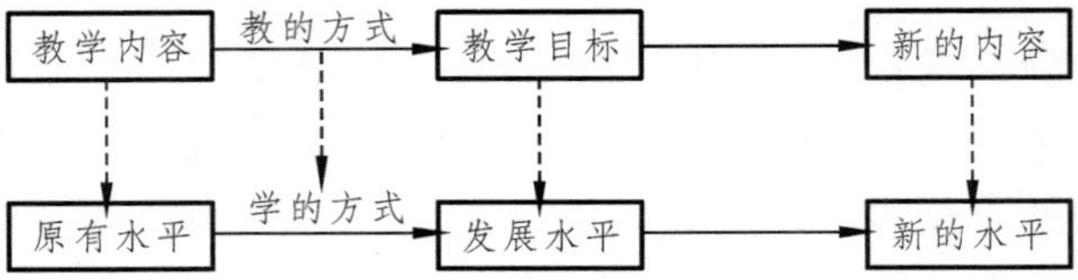

图 8-1　数学课堂教学

8.2.2.1 一般教学原则

教学原则既是教学活动的出发点，又是教学过程的总调节器。在此，先对一般教学原则的基本内容加以介绍。

在我国基础教育阶段数学教学中：

（1）为解决数学课程的数学特征与教育特征之间的矛盾关系，一般教学原则主要有：科学性和思想性相统一原则；知识传授与能力培养相统一；智力因素与非智力因素相统一的原则等。

（2）为解决数学教学内容与学生原有水平之间的矛盾关系，一般教学原则主要有：可接受性原则；直观性原则；因材施教原则；循序渐进原则；及时反馈原则等。

（3）为解决数学教师教的主动性与学生学的适应性之间的矛盾关系，一般教学原则主要有：启发式原则；教师主导作用与学生自觉性、积极性相统一原则等。

教学原则的指导作用并不是彼此独立的，而是构成的有机体所发挥的整体指导作用。每条教学原则都有自己的具体内涵和运用时的基本要求。由于一般教学原则在一般教育学中已讨论，以下仅对启发式教学原则在数学教学中的应用进行具体阐述。

8.2.2.2 启发式原则

1. 启发式原则的内涵

启发式原则是教师遵循认识规律，从学生的实际出发，在充分发挥教师主导作用的前提下，激发学生的求知欲和学习兴趣，引导学生积极思考，主动获取知识的一种原则，此原则是为教师主动挖掘学生的动力源而提出的策略。其反面是注入式，又称填鸭式。启发式原则是教学中最重要、最基本、应用最为广泛的指导思想，应贯穿在教学活动的全过程。教学中的启发思想有“愤悱术”和“产婆术”。两种方式都强调通过教师的向导作用来引导学生主动积极地学习，但是启发的基本方式不同。

“愤悱术”是我国古代教育思想家孔子（前 551—前 479 年）提倡的。他主张“不愤不启，不悱不发”。《学记》发展了孔子的这一思想，提出了启发诱导的三条原则：“道而弗牵，强而弗抑，开而弗达”。即在教学过程中教师要引导学生而不要牵着学生走，要激励学生而不要压抑学生，要指点学生的学习而不要代替学生做出结论。“愤悱术”展开的基本方式是“愤—启”和“悱—发”，因此，注重教师启发的时机，关注学生的独立思考和自由探究，在关键点处适时点拨、暗示，教学中难以把握。

“产婆术”是古希腊著名的思想家苏格拉底（前469—前399）提倡的（西方被称为启发式谈话法或苏格拉底法）。他自认为是知识的“助产师”，惯于采用问答法，通过诘难，使对方陷于矛盾，逐渐修正意见，从而导致真理。“产婆术”展开的基本方式是“问-答”，因此，注重教师的发问设计和引导，关注学生思考问题的自然性、合理性，教学中易于把握。

2. 贯彻启发式原则的基本要求

启发式原则的核心就是教师能最大限度地开启学生的思维，点拨学生的思路，激发学生的主动性和创造精神。具体策略有：其一，多方启思。针对教学内容和情绪需要，采用诸如“巧妙设疑”“精心提问”“故意制错”“静中求变”“设置悬念”等手段，激发学生的思维活动。其二，巧妙设问。设置问题要有一定的“挑战性”，使学生“跳一跳，摘得到”，要能激发学生的潜力。

案例 8-5：“对数概念”的教学片段分析。

引入“对数”概念时，可以设置情境激疑启思：将一张薄薄的人民日报，连续反复对折若干次，报纸叠起来的厚度将不断增。已知地球与月球的距离 384 400 千米，若将报纸对折50次的叠厚作楼梯，你可以沿此楼梯从地球爬上月球来回走32趟，相信吗？引发学生进入“愤”“悱”状态，产生悬念并迫切需要知道事实，在此基础上，教师引导学生分析问题的数学关系并进而引出对数的概念。

案例 8-6：“等比数列前 n 项和公式”的教学片段分析。

教师可用《莱因德纸草书》中问题79：“有7座房屋，每座房屋有7只猫，每只猫吃7只老鼠，每只老鼠吃7颗麦穗，每颗麦穗含7个容积单位的麦子，问房屋、猫、老鼠、麦穗、麦子容积总数是多少？”来引入新课，在利用提取公因式法、等比定律法、掐头去尾法、错位相减法、几何作图法等方法来推导与证明该公式。

8.2.2.3 数学教学的特殊原则

数学教学的特殊原则是针对中学生学习数学的特点与过程，为解决数学教学中存在的基本矛盾而提出的基本要求。特殊原则一般包含如下三条：模型抽象与经验背景相统一的原则；形式表达与思维训练相统一的原则；独立钻研与合作探讨相统一的原则。

1. 模型抽象与经验背景相统一原则

（1）原则的内涵

这一原则，既反映了数学科学的特点，又反映了学生的认识过程和认识水平，是针对数学内容抽象的存在方式与学生原有水平之间的矛盾关系而提出的基本要求。

首先，这是由数学科学的抽象特征决定的。广义地说，一切数学的概念、命题等都是模型。实数系是时间的模型，几何学是现实空间的模型等。数学教学正是数学模型的教学。数学活动就是在数学模型抽象水平上进行的,即使是最简单的数学概念也都是抽象思维的产物。数学模型的抽象是从具体事物的数量关系和空间形式入手，经过分类、概括，选择适当的概念和形式化的符号语言进行表示。数学的抽象程度就体现在低抽象度的元素是高抽象度的元素的具体模型。例如，数字是抽象字母的具体模型，而字母又是抽象函数的具体模型。以学生的经验背景为抽象的逻辑起点，为模型的抽象提供具体的原型。

其次，这是由学生的认识规律和已有水平决定的。首先，学生认识数学理论，是从他的生动直觉开始。模型的抽象建立在学生的具体的经验基础之上，为学生提供了感性认识的基础，为学生的思维提供一个好的切入口，为学生学习活动找到一个好的载体，符合学生的认识基础。学生的经验背景不仅包括看得见、摸得着的实际材料，而且包括数学知识经验和数学活动的经验成分。另外，“影响学习唯一的最重要的因素，就是学习者已经知道了什么”（奥苏贝尔），在学生已有水平之上进行教学才能激发学生有意义学习的心向，有助于学生进入“愤”“悱”状态。

再者，这是由数学广泛的应用性决定的。数学具有抽象性，同时也就具有了广泛的应用性。当学生初步获得数学模型的认识后，使其落脚在学生的经验背景之上，这不仅是确认模型正确性的一种方式，也是让学生感知数学价值的一种途径。数学模型不应当被单纯视为抽象的符号运算、图形分解与证明，它还反映了现实情境中所存在的各种关系。

（2）贯彻原则的基本要求

此原则的贯彻应采用：从具体模型→初步形成的新的数学模型→再到具体模型的路线，结合学生的经验背景进行。

① 结合学生的生活经验，运用生动、形象的现实材料或实物模型来引入和阐明新的概念和原理等内容。例如，通过新闻中的“降水率”、西瓜“成熟率”等实际生活中常见的生活现象引入“概率”内容，使学生正确理解随机事件发生的不确定性及频率的稳定性，澄清日常生活中一些错误认识，如“中奖率为 $\frac{1}{10\,000}$ 的彩票，买 10 000 张一定中奖”，并让学生解释广告可靠度、天气预报的可信度等等。

教学中一方面可以让学生了解到数学的许多概念和原理是从现实世界中抽象概括出来的。如通过中国境内大湖的分类引入集合的概念；从对高速公路通车总里程和加油站等现实问题的思考，让初中生体验生活中处处充满变量间的依赖关系，从生活中的变量入手，让学生观察、体验变量之间的依赖关系，从而引入函数概念。另一方面也让学生经历了如何抓住事物的量的本质，从实际的问题中抽象、概括出数学模型的过程。建立在生活经验之上只是手段，关键目标是要培养学生抽象、概括能力。

② 从学生已有的“数学”经验或其他知识经验背景中去发掘具体原型，为新知识的学习提供固着点，有助于知识的同化与顺应，建立数学知识的内在联系以及与其他学科知识的关联。如，高中新课程中三角函数的概念安排在必修数学Ⅳ中学习，必修数学Ⅱ中平面解析几何中直线的“斜率”概念就不是由“直线的倾斜角的正切”来学习，而是通过生活实际中的“坡度”概念来学习；讲“椭圆”“双曲线”“抛物线”等曲线模型时，可结合“桥”、建筑图片等优美的曲线，让学生感受曲线的背景和应用，而“圆锥曲线”的概念就是在这三个具体模型的认知基础上形成定义：“从顶点向两侧伸长的两叶圆锥面和任一平面相交而成的曲线”；学习向量可利用物理学中的力、速度等知识基础。

由于数学模型是逐级抽象的，并非每一抽象理论都反映具体的实际现象。如，用分蛋糕来解释简单的分数的大小和运算很有用，可复杂的计算如因式分解的理论与方法，只能按照运算的法则和公式进行。帮助学生用内心已有的体验来学习数学，既有助于区分新旧知识的异同点，又为新知识的建构提供基础。

③ 充分利用经验背景，检验和运用初步获得的抽象的数学概念和原理，帮助学生体会知识的应用价值，感受数学的整体性。例如，学生在学习了“两条相交直线决定一个平面”定理之后，让学生去解释：“木工师傅为什么用两条细线分别交叉固定在桌子的四个脚底部之后，便可判定桌子的四脚是否落在一个平面上？”

④ 不能误认为与学生经验背景相统一就是将数学知识“生活化”。在过去的数学教学中，忽视了数学与生活的密切相关性。新课程十分重视数学与生活的联系，如“强调从学生已有的生活经验出发，让学生亲身经历将实际问题抽象为数学模型并解释与应用的过程”。但与生活情境的不恰当联系、过分的引入等都会影响数学知识的学习，同样是不可取的。

案例 8-7：“复数的几何意义”的教学片段分析。

问题：i 并不“虚幻”，i 的几何意义是什么？（该问题的设计意图：介绍的 i 几何意义，感受引入新数并非数学家所假想的“虚幻之数”，而是真真切切存在的，让学生理解事物本质和发展规律，也为后面讲复数的几何意义作铺垫。）

师：虚数果真是虚幻的吗？类比负数引入，负数可表示相反意义的量，引入负数后，形如 $x+1=0$ 的方程有解，-1 还可理解为 $+1$ 绕原点逆时针旋转 180° 得到，类比负数的几何意义，那 i 几何意义何在？

生：由于 $\sqrt{-1}\cdot\sqrt{-1}=-1$，$+1$ 两次乘以 $\sqrt{-1}$，得到 -1，那可以做两次旋转变换。

师：很好，你的想法和数学家阿甘德想法一致。1806 年他在《几何作图中虚数的一个表示法》一书中给出了 i 的几何解释，如图 8-2 所示，在图中的单位有向线段 $OP(+1)$ 绕 O 沿逆时针方向两个 90°，到达 $OQ(-1)$，正对应着 $+1$ 两次乘以 $\sqrt{-1}$，得到 -1，证实了 $\mathrm{i}=\sqrt{-1}$ 是客观存在的。即 i 的直观形象的几何意义是 $+1$ 绕坐标系原点逆时针旋转 90°。挪威的土地测量员魏塞尔 1797 年他向丹麦皇家学院宣读了一篇题为“论方向的分析法表示：一种尝试”的论文中也提到过这种表示法，这种表示法还被错误地称为阿甘德图示法。

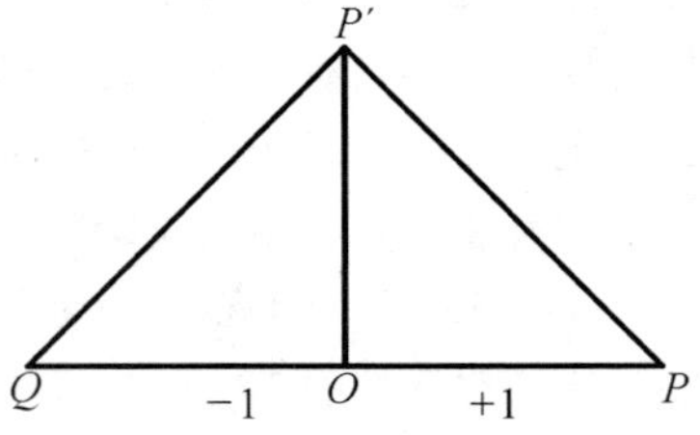

图 8-2

案例 8-8：高中数学函数模型。

在高中数学中，由于函数的内容是分散在几个模块中学习的，在整个的教学中，利用已有的经验基础，建立函数模型的思想。为此：在函数的概念中，给出有不同背景而在数学上有从数集到数集的对应关系的实例，引导学生自己去抽象出集合、对应的语言。在函数图象中，建立函数的零点与方程根的联系，借助计算器求方程的近似解；建立函数值的范围与不等式的联系。在数列的学习中，利用等差数列与一次函数的关系、等比数列与指数函数的关系进行学习。在导数的学习中，利用导数与函数的性质的关系感受导数的意义等。在函数的应用中，鼓励学生自己去寻找、分段函数的情境和实例；将一次函数、指数函数、对数函数等不同函数模型的增长同社会上所说的直线上升、指数爆炸、对数增长等不同的变化规律相联系等。在高中数学学习中，将抽象的函数模型始终与学生的经验背景相联系，帮助学生把握函数与其他内容之间的联系、与日常生活的联系，体会函数是高中数学的核心概念，突出函数是描述现实世界的最重要、最常用的数学模型。

2. 形式表达与思维训练相结合的原则

（1）原则的内涵

这一原则既反映了数学自身的价值，又反映了学生的发展要求，是针对数学课程的数学特征与教育特征之间的矛盾关系来提出的基本要求。

首先，这是由数学自身的价值决定的。荷兰著名数学家、数学教育家弗赖登塔尔（H.Freudenthal）曾经这样描述：“没有一种数学的思想，以它被发现时的那个样子公开发表。一个问题被解决后，相应地发展为一种形式化的技巧，结果把求解过程丢在一边，使得火热的发明变成冰冷的美丽。”数学不仅表现为结构上的逻辑演绎性、呈现方式的形式化特征，还表现为形象性、似真性的思维的动态实验过程特征。数学抽象的形式化特征，并不仅仅是一堆毫无意义的符号堆砌，而是在于其形式化语言的应用价值，在于其内容所体现的数量模型的广泛应用性上，在于其对培养人的逻辑思维和创新思维的作用上。对于学生来说，假如学了很多形式数学，却不能用统计方法去解释评委评分时要“去掉最高分与去掉最低分”的原因，那就失去了数学学习的意义。学生不仅要学习演绎的形式化的数学知识，更要学习形成数学的动态的思维过程。为了防止形式与内容相脱节，在学习形式化的表达的同时，要有意识地揭示数学化、形式化的思维过程，才能理解数学的本质内涵。

其次，这是由学生的发展需要决定的。基础教育阶段的数学教育是一种公民教育，对大多数人来说，是要通过数学的形式来学习数学的内容，从而学会相应的应用数学的活动。学生升学或就业后，一些人需要学习或研究更多的数学知识，对他们而言，是否掌握形式化的数学知识非常重要；另一些人（他们是受教育者中的绝大多数）掌握数学可能是一种需要（如国家公务员中数学考试），但面临各种问题情境时能否从数学的角度去思考自己遇到的问题也非常重要。

这就表明，虽然学习形式化表达是数学学习的一项基本要求，但不能将生动活泼的数学思维活动淹没在形式化的海洋里。数学真理的抽象概括过程，是区别于数学作为印在书上和铭记在脑子里的东西。作为一个公民，当他们忘却数学知识时，还能为他们在思维方式上、在处事态度和方式上、在精神上、在意志品质上留下更多地东西，为学生的终身学习和终身发展打下良好的基础，那就是：数学教育应当帮助学生学会数学的思维，从而学会更一般的思维。

（2）贯彻原则的基本要求

此原则的贯彻要求教学中以形式化知识体系的学习为载体，从数学思维的内容和思维方式等方面全方位地训练和培养学生的思维能力，从而使学生学会用数学去思考和解决问题。

① 注重数学语言的学习、交流与表达。如前所述，数学语言的教学是数学教学的特点之一。形式化的数学语言便于进行数学思维，数学思维必须学习形式化的数学语言。学生数学语言的掌握程度决定着数学思维的有效性程度。教师要尽可能展现数学语言的和谐美、简洁美、统一美和奇异美，利用口头的、文字的、符号的、图形的等多种语言转换形式，积极地鼓励学生解释思路、畅谈心得、描述感受、讨论问题等，培养学生准确使用数学语言进行表达和交流，体会形式化的数学语言的价值，促使学生喜欢数学语言，进而喜欢数学科学。

案例 8-9：若 x,y,z 均为小于 1 的正实数，求证 $x(1-y)+y(1-z)+z(1-x)<1$。

分析 1：代数语言与几何语言的转换。将待证式的代数结构，转换成边长为 1 的三角形中量的关系。如图 8-3 所示，可以将 x,y,z 分别看成三边上的三线段长，另外三线段的长则分别为 $1-x,1-y,1-z$，这样可借助面积之间的关系去讨论即可。

分析 2：变量与常量的转换。待证式是一个变量 x,y,z 的非线性结构，若视 y，z 为常量，即可将问题转换成关于变量 x 的线性结构；令 $f(x)=x(1-y)+y(1-z)+z(1-x)-1$，则将不等式语言表征的问题，转化成函数语言表征的问题。

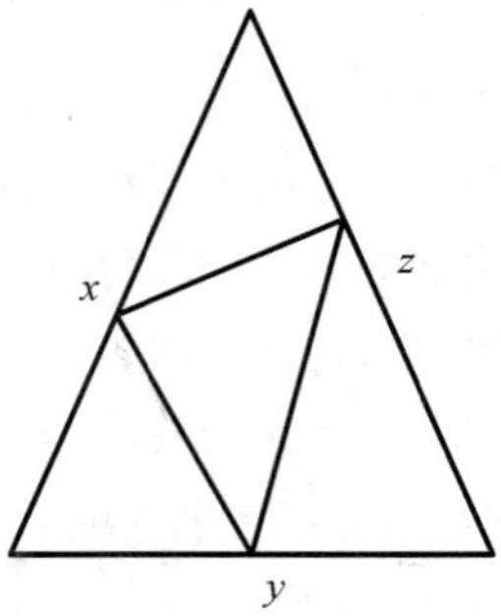

图 8-3

② 注重多向度思维的培养。数学形式的渐进学习有助于强化数学思维，有效地组织思维活动。如何才能有效？其主要表现就是将收敛思维和发散思维进行综合培养。学生的思维过分集中在一点，会使思维受到束缚。使学生向多种思维指向、多种思维角度，沿着各种不同的方向去思考的。曾有人提出：创造能力=知识量+发散思维能力。这虽然过于突出思维发散能力的作用，但也从另一方面说明勇于突破各种框架的束缚，大胆地去进行质疑、批判、探寻等，有助于创造性意识的培养。

案例 8-10：求 $\sin^2 10^\circ + \cos^2 40^\circ + \sin 10^\circ \cos 40^\circ$。

分析：学生有了“和差化积与积化和差”的知识积累后，能很快找到解题的途径。若单从此题而言，学生“懂”了公式的内涵，并能应用，从而完成教学任务。然而从思维角度来看，可以从“分析角度关系”“利用正余弦关系”等途径进行解答，从而激发学生进行多向度的思考：

思考一：分析角度关系。将原式变形：$\sin^2 10^\circ + \sin^2 50^\circ - 2\sin 10^\circ \sin 50^\circ \cos 120^\circ$

由 $10^\circ + 50^\circ + 120^\circ = 180^\circ$，可发现它的结构正是三角形的三内角之间的关系，于是联想到三角形的余弦定理和正弦定理，则由三角形的余弦定理和正弦定理可得：$\sin^2 A = B + \sin^2 C - 2\sin B \sin C \cos A$，将 A、B、C 赋值并能很快求解。此思考完全避开了和差化积、积化和差知识，仅用到正、余弦定理，并可用算法的思想将此题拓展为更一般的问题。

思考二：利用正余弦关系。联想到同角正余弦函数之间的关系构造对偶关系式：

$$X = \sin^2 10^\circ + \cos^2 40^\circ + \sin 10^\circ \cos 40^\circ \quad (1)$$

$$Y = \cos^2 10^\circ + \sin^2 40^\circ + \cos 10^\circ \sin 40^\circ \quad (2)$$

将（1）、（2）两式分别相加和相减，可得

$$X + Y = 2 + \sin 50^\circ \quad (3)$$

$$X - Y = 2 - \sin 50^\circ \quad (4)$$

（3）、（4）两式相加，即可得 X 的值。此思考通过联想、构造，效果奇特，别具风格。

此题的思考远没有结束，如通过换元，令 $\sin 10^\circ = \alpha + \beta$；$\cos 40^\circ = \alpha + \beta$，可将问题进一步转换……

③注重演绎推理与合情推理的综合训练与培养。演绎推理和合情推理是数学的基本思维方式，也是人们学习和生活中经常使用的思维方式。演绎推理是从已有的事实出发，按照规定的法则，证明数学命题的正确性。数学形式化的特点主要表现在体系的逻辑演绎性。数学逻辑链条上的某个环节发生断裂，就可能会影响整个知识的掌握。如：从一元到多元，一维到多维，有限到无限，都是逐层抽象演绎的结果。演绎推理在训练学生数学思维严谨性方面具有不可替代的作用。通过数学演绎论证训练，让学生领悟依据逻辑思考和表达的真谛，逐步培养学生言必有据、思考缜密、思路清晰的良好的思维习惯。例如，能区分“增长了”和“增长到”之间的一字之差的内涵、明确“一元二次方程”中“二次项系数”的取值等。

然而，存于书上的知识体系都是由逻辑演绎体系构成，并不能反映数学的全貌。逻辑与直觉、推理与猜想总是相伴随的，严格的论证和敏锐的直觉是和谐统一的。波利亚（G. Poliva）在《数学与猜想》中指出，“数学被人看作是一门论证科学。然而这仅仅是它的一个方面，以最后确定的形式出现的定型的数学，好像是仅含证明的纯论证性的材料，然而，数学的创造过程是与任何其他知识的创造过程一样的，在证明一个数学定理之前，你先得猜测这个定理的内容，在你完全作出详细证明之前，你先得推测证明的思路，你先得把观察到的结果加以综合然后加以类比。你得一次又一次地进行尝试。”这就说，数学活动就是不断猜想，然后进行证实或否定的过程。合情推理是从已有的事实出发，凭借经验和直觉，通过归纳和类比推测某些结果。因此，如何进行合情推理，提出合乎情理的猜想，便成为数学教学的重要课题。

教师在教学中应针对所学内容设计适当的学习活动，引导学生经历观察、尝试、估算、归纳、类比、猜想等活动，发展学生的合情推理能力；利用演绎推理确认结论的正确性，并根据学生的年龄特征提出不同程度的要求。使学生知道这是两种相辅相成的推理形式。

案例 8-11：求三角形的内角和。让学生经历过程中体验两种推理的思维过程。

第一步：让学生利用割补思想，将三角形的三个内角剪下来，拼接在一起进行观察猜想。
第二步：让学生通过作辅助线，利用已有的同位角等定理进行论证。

④ 淡化形式，展现数学知识发生发展的过程，突出数学思想方法的教学。在形成数学知识逻辑结构的过程中，教师注意揭示形式推演背后的生动思想，展现隐藏在数学知识发生发展过程中的思想方法。如指数函数定义，“$y = a^x (a > 0)$ 且 $a \neq 1$，$x \in \mathbf{R}$”中为什么要规定 $a > 0$ 且 $a \neq 1$？教师由于未能说明，使得学生常忘掉这个条件。又如，从算术到代数的学习中，学生若不能理解“字母代数思想”的含义，也就不可能理解方程中“=”与算术中“=”等号有什么不同，在解方程 $3x+12=6x$ 时，就会产生“$3x+12=6x=3x=12=x=4$”运算错误。

新课程要求充分暴露思维过程，并将主观性知识也作为学习的一个重要目标。通过概念的形成、论证的过程、方法的选择和发展过程、数学建模的过程、公式法则被发现的过程等，教学生在过程中学会思考，积累数学活动经验。如：向量、统计、概率等概念和内容的学习，不仅使学生认识数学的发生和发展规律,同时也了解人类从数学的角度认识客观世界的过程，它们具有“双重身份”。又如，新课程关于“导数及其应用”内容的处理中，不讲极限概念，直接学习导数概念及其应用。从平均变化率过渡到瞬时变化率的过程中，体验导数的思想及其内涵，了解导数学在现实生活中的应用，着重使中学生更好地理解导数的本质，让他们感受用导数去研究函数性质更为一般，也更有效。

3. 独立钻研与合作探讨相结合原则

（1）原则的内涵

这一原则既反映了数学活动的特点，又反映了学生主体的地位和作用。在教学过程中，学生“应干什么”，并不表示学生“能干什么”和“在干什么”。这是为解决数学教师教的主动性与学生学的适应性之间的矛盾关系而提出的基本要求。

首先，这是由数学活动的特点决定的。数学活动，在相当长的时期，人们普遍认为数学活动只是一种个体化的活动。合作、交流与数学以及数学家的特性相关甚少。这也就是说，以往的数学活动过于强调个体的独立活动。事实上，在数学共同体中，数学家必须与相应群体保持密切的联系，建立有效的合作关系，及时了解新的研究成果，掌握新的、更为有效的方法，与群体分享思想，共同促进数学的发展。这也就是说，数学活动中群体间的合作研究是数学研究的一种方法，对个体的学习和发展具有促进作用。由于学生群体是一个学习数学的共同体，共同体内部思维的碰撞，方法的交流，对同一信息可以获得不同的理解，群体内分享思想的习惯养成也应是数学学习的需要。

其次，这是由学生主体的地位和作用决定的。现代教学论确立了学生在教学中的主体地位，肯定了学生在学习活动中具有积极主动的主体意识，认知结构具有积极吸收外界信息和自我调节的功能。即使是以教师讲授为主的数学课堂，也表明学生必须依靠主体独立地进行思维活动，才能内化数学知识。另外，合作学习中，学生的信息通道处于开放状态，然而，如何选择正确的信息，正确地认识他人和认识世界，就必须要学生主体进行独立的思考与判断。培养学生独立的钻研精神不仅是现代教学论的必然结果，而且是合作学习中所必需的精神。

（2）贯彻原则的基本要求

此原则的贯彻应突出学生主体独立性的培养、活动能力的培养、多种活动机会的创设。

① 注重培养学生独立思考的习惯和锲而不舍的精神。首先，要培养学生独立思考的习惯。数学的抽象性和严谨性决定了数学是以理性思维为主的科学，数学活动强调一种内隐地思维活动。学生要把抽象的形式化的数学知识内化为数学认识结构，需要主体亲身感悟、体验，独立思考，不能盲目参与，人云亦云。“数学学习跟别的学科不同，时刻离不开独立思考”。有些学科，如语文、历史、政治，甚至物理、化学，更适合利用主体间交流和合作来开展学习，别人的联想可以激发你的联想，别人的观察可以帮助你的观察。数学不同，任何外部的

活动如果不内化为内部的思维活动，不进行独立思考，则难以对抽象的思维材料有本质的理解。数学课堂中并不排除群体交往和合作因素的教学价值，只是相对于其他学科而言更强调独立思考的教学价值。教师在数学活动中，不仅要留给学生独立思考的机会，而且要培养学生主动地独立思考的习惯。

其次，要培养学生锲而不舍的精神。学生由于数学科学的高度抽象性、形式化等特征，使得数学学习并非都是生动、有趣的，也并非都能通过探讨而获得。因此，数学学习需要有良好的思维习惯，不怕解难的数学题，不怕冗长的计算，能全神贯注思考问题，树立克服困难的信心，磨砺坚强的意志，养成独立的个性。数学学习要有独立思考的习惯，不迷信权威；要能独立评价和判断，敢于提出自己的问题和看法；要有独立实践的意识，尊重事实。我国著名的数学家、数学教育家华罗庚先生依据自己自学成才的经验总结出："如果说科学上的发现有什么偶然的机遇的话，那么这种'偶然的机遇'只能给那些有素养的人，给那些善于独立思考的人，给那些具有锲而不舍的精神的人，而不会给懒汉"。

② 要培养学生合作探讨的能力。合作探讨的前提条件是学生主体的积极参与，但仅限于此能达到学习的目的吗？学生主体的行为参与，并不一定表示学生心理的需要，也并不表示思维的参与。学生合作学习的能力并不是在数学活动中自发形成。

③ 重视培养自觉的思维活动。无论是接受学习还是自主学习，都需要发挥学生主体的能动性，而其中关键性因素是学生能自觉地进行思维活动，才能在经验基础之上进行知识的主动建构。自觉的思维活动主要体现在两个方面：主体的自觉性和自觉的思维监控。学习不是停留在会"用"，而应能自觉地对整个知识体系、解题过程、相应结论和方法不断进行整体性的分析概括，建构起系统的知识网络和数学思想方法体系。自觉的思维监控体现在对自己的思维作出评价。学生对自身认知过程能自我反省、自我调节和自我控制，能不断提升思维品质。教学中，教师要有意识地针对这两个方面进行培养，提高学生思维活动的效率。

④ 针对学习内容合理安排学生独立钻研和合作探讨的机会。数学学习提倡丰富多样的活动方式，鼓励学生积极参与活动，有机会运用自己的经验表达和交流自己对知识的理解，体验成功的喜悦。但不能用合作探讨来代替独立钻研，这不仅会造成部分学生产生依赖，失去合作的意义，同时，也弱化了学生独立思考的意识。无论学习方式如何改变，最终的目标是要培养学生能独立地分析问题、提出问题和解决问题，并能针对非数学问题的环境能数学地去思考，形成创造能力和实践能力。

综上所述，数学教学的三个特殊原则既来自教学实践，反过来又指导教学实践。从确定课程标准，编写教材，到课堂教学设计，直至课堂教学的各个环节，都必须全面地、辩证地贯彻各个原则。通过数学教学，培养学生在面对复杂的事物时，能把注意力集中在起关键作用的数量关系上，善于用恰当的方法表示这种特征，从而进行深入思考，与他人交流，并能用数学知识合理地解决。数学教学原则有待于在实践中进一步检验、发展与探索，才能在内容上更科学、更充实，逐步形成具有我国特色的中学数学教学原则的新体系。

8.2.2.4 中学数学教学原则的案例分析

案例 8-12：不等式证明中体现的数学教学原则分析。

证明不等式：$\frac{a}{b}<\frac{a+m}{b+m}$（$a,b,m$ 均为正数，且 $a<b$）

分析：此题是纯形式化的代数问题，从证明的角度来看，这仅是一个数学味很浓的证明题而已。为了展现数学思维的过程，教师采用了如下的过程：

第一步：“糖水的浓度”。将不等式左右两边并不看成是抽象字母的比值，而是将其看成糖水浓度的变化来思考（陕西师范大学罗增儒先生的创设）。将 a 表示糖的质量，b 表示糖水的质量，m 表示新加入的糖。加糖以后，糖水变得更甜了，即浓度增加了，大小关系自然得到了学生经验的验证，学生学起来兴趣盎然。（分析：将抽象的模型“比值”与学生已有的糖水经验相联系，不仅验证了模型的意义，也为模型提供了现实的背景）

第二步：“论证推理”。教师并没有直接给出证明过程，而是先让学生独立思考，再互相交流各自的论证思想，给学生自主活动的时空。有学生用“作差法”；有学生用“比值法”，在讨论交流的基础上，再给出严格的论证推理。（分析：体现形式表达与思维训练相统一、独立钻研与合作探讨相统一的原则）

第三步：“糖水浓度的推广”。此题并未到此结束，教师继续提出：

已知：a,b,c,d,m,n 均为正数，且 $n<m$，问：（1）两杯不一样的糖水 $\frac{a}{b}<\frac{c}{d}$，倒在一起会怎样？即 $\frac{a}{b}<\frac{a+c}{b+d}<\frac{c}{d}$ 是否成立？（2）$\frac{a+n}{b+n}<\frac{a+m}{b+m}:\frac{a-m}{b-m}<\frac{a-n}{b-n}$？（分析：从多向度激发学生的思维，并将抽象的模型再一次联系生活，提出新的数学问题。）

8.3 数学教学方法

8.3.1 数学教学方法概述

8.3.1.1 教学方法的概述

1. 教学方法的含义

教学方法是为实现既定的教学任务，师生共同活动的方式、手段和办法的总称。教学方法是教师创造性地指导学生通过探索，发现“新知”的科学方法。它是教师施教和学生受教，促使学生身心发展的，师生共同参与、双边互动的活动方法。

与教学原则一样，教学方法同样来自教学实践。教育的实践活动是教学方法的唯一源泉。例如，我国邱学华先生从 1980 年开始历经 20 多个春秋，期间经过反复的实践、研究，再实践、再研究的不断探索升华而形成的一种在我国数学教学领域内影响很广的数学教学方法——

"尝试"教学法。同时，教学方法在不同的时期、不同的文化背景下，也有不同的表现形式。例如，在第二次世界大战后，世界各国普遍重视如何提高学生素质，培养能力的教学，从而启发式教学方法在学科教学中的应用得到普及。

另外，教学方法为适应现代社会发展、科技进步的需要，将不断创新和完善，因此也要以发展变化的眼光看待教学方法。如20世纪60年代美国心理学家和教育家、结构主义教育思想的代表人物布鲁纳根据当时社会经济发展的需要和特点，提出"人类学习中似乎有个必不可少的成分，它像发现一样，是尽力探索情景的机会"，主张把发现学习作为儿童教学的主要方法，以鼓励儿童去发现知识的奥秘，去掌握学科的结构，"发现式"教学法由此应运而生。

2. 构成教学方法的基本要素

教学有法但无定法，教学有格但不唯格。教学中应根据不同的教学内容和学生实际，采用不同的教学方法。一般来说，构成教学方法的基本要素是：读、议、讲、练、看、想、问。读是指导学生阅读教材，培养学生的自学能力；议就是让学生讨论问题，发表自己的见解；讲就是教师进行启发诱导，或学生回答问题；练就是让学生主动、独立地练习；看就是引导学生进行观察，培养学生的观察能力；想就是让学生独立猜想、思考问题；问就是教师或学生提出问题，揭露矛盾。根据教学中运用读、议、讲、练、看、想、问的侧重点不同，而形成不同风格的教学方法。以讲为主的教学方法称为讲授式教学方法；以读为主的教学方法称为自学辅导式教学方法；以思考（想）议论（议）为主的教学方法称为研究式教学方法；以尝试（练）、观察（看）、思考（想）为主的教学方法称为发现式教学方法；以问、议为主的教学方法称为谈话式教学方法等。

8.3.1.2 数学教学方法的概述

1. 数学教学方法的含义

数学教学方法是为达到教学目的，实现教学内容，运用教学手段而进行的以教师为主导、学生为主体的师生相互作用的活动。由此可知，对于教学方法，一方面是师生共同进行的认知活动，既要研究教的活动，又要研究学的活动；另一方面，教学方法又是由一定的教学模式所组成的活动方式，一种教学方法是教一个具体课题或者一堂课的一个特定过程，每一种具体的教学方法一般都是基本教学模式的结合或选择。

2. 确定数学教学方法的因素

我们知道，教是为了学，没有学的活动，教也就没有任何价值和实际意义。即使采用的是以教师活动为主的讲授式教学方法，也不能离开学生的活动。事实上，学生必须在教师调控和创设的一定学习环境里参与活动，因为数学不是"听"会的，而是"做"会的（即必须动脑）。每一位优秀的数学教师都深深懂得教师传输给学生的是知识信息，而不是知识本身。因为，仅当知识与学生原有的知识体系或认知结构发生了共鸣或被顺应、内化时，知识才被学生所接受，从而形成新的认知结构，也只有这时知识对于学生才会是有意义的。因此，在确定教学方法时，应该考虑以下的几个因素。

（1）教学目标的因素

不管采用什么样的数学教学方法，教师的课堂教学总是为达到一定的教学目标而进行的，这就意味着教学方法的确定必须服从于教学目标的要求，而不能置教学目标要求而不顾。

但是作为教师整个教学思想重要组成部分的教学目标观念，也会或明或暗地影响和制约着教师的教学方法。如教师的教学目标观念是以培养学生创造性思维能力为核心，则多侧重用“发现法”“研究法”等教学方法；以培养学生自学能力为宗旨，则多侧重用“自学辅导法”。

（2）教学内容的因素

任何教学方法都是通过特定的教学内容而表现出来的。离开了教学内容，也就无所谓教学方法。因此确定数学教学方法就离不开作为其表现载体的教学内容这一因素，否则就容易产生“为方法而方法”或生搬硬套某种方法的现象。选择教学方法的目的在于使教学取得良好的效果，方法好，学生爱学、爱听，教学必会达到事半功倍的效果，而效果是以是否完成数学课程标准所规定的教学目标以及学生能力是否获得发展为衡量标准的，所以说，要根据数学教学内容确定教学方法。

例如：现行高一课本中集合概念的教学。对这节内容一般宜采用“讲授法”进行教学，并需要在讲授时多举一些实例以便学生熟悉和掌握这些新概念，如果硬要采用“发现法”或“研究法”，让学生发现或研究集合的概念和表示方法，既不恰当也不必要。事实上，由于集合对学生来讲是一个全新的概念，学生无法在已有的认知结构基础上发现或研究出“集合”的概念和表示方法。

（3）教师的能力和学生的认知水平及学习环境因素

要想取得理想的教学效果，确定教学方法时仅考虑教学目标和教学内容这两个因素是不够的，还必须考虑教学对象（即学生）这一重要因素。“因材施教”原则实际上也很大程度地反映了教学对象“材”对确定教学方法“教”的重要作用。如学生的年龄特征、智力发展情况、基础知识水平、学习方法和习惯、兴趣爱好、家庭环境对数学教学方法的选择和确定都有一定的影响。

例如：就学生的年龄和心理特征来说，初中低年级学生具有“直觉形象思维占很大优势，逐步向经验型抽象思维发展，注意力集中时间不长，兴趣广泛，自觉性较差”等特点。教师在确定教学方法时应尽量注意适应他们的心理特点。如：为了保持学生的注意力，就应当创设适当的学习情境，激发学生学习兴趣，引导学生进行观察、思考，进行师生的双向交流。教学内容讲解不宜过分抽象，课堂内也不宜长时间地用“讲授法”或“研究法”。一般说来，高年级用“讲授法”或“研究法”等更适宜，而“谈话法”“发现法”等更适宜于低年级学生。

另外，教师自身的教学能力也是确定教学方法时应注意的因素。如果一名新教师具有一定的学科基础知识和较强的表达能力，但由于缺乏管理班级的经验，班风又差，则应该考虑以教师为主的“讲授法”；如果班级学生有较强的自觉能力和独立精神，教师课堂组织调控能力较强，对教学内容研究较为深透，则可以选用以学生为主的“探究法”。

综上所述，选择教学方法要综合考虑教师自身的能力、学生的思维水平、学习环境、教学目标、教学内容等各种因素，每个教师都应在上述原则的基础上，根据各自的、当时的教学实际来选择、确定恰当的教学方法。

8.3.2 数学教学方法的形成与发展

任何教学方法都是由教师、学生、知识及知识的载体这四个基本要素所组成。由于这四个基本要素的发展变化，必然形成千差万别的不同的教学方法。了解当前我国数学教学方法的形成与发展过程，有助于更好地认识数学教学的改革与发展。

1. 数学教学方法形成途径

当前，我国数学教育界形成数学教学方法的途径主要有三个：

（1）改进传统的数学教学方法。通过反思传统的数学教学方法的优点与不足，经过实验改进形成新的方法。如 “读读、议议、讲讲、练练教学法”（上海育才中学总结而成），读、讲、议、练等方法是我国从古至今常用的教学方法，现今，赋予了四者不同的内涵，并使其课堂中所占的时间位置进行优化组合。“读”并非是机械诵读，而是学生自己阅读教科书、参考资料，写出提纲和笔记，形成知识的初步理解；“议”也并非是简单地讨论，而是指同桌或邻桌学生互相议论，提出问题，发表意见，在相互切磋中开阔思路；“练”并非只是模仿，而是学生在初步理解知识的基础上，自己练习加以消化、巩固。过去新知识主要由教师“讲”出来，此方法主要由学生自己“读”“议”“练”得来。“讲”由过去的领先地位，变为从属的地位，主要是针对学生的问题，由教师进行点拨，解惑，总结。

（2）依据国外较有影响的教学理论指导，结合国内的数学课堂教学实际，进行实验、改进而形成。如“单元整体教学法”：以布鲁纳的学科结构的教学论思想为指导，针对“数学知识的系统性、整体性与课堂教学的分散性”矛盾，经过实验总结出利用单元知识结构进行整体教学的方法。

（3）教师的教学经验或优秀学生的学习经验总结提炼而形成。例如，“自学、议论、引导教学法”：这是江苏南通市启秀中学数学教师李庚南同志提出的。他通过总结自己的教学经验，总结出：自学（就是学生阅读教材和参考书，自我掌握基本知识和基本技能）→议论（师生间讨论知识结构、学习思路、解题规律和经验教训）→引导（教师用点拨、解惑、释疑的方法），形成了优化课堂教学结构的教学方法。

“尝试、指导、变式、回授教学法”：这是顾泠沅先生从 1977 年起在上海青浦县（今青浦区），通过大规模收集、分析、提炼优秀教师的教学经验，并经过实验总结形成“学生从问题出发开展尝试活动→教师适时指导→组织分水平的变式训练→及时反馈，回授调节，对有困难的学生给予补授的机会”新的教学方法。

“六课型教学法”：这是湖北大学黎世法教授通过对优秀中学生学习方法的调查研究，总结出中学生最优学习方法。具体过程：将教材分为若干单元，依次通过自学课→启发课（教师重点讲解）→复习课（教师指导，学生独立复习）→作业课（教师指导，学生独立作业）→改错课（师生共同批改作业）→小结课等六种课型的“最优中学教学方式”，可减轻学生的学习负担，也可减轻教师批改作业的工作量。

2. 数学教学方法的发展特点

数学教学方法的发展，是受着许多因素的影响。在一定社会发展条件下，数学教学方法除了继承以前的教学实践中行之有效的方法之外，还反映了当时的时代特征和倾向，并且向着有利于促进学生发展的方向不断改进。

（1）追求目标的综合性。我国古代社会里，读书是为了通过“选士”关口，数学教学方法也就只具有“呆读死记”的性质。自 1919 年，陶行知主张把“教授法”改为“教学法”以来，才开始把学的方法提到重要的位置上来。中华人民共和国成立以后，随着人们对数学教育价值的认识和数学教学理论的丰富与发展，教师们创造并形成了许多数学教学方法。综合起来，体现共同的特点是不仅重视知识的传授、技能的训练，而且重视开发智力、发展能力，培养学生创新意识和实践能力。

（2）追求情感的交互性。在数学课堂中存在着除了知识的信息的传递外，还存在着师生之间情感信息的交流。师生间的情感交流，一是围绕着学科产生的，表现为教师的教法是否能激发学生相应的情绪反应和心理需要；二是围绕着人际关系产生的，表现为师生间在教学活动中能否通过教学方法进行情绪性交往。苏联教育家赞可夫就：“教学法一旦触及学生的情绪和意志领域，触及学生的精神需要，这种教学法就能发挥高度有效的作用”心理学和脑科学的研究表明，情感是认知活动的动力系统；人的右脑半球的开发和利用依赖于轻松欢乐的情绪。有效的教学方法不仅重视学生认知因素，而且注重学生非智力因素对数学教学的影响。学习应是学生行为参与、情感参与和认知参与及社会化参与的有机结合，这样才能使学生变苦学为乐学。

（3）追求方法的综合性。每一种教学方法都有自身的优势和不足，不同的内容也需要有多种方法综合使用才能达到理想的教学效果。如“函数图象的性质”：不仅要学生积极主动地动手作图分析，还需要教师能合理运用现代教育技术或板书等手段进行演示、讲解等。很难用一种教学方法完成教学活动的各项具体任务。

多种教学方法优势互补，发挥良好的综合效应即成为建构数学教学模式的必然追求。如以上所介绍的“读读、议议、讲讲、练练教学法”“单元整体教学法”“自学、议论、引导教学法”“尝试、指导、变式、回授教学法”“六课型教学法”等，虽都称为“教学方法”，但已不是通常意义上的教学方法，都已成为数学课堂教学的模式。

8.3.3 中学数学教学中常用的教学方法

理解和掌握数学教学中常用的教学方法的特点，有助于正确的选择和运用。由于数学教学是数学活动的教学，本书按照数学活动的外部形态及这种形态下学生认识活动的特点，将数学教学方法分成三类，即以教师呈现为主的方法、以师生互动为主、以学生活动为主三类。以下分类介绍各自的内涵及应用要求。

8.3.3.1 以教师呈现为主的方法

1. 以教师呈现为主的方法概述

以教师呈现为主的教学方法是指通过教师向学生单向性传递信息的教学方法，学生是一种接受性学习。教师在课堂中呈现的方法主要有语言、文字、声像、实物等四类呈现行为。其中：语言呈现是指口头语言行为；文字呈现是指通过板书、数学教材等书面文字向学生传递知识的行为；声像呈现是指通过计算机、录像等媒体向学生传递多种视听信息的行为；实物呈现是通过具体实物模型、教具给学生提供形象材料的行为。

此类方法优点在于：能保证数学教师传授知识的系统性与连贯性，易于掌控课堂教学进度，能有力地启发学生积极思考，激发学习热情，能充分利用时间，课堂教学的信息量大。不足在于：学生处于被动状态，不容易发挥学生的主动性、独立性、实践性和创造性。此类方法主要有讲授法、演示法等。下面以讲授法为例予以说明。

2. 讲授法

讲授法是教学史上最主要、最常用的教学方法，是教师对教材内容进行系统分析后，通过简明、生动的语言向学生传授知识，学生主要以观察、思考、聆听、记笔记学习的方法。从教的方面看，它是一种传授的方法，从学的方面看，它是一种接受性的学习方法，它不要求学生有对应的互动行为。有专家研究提出了“三分之二律”，即课堂时间的三分之二用于讲话，讲话时间的三分之二是教师讲话，教师讲话的三分之二是向学生讲话而不是与学生对话。对一名教师来说，掌握讲授法至关重要。实际教学中，讲授法可以表现为讲述、讲解、讲读和讲演等不同的形式。如，一个具体的内容可以将讲解和演示（板书、实物和声像呈现等）同步进行。

由于有些人错误地认为学生接受学习必然是机械被动地学习，片面地将教学质量的高低与讲授法联系起来，认为它是注入式教学的代表。就学校的教育而言，学生最根本的还是要掌握系统的知识，离开了知识一切都成为空中楼阁。由于数学学科知识的特点，数学课堂中讲授法是一种有效的教学方法。教师可以通过精心设计，运用启发式教学原则，激发学生身心都能投入到学习活动中。

3. 以教师呈现为主的方法应用要求

以教师呈现为主表明教师就是主要的信息源，应用时一般要求：

（1）科学地组织教学内容。教师要力求知识信息系统、准确，做到将知识与思想方法、智力与非智力因素的融合，要将教材静态的学术知识加工组织成既有逻辑意义又符合学生身心发展需要的教育知识。如高中阶段选修 4 中，教师讲解球坐标系时不仅要把握它与平面直角坐标系、极坐标系、空间直角坐标系、柱坐标系等坐标系关联，还要明确揭示对应思想、数形结合思想、数学表示等思想方法。

（2）充分发挥数学教学语言的艺术魅力。以教师呈现为主，表明学生处在被动支配地位，因此，要求教师必须语言简明扼要，针对性强，生动形象，富于启发和感染力。教师还必须注意使用肢体语言，这是无声语言，它能支持、修饰教师的言语行为，更能帮助教师表达难以用语言行为表达的感情和态度。

（3）科学地使用多种呈现行为。教师要充分调动学生的注意力和思维，就必须适时地调动学生的各种感觉器官，使演示与口授相辅相成，图、文、形、音并茂。有人推测，人们从外界获得的信息中来自视觉的占 83%，来自听觉的占 11%，来自嗅觉的占 3.5%，来自触觉的占 1.5%，来自味觉的占 1%。各种感官获得的信息各有不同特点，它们之间难以互相替代。课堂不能满堂灌，连续讲授时间若占一节课大部分或全部，只能用于中学高年级和大学，且较多地用于传授新知识。一般课堂只能持续 5~10 分钟。

8.3.3.2 以师生互动为主的方法

数学教学是数学活动的教学，教师与学生都是这个“数学活动共同体”中的成员，因此，师生交往互动是共同体成员实践活动的一种形式。对多数学生来说，相对于读和写，听和说更有激发作用，易于诱发学生参与教学。此类方法是由教师提出问题，按照问题的认知水平和具体情境，激发和调动每个人的经验和思维活动，师生共同进行活动的教学方法，是师生与生生之间的一种互动式学习。教学过程中常用的有问答法（又称谈话法）和讨论法，以下分别加以介绍。

1. 问答法

问答法是数学教学中最常用、最主要的互动交流方法。在启发式教学原则中，我们所介绍的苏格拉底的“产婆术”就是采用问答法进行的。它是教师不直接讲解教材，而是通过教师提出问题，引导学生积极思维，学生回答教师的问题的教学方法。

问答法优点：一是提供思维线索。“问”可以提供思维的某种特定信息，诱发使学生围绕“问”的内容展开思考，使学生始终处于紧张的学习状态之中，唤起和保持学生的注意力和兴趣。二是提供反馈机会。“答”可以促使学生回忆和巩固所学知识，并将已有的现状反馈给教师，有助于教师修正和调整进程。三是有助于培养学生独立思考能力和数学语言的表达能力。四是易开阔学生的思路，引起大家积极思考问题，有助于培养学生独立思考和语言表达能力。不足之处在于，因学生需要思考的时间，教师不易控制教学进程。一般低年级学生最适宜。因为他们年龄小，学习能力较差，有必要在教师启发下，通过师生共同对话来引导他们思考。相对来说，新课传授或巩固知识都可用这种方法。

使用此法进行教学时要注意：其一，提出问题措辞精练，清晰、准确，重点部分要复述或板书，以强化记忆。如，$(a+b)^2=a^2+2ab+b^2$，本来的用意是要问其系数、指数、项数的关系，但教师问“a 和 b 有什么关系”，因问题不明，学生不知如何回答。其二，问题要面向全体学生，难易配置得当，由浅入深，不要使问题带有暗示性和选择性。问题既要有定向，又要有开放，富有启发。教师用“对不对？”“是不是？”的问题不易使学生思考，教师应以“为什么？”来开启学生的思维。其三，给学生思考问题的时间，即教师要有“等待时间”。教师发问后，要使学生能给出实质性的回答，教师应耐心等待，给学生组织答案的时间。其四，叫答的范围要广，防止出现师生两人对答和频繁发问的局面，注意课堂教学秩序和纪律，时刻做好组织教学工作，使绝大部分学生能聚精会神，处于积极紧张的思维活动之中。其五，及时恰当地评价。要充分肯定学生思考中的正确之处；当发现学生有某些不当或不足时，从分析其思路上的缺点、错误，及时纠正或补充。

案例 8-13：“二次根式的意义”新课引入教学片断

教师采用“问答法”，逐步提出下列问题引发学生的思维，导入二次根式的概念：

（1）有谁能举例说明什么是平方根、什么是算术平方根吗?

（2）$\sqrt{16}=?$ $\sqrt{0}=?-\sqrt{(-3)^2}=?\sqrt{5^2}=?$能口算这四个式子，并说说为什么?

（3）以上这四个式子有什么共同的特征?

2. 讨论法

讨论法是师生之间的又一种互动方式。它是在教师组织引导下，学生以全班或小组为单位，围绕中心问题，通过讨论或辩论活动，以进一步完善和深化对问题的理解、评价或判断的教学方法。

讨论法的优点在于，一是全体学生都参加活动，师生、生生交流，可以培养学生人际交流能力和合作精神。二是互相启发，取长补短，可以激发学生的兴趣，提高学习情绪，加深对学习内容的理解。三是要求学生言必有理，可以培养学生批判性思维能力。不足之处在于，易使课堂陷于松散，不易控制讨论的话题、讨论的结果，而且耗费时间。讨论法既是学习新知识、复习巩固旧知识的方法，也是提高学生认识水平的方法。由于运用此法，需要学生具备一定的认知基础、一定的理解能力和独立判断的能力，一般在高年级中采用。

使用此法进行教学时要注意：其一，问题要明确，要有“争议性”，能启迪学生思维和讨论的热情。教师把待讨论的问题写在黑板上，对问题作简要解释，明确讨论目的，使问题本身要具有讨论的价值。为保证讨论顺利开展，教师要设计后续问题或问题串，将讨论进一步引向深入。其二，教师要进行适时地监控和调节。教师提出问题后，以听众的角色参与讨论，主要作用是调控活动，不能代替学生思维，使讨论形式化。如，教师关注学生讨论的逻辑线索，讨论是否切题；关注学生讨论的参与程度；化解争执的局面

案例 8-14：三角形全等条件的讨论设计。

讨论设计一：教师为使学生进入讨论环节，可直接呈现问题：“有谁能说出，判定两个三角形全等，最少需要几个元素对应相等？”或者，教师画出$\triangle ABC$(AB、BC、CA、$\angle A$、$\angle B$、$\angle C$)都已知，问：“至少需要几个条件可以画出与$\triangle ABC$全等的三角形？”教师提出问题后，引发学生讨论，进入新知的学习。在讨论过程中，不仅能巩固三角形概念的认知，即“最少需

要几个条件才能确定一个三角形”，又能明确两个三角形全等的事实判定。其中，教师可不断提出问题引发思考，如：“通过叠合的方法可以吗？”“三个角分别对应相等的两个三角形全等吗？”等。讨论中要求学生能够进行有条理的思考，并说说为什么？

讨论设计二：教师出示课前准备的三角形状的玻璃，其中一角已断，问：“现在有位师傅的玻璃用具断了，如果你们是玻璃店老板，你们怎么来裁一块完全相同的三角状玻璃呢？”由此激发学生讨论的热情。

8.3.3.3 以学生活动为主的方法

以学生活动为主的教学方法，是指教师组织和引导学生通过独立的演习和探究活动获得知识和解决问题的方法。此方法中，教师实现任务的方式既不像呈现行为时具有绝对的自主性，也不像师生互动时具有交往性，它是以组织和指导的方式辅助学生进行自主学习的教学方法。

此类方法的特点：一是突出学生的独立性，培养学生和发展学生独立思考能力，有助于培养学生的各种活动能力和创新能力。二是提供了宽松自由的学习时空。教师将自己由学习过程中显性的决策者、主角，转变为学习过程中隐性的参与者、配角，为学生提供有心理安全感的学习环境，以促进学生独立活动的展开。学生演习活动一般有练习法、读书指导法、实验法、游戏法等，探究活动主要包括发现法（又称研究法、探究法）等。由于演习与探究两种活动的功能有所差别，下面以讨论练习法和发现法两种常用的方法来促进理解。

1. 练习法

练习法是在教师辅助下，学生通过独立练习成功完成课堂练习的教学方法，也是一种训练性学习的方法。练习的类型一般有：口头练习，内容涉及数学概念、原理、方法等简要问题，特别是易混易错之处；书面练习，这是针对教材重点、难点、关键点等有计划进行的练习。

练习法的优点：既是一种很好的巩固与应用数学知识的手段和途径，帮助学生对内化新知识，巩固旧知识，正确应用知识，提高对知识技能的掌握和熟练的自动化程度，也是教师获得学生反馈信息的方式。不足之处：教师不易指导全班每个学生，练习题不可能适合所有同学，易造成一些学生要么认为练习没有挑战性，要么“跳”起来也够不着，会降低部分学生的学习积极性。此方法常用在教师讲解和示范之后。

运用练习法要注意：其一，独立练习前，要使学生明确要求，帮助学生做好对相应的知识技能的理解和运用准备。如，概念、命题的内涵，解题的步骤，论证的环节，作图的步骤等等。其二，合理安排练习的题量、题型。练习的形式要多样，分量要适当，注意一般要求与个别指导恰当结合。其三，进行有效的、适时的指导和监控。教师要通过巡视、解疑等与学生接触的方式，了解学生是否专心、练习的进度、练习中存在的问题，但师生接触时间不宜过长，否则监控和指导其他同学的时间就会减少。其四，及时反馈练习的结果。练习完成后，要及时启发学生总结思想方法，或出现典型错误的原因。练习本身的对与错固然重要，但要注意培养学生自我检查、及时总结和纠正的习惯，逐步培养学生自我反省的意识。

案例 8-15：公式 $(a+b)(a-b)=a^2-b^2$ 学习之后的练习安排。

$$(a+b)(a-b)\underset{\text{因式分解}}{\overset{\text{乘法运算}}{\rightleftharpoons}}a^2-b^2$$

分析：此公式正向是乘法运算，逆向是因式分解。对此公式，学生学习的难点和重点都在于对字母 a、b 的认知和公式逆向使用。为了理解公式的结构和形成运用公式的技能，教师应设计：由正向练习→逆向练习→变式练习，逐层递进；口头语言练习和书面练习相结合的练习。

2. 发现法

美国心理学家布鲁纳在 20 世纪 70 年代初写的《教育过程再探》一书中，对“怎样教法”问题的回答中，提出发现学习。它是教师从青少年好奇、好问、好动的心理特点出发，提出课题和提供一定的材料，引导学生运用分析、综合、抽象、概括等，获得概念和原理的教学方法。布鲁纳认为，学生要像一名数学家那样思考“数学”，像一名史学家那样思考“史学”，“发现不限于寻求人类尚知晓的事物，确切地说，它包括用自己的头脑亲自获得知识的一切方法”。他认为教一门课程，不但要在学生大脑中建立一个小型图书馆，而且应使他们成为知识的发现者，而不只是消极的接受者。关于此方法的优点，布鲁纳提出四点：第一，提高智慧潜力；第二，使外来动机向内在动机转移；第三，学会发现的探究方法；第四，发现中获得的知识有助于记忆。

由于“发现法”的特点是将教学的重心由教师的教转向学生主动参加到知识形成的过程中去，变被动的接受式学习为主动的探究学习，涉及课堂教学的所有环节，本质上应是一种教学模式。其基本要求在下一节“引导—发现”教学模式中将具体讨论。

案例 8-16：发现“等比数列前 n 项和公式”的教学片段。

教师提出问题：已知等比数列 $\{a_n\}$ 的首项 a_1，公比 q，求数列 $\{a_n\}$ 的前 n 项和 S_n。

分析：由于 $S_n=a_1+a_2+a_3+\cdots+a_n$ 中含有 n 个未知量，利用通项公式 $a_n=a_1q^{n-1}$，可将其转化为仅含三个未知量，达到减少差异的目的，即

$$S_n=a_1+a_1q+a_1q^2+\cdots+a_1q^{n-1}=a_1(1+q+q^2+\cdots+q^{n-1})$$

要求 S_n，只需求 $B_n=1+q+q^2+\cdots+q^{n-1}$，如何求 B_n？教师引导学生从特殊情形入手。

生：$q=1$ 时，$B_n=n$。

师：当 $q=2$ 时呢？设 $T_n=1+2+2^2+\cdots+2^{n-1}$。

生：$T_1=1,T_2=3,T_3=7,T_4=15,T_5=31,\cdots$

师：将T_1,T_2,T_3,T_4,T_5各项都加1，会构成一个什么样的特殊数列？

生：$2,4,8,16,32$，构成公比为2的等比数列。

师：那么T_1,T_2,T_3,T_4,T_5能否用2的指数次幂形式表示？

生：$T_1=2^1-1,T_2=2^2-1,T_3=2^3-1,T_4=2^4-1,T_5=2^5-1$。

师：请大家猜想，$T_n=1+2+2^2+\cdots+2^{n-1}$结果是什么？

生：$T_n=2^n-1$。

师：当$q=3,4$时，设$X_n=1+3+3^2+\cdots+3^{n-1},Y_n=1+4+4^2+\cdots+4^{n-1}$，类比$q=2$的情形，会不会有$X_n=3^n-1$，$Y_n=4^n-1$呢？

教师让学生完成表8-1和表8-2。

表8-1

N	1	2	3	4	5	…
X_n	1	4	13	40	121	…
3^n-1	2	8	26	80	242	…

表8-2

N	1	2	3	4	5	…
Y_n	1	5	21	85	341	…
4^n-1	3	15	63	255	1023	…

师：说说你们的猜想。

生：$X_n=\dfrac{3^n-1}{2}$，$Y_n=\dfrac{4^n-1}{3}$。

师：$q=2,3,4$时，我们分别猜想出以下公式：$1+2+2^2+\cdots+2^{n-1}=\dfrac{2^n-1}{1}$，$1+3+3^2+\cdots+\dfrac{3^{n-1}}{2}$，$1+4+4^2+\cdots+4^{n-1}=\dfrac{4^n-1}{3}$。你能进一步猜想$1+q+q^2+\cdots+q^{n-1}$的结果吗？

生：$1+q+q^2+\cdots+q^{n-1}=\dfrac{q^n-1}{q-1}(q\neq1)$。

师：很好！有了这个结果，就有$S_n=a_1+a_1q+a_1q^2+\cdots+a_1q^{n-1}=\dfrac{a_1(q^n-1)}{q-1}$或$S_n=\dfrac{a_1(1-q^n)}{1-q}(q\neq1)$。

8.4 数学教学模式

8.4.1 数学教学模式的内涵及基本要素

8.4.1.1 数学教学模式的内涵

由于数学教学过程是一个认识和交往实践两个方面相统一的活动过程，数学课堂中追求教学方法的有效整合成为教学的必需。“最优化方法体系不是所有可能的教学法建议的随意堆砌”，如果不能对各种教学方法进行合理组合，就会显得教学方法杂乱无序。基于此，有必要对数学课堂教学的模式进行研究。

数学教学模式是教学过程的概括和抽象，是教学过程的“模型”。它是在教学理论、学习理论指导下，在大量的数学教学实验基础上，为完成特定的数学教学目标和内容，围绕某一主题形成的稳定、简明的教学结构框架，是教学理论与教学实践的“中介”。它可从总体上认识和控制教学过程，使教学的各环节、各方面的配合更合理、更协调，具有可操作性，为课堂教学的改革提供理论指导和质量保证。

教学模式是对教学经验的概括和系统整理，教学实践是教学模式产生的基础，但教学模式不是已有的个别教学经验的简单呈现。数学课堂教学模式是一个多样化的复杂系统，不要说一个国家，即使一名优秀的教师，在数学教学实践中面对丰富的教学内容，不同的教学对象，不同的实施条件，也常常采用不同的教学模式进行教学。时代的发展，教育教学理论的发展，数学课堂教学模式也会发生同样的变化。

8.4.1.2 数学教学模式构成的基本要素

数学教学模式的结构是指发生在数学教学过程中构成教学的诸要素以及相互关系。这些要素在构成数学教学模式中具有不可或缺、不可替代性。一个成熟的教学模式应至少包括以下 5 个基本要素：

1. 理论基础

理论基础是构成教学模式诸要素的核心和灵魂。影响和制约数学教学模式的理论基础主要是哲学观和数学观、数学学习理论和教学理论。它们决定着教学模式的方向和独特性，并渗透在教学模式中的其他各因素中，制约着它们之间的关系。基于理论不同，所形成的教学模式也不同。如，立足于认知发展的教学模式：苏联凯洛夫的五环节课堂教学模式，美国奥苏伯尔的有意义接受学习教学模式等；立足于探究发现的教学模式：美国布鲁纳的发现法教学模式等；立足于技能训练和行为形成的教学模式：美国斯金纳的程序教学模式，布鲁姆的掌握学习教学模式等；立足于非理性主义的、开放性的教学模式：美国罗杰斯的非指导教学模式等。

2. 教学目标

每一种教学模式都是针对某种特定的教学任务而设计、创立的。由于数学课堂教学目标是进行数学课堂教学活动的出发点和归宿，是构成教学模式的核心因素，因此，明确的教学目标可以克服教学活动中的盲目性和随意性，它制约了教学程序、实施条件等因素，也是评价教学模式是否科学合理的尺度和标准。

3. 操作程序

成熟的教学模式都有一套相对稳定的操作程序，这是形成教学模式的本质特征之一。教学模式是一个具有明确操作程序的多环节有机结构，是将各环节的教学方法有机衔接起来的教学方法结构体系，每个环节都有相应的任务和目标。教学方法不是教学模式的子概念，只是教学模式结构中一个基本元素。

4. 实施条件

任何一种教学模式都不是万能的，有的只能适合于某一类课型，有的适用于几种不同的课型。数学概念课、命题课、练习课、复习课等不同的课型所适用的教学模式是不尽相同的。即使是同一种教学模式，在具体实施过程中，在教学策略上也存在较大的差别。

5. 教学评价

教学评价作为建构教学模式的要素，关键是要看评价的目的。数学教学的目标不是以单一的学业成绩来评判，而是从知识与技能、过程与方法、情感态度等多维视角来全面评价学生的发展。评价目标决定了数学教学活动的有效特征，也决定了教学模式的合理性。

8.4.2 数学教学模式的基本类型

正如教学方法的发展一样，数学教学模式也是沿着两条轨道发展，一条轨道是教师控制数学课堂，系统讲授书本知识的模式；另一条轨道是学生主体在活动中探究学习。我国数学教育研究者们在这两条轨道之间不断寻求中间地带，从继承和发展传统的“讲解—传授”教学模式，到“引导—发现”“自学—辅导”，再到“问题解决”教学模式等，就是一个由教师为中心逐步向学生为中心的教学模式的演变过程。本节以数学知识的发现、学习和应用为线索，着重讨论这四种基本的教学模式。

8.4.2.1 “讲解—传授”教学模式

“讲解—传授”模式是源于苏联凯洛夫的《教育学》，经我国的实践改变，成为我国课堂教学常规的“五环节教学模式”，即：复习—导入—讲解—巩固—小结。它首先是让学生复习旧课的内容；接着教师设计适当的引言或例子把学生的积极性调动起来；进入新课讲授环节，传授知识；然后是练习巩固，使学生掌握知识与技能；最后是小结和布置课后作业。

此模式的特点就是课堂教学中以讲授法为主，突出教师的中心地位。教师在单位时间内能向学生迅速传递较多的知识，整个过程能按照教师的预设比较完美地展开，通常适用于新内容的学习。在我国的数学课堂中，大多数教师基本上是依此进行。不足之处在于，所有环节中，学生总是处于被动地位，不利于学习积极性和主动性的发挥，不利于探索能力和创新意识的形成。

为了突出学生学习的主体性，依据奥苏伯尔的“有意义学习”理论，强调学生的有意义地接受学习，此模式各环节被赋予了新的内涵，如图 8-4 所示，具体分析如下。

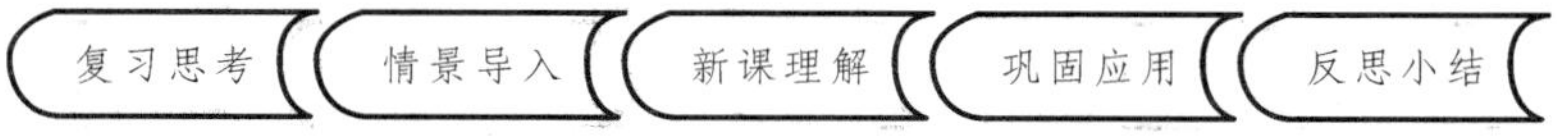

图 8-4 “讲解—传授”模式基本程序

（1）复习环节：教师一般总是：“上节课我们学习了……这节课我们学习”，中间找几个学生复述一下旧知就完事。由于经过家庭作业、课外阅读，学生可能会有一些新的体会和疑问，教师启发学生旧知复习后的思考应成为教学第一个环节的任务。

（2）导入环节：为了使学生能积极参与课堂教学，有体会、感受的过程，教师应利用模型抽象与学生经验背景相统一的原则，激发学生有意义的学习心向。

（3）新课学习：新课不能仅教师唱主角，应启发调动学生积极的思维活动，让学生参与到教师的讲课中来，在感知基础上理解新知。

（4）巩固环节：学生对前三个环节的新授知识的掌握，不仅仅需要巩固性练习，还要针对学生的经验背景设置练习，既能加深理解还能体会数学的应用价值。

（5）小结环节：小结应由师生共同进行。新授知识必须靠主体的质疑、反思，才能内化为个体的数学认知结构。让学生参与小结，不仅有助于学生系统化知识，更有助于发展学生的语言表达能力。

案例 8-17：“命题及其关系”的“讲解—传授”设计。

分析：本节课的认知目标是使学生了解命题的概念，了解命题的逆命题、否命题和逆否命题，会分析研究四种命题的关系。由于此课题中涉及的概念多，可以“讲解—传授”模式设计教学过程：

（1）复习：让学生举出代数或几何中已知的命题，并分析条件和结论。

（2）引入命题的概念，明确“若 p，则 q”形式命题的条件与结论

（3）教师提出一组相关的四个命题：

命题 1：若 $f(x)$ 是正弦函数，则 $f(x)$ 是周期函数；

命题 2：若 $f(x)$ 是周期函数，则 $f(x)$ 是正弦函数；

命题 3：若 $f(x)$ 不是正弦函数，则 $f(x)$ 不是周期函数；

命题 4：若 $f(x)$ 不是周期函数，则 $f(x)$ 不是正弦函数。

与学生一起分析命题 1 与其他 3 个命题的条件与结论之间的关系，判断四种命题的真假性之间的关系。

（4）请学生列举一个具有类似条件与结论关系的命题；并判断真假性之间的关系。

（5）师生共同总结，四种命题中任意两个命题之间的相互关系，揭示命题转化的思想，

并用图示表示。

8.4.2.3 “引导—发现”教学模式

“引导—发现”教学模式，也称发现模式。此模式就是以启发教学原则为指导，基于布鲁纳的“发现”观点建构而成的。第斯多惠也曾指出“一个坏的教师奉送真理，一个好的教师则教人发现真理。”“引导—发现”教学模式是指在教师的引导下，学生经历观察、探索、推理、验证等实践活动，通过独立思考、讨论、合作等方式，发现问题、获取新知的过程。其基本程序如图 8-5 所示，具体分析如下：

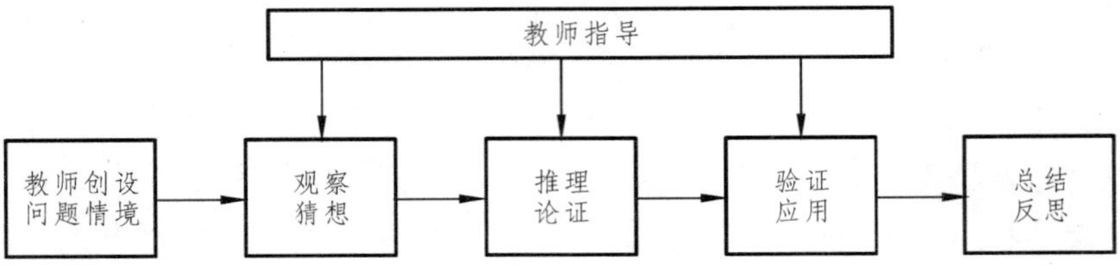

图 8-5 “引导—发现”教学模式程序

（1）“引导—发现”教学模式中的“发现”并不是指发现人类没有的知识和成果，而指对学生来说是新的发现。如，学生没有学过“高斯求和法”或等差数列求和法，而通过自己的探索发现了用首尾相加的方法，求出了 100 以内的自然数的和，这就是发现。引导学生发现，即是“再发现”或“再创造”。该教学模式有如下一些特点：

① 突出数学活动的过程，注重数学活动经验的积累。将数学知识发生、发展的过程进行教学法加工、编制，使学习过程既成为学习的一种途径，也成为学生学习的一个目标。在发现过程中，如奇异的解答或简约的解题过程，结论虽错但反映了个人独特的见解或新的思路等“闪光点”，都是学生在过程中独到的收获。

② 培养学生探索新知识的能力。苏霍姆斯基认为：“人的内心里有一种根深蒂固的需要——总想感到自己是发现者、研究者、探索者。在学生的精神世界中，这种需求特别强烈。很难想象，在一个思维封闭、沉闷的课堂教学中能出现具有探究创造精神的学生”。要培养有发明创造力的人才，不但需要掌握系统的科学知识，更要发展其探索、发现能力。通过学生对数学发现过程的学习和体验，在形成知识技能的同时，提高探究性的思考能力。

③ 改变教师的传统角色，突出“导”的作用。教学活动不是一种“授予—吸收”过程，而是学生自我建构、自我发现的过程。如在教学活动中，教师可将“导”的重点放在解“疑”上，重在引导学生“质疑”，然后在学生探究基础之上“解疑”，最后“留疑”让学生深思。“质疑”就是积极地保持和强化学生的好奇心和想象力，不迷信权威，敢于提出异议与不同看法，提倡多思独思，反对人云亦云。“解疑”之前需要教师留有探究的时间，培养和形成探究未知的热情和实事求是的科学态度。“留疑”是指不仅要关注学生已经知道了什么？更要关注学生还想知道什么？探究不局限在课堂，鼓励他们在课外不断向未知探究，大胆创造。

（2）“引导—发现”教学模式对教师、学生、教材的要求比较高，应用时必须注意如下几点：

① 设计适合学生探究的问题。由于缺乏符合探究、发现等思维活动开展的专门“发现式教材”，这就要求教师必须对现行的教学内容进行教学法加工，即人们通常所说的数学教学内容的“初等化”艺术其主要策略有三点：①缩短：将原发现的冗长过程予以缩短。②平坡：原发现的思维过程难度较大，使其变成对学生稍具难度。③精简：选择原发现中有助于学生思考和激发学生思维的问题。“初等化”并非仅指“生活化”，学习情境不能流于形式，看似生动有趣，本质上与数学关系不大的信息资料实质会降低数学学业水平。只要能激起学生的思维、有助于形成和完善数学认知结构、提高数学素养的问题就是好问题。对于不同的课题，要善于创设适合学生探究的“问题探究场”。

② 正确处理好学生自主探索与教师示范指导的关系。给学生自主探索的时空，并不排斥教师的示范作用。如，有时可以利用提问来引导学生的讨论和探索活动；有时给那些在独立探索过程中遇到困惑、惘然的学生或小组，给以具体的建议、示范、指导和帮助，启发学生的思维，但不能告知问题的答案。如，小学第二学段“莫比乌斯带”的探索活动（人教版），教师就应与学生同步进行剪纸猜想、画线验证等活动。

③ 注重活动中师生的情感交流。教师的引导必须从心理和认知两个方面做好准备，以便营造良好的学习环境。引导性的问题应新异、趣味，难度适中，展现问题的形式要生动、新颖、灵活，鼓励学生大胆猜想，并进行适时的评价，让学生有信心进行数学探究活动。

④ 把握探索活动的进程，给“总结反思”留有余地。运用此模式时增加了教学管理的难度，往往达不到预期的目标。这就要求教师在实践中要不断提高自己组织、引导学生开展活动的能力，熟悉学生形成概念、掌握规则的思维过程和学生的能力水平，组织好每个环节独立思考与合作交流的时间，提高探索活动的实效，能有适当地时间“总结反思”当堂的知识技能、思想方法等，并提出新思考要求。

⑤ 要针对教学内容和学生对象合理运用。由于此模式排斥了教师的系统讲授，不利于学生系统掌握知识，容易减少教学中数学的知识容量，影响数学理论体系的建立，一般较适合用在数学概念的形成、知识间因果关系较强等方面。日本学者经过比较研究发现，“发现学习”比“系统学习”要多花 130%～150%的时间，由于此模式花费时间较多，要卓有成效地应用此法对教师具有较大的挑战性，中差学生可能较难适应。

案例 8-18：平行四边形、矩形、菱形、正方形四类图形概念和性质的自学设计。

为训练学生分类的思想，体会这四种图形概念和性质之间的异同点，培养学生几何直观性和思维层次性，教师可以让学生同时自学这四种内容，列出自学提纲：“四类图形的共同点是什么？”“对边平行图形有哪些？”“对边平行且有一角为直角的图形有哪些？”“对边平行、有一角为直角、四条边相等的图形有哪些？”，指导学生如何列表、如何分类、如何做笔记等。

案例 8-19：公式 $(a+b)^2=a^2+2ab+b^2$ 的探索发现教学片段。

分析：传统的教学中，一般利用多项式的乘法公式学习两数和的平方公式：

$(a+b)^2=(a+b)=a(a+b)+b(a+b)=a^2+2ab+b^2$

为了让学生更好地理解数学的现实意义，教师结合图 8-6，利用面积来组织学生自主探索发现这一公式。

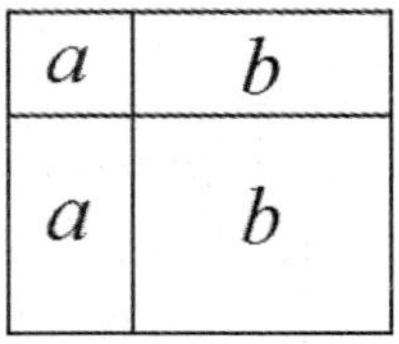

图 8-6

（1）情境：老师家的房子平面结构，现要采购地砖，同学们思考一下，采购之前，需要做什么准备？

（2）学生探索：观察，讨论，提出房子的平面图是大正方形；必须知道大正方形的面积；考虑砖的大小；……

生 1：$(a+b)^2$；生 2：$a^2+ab+ba+b^2$；

生 3：$a^2+2ab+b^2$；生 4：$a(a+b)+b(a+b)$

（3）论证和验证环节：师引导："大正方形的面积有这么多不同的表达，凭眼睛看不足以让人相信，有什么办法让老师确信它们都表示面积呢？"同桌之间讨论……有人说举数验证，有人说用乘法公式证明，学生动手论证各表达式的关系上……

师引导："从不同的表达式中同学们能有什么发现吗？"

总结环节：

形成公式：$(a+b)^2 \Leftrightarrow (a+b)(a+b) \Leftrightarrow a(a+b)+b(a+b) \Leftrightarrow a^2+2ab+b^2$，教师又提出课后思考，"假如 $a=4.5m, b=3.2m$，想铺（不留缝隙）型号为 $30cm \times 30cm$ 地砖，同学们帮老师预算一下大概需要多少块砖？"（学生必须考虑各房间的实际情况）

8.4.2.3 "自学—辅导"教学模式研究

为应对经济全球化的激烈竞争和挑战，未来社会成员的自学能力成为社会的焦点。"自学—辅导"教学模式，是在教师的辅导下，学生自学、自练、自检，获得知识、发展能力的一种教学模式，简称"学导式"教学模式，顺应了时代发展的需求。

此模式吸取了美国心理学家斯金纳"程序教学法"的优点，把数学教学由知识传授转向自学能力的培养。斯金纳的"程序教学"主要做法是：把教材内容划分成一个个小部分，按照逻辑编成程序，学生借助于程序课本或机器，按照要求自学教材。这种“小步子”学习的方法，符合循序渐进的原则，化难为易，有利于学生根据自己的能力，用适合自己的方式学习，及时了解学习的程度，不必齐步走，使学生体验成功的愉快，有助于培养学生自学能力。但其把教材切割成小块，破坏了知识的系统性；只管学习的结果，不管学习的过程；将学生的独立性被限制在程序轨道之内，削弱了教师的随机讲解和主导作用，缺乏师生之间的交往与情感上的陶冶，直接将此方法应用于数学课堂就不适合。我国通过教学实践，强调了教师的辅导作用，构建了“自学—辅导”教学模式，形成了体现新型教学理念的一种班级授课的模式。基本操作程序如图 8-7 所示。

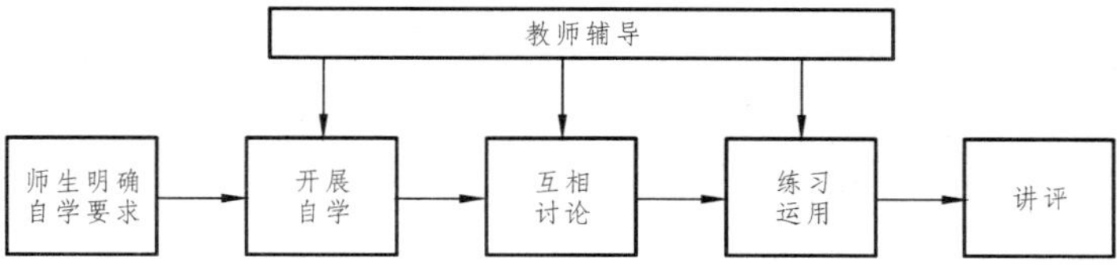

图 8-7“自学—辅导”教学模式基本程

（1）“自学—辅导”教学模式中，突出学生自主性、自觉性、独立性的培养，教师通过给出自学提纲，提供一定的阅读材料和思考问题的线索，起着辅导、启发、点拨作用。

① 有助于自学习惯的养成和自学能力的培养。由于数学教学不可能在有限的课堂教学中教给学生终身受益的数学知识，因而，在教学中“教学生学会学习”，通过培养学生自学数学的能力，从而形成更一般的自学能力，是现代社会对数学教学提出的新要求。自学并不等于无师自通，是通过教师的辅导，逐步培养学生独立开展学习活动的能力。

② 能够从学生的实际出发，适时调节自学速度。自学能力强的学生在完成学习任务后，可以挤出大量的时间自学课外知识，从而使成绩越来越优秀，学习能力越来越强；自学能力差的学生，在教师的指导和同组同学的帮助下，有机会完成学习任务。这样，可以让不同水平的学生得到不同的发展，充分发展了学生各自的优势。

③ 拓宽师生交流的空间。由于打破了原来教师以讲台为中心的课堂组织形式，教师“管”得少了，“导”的功能也不一样了。教师是以面对面的形式进行辅导，同时可以安排个别优秀生在各自的小组内对后进生实行一帮一的“课内补课”。

（2）“自学—辅导”教学在培养学生掌握自学方法，提高学习成绩及能力迁移等诸多方面具有强大的生命力。自学并不是放任自流，应用时一般要注意如下几个方面：

① 注重处理教材、活化教材，提供良好的自学的条件。首先，教师要提供一定的自学辅助材料，精心设计自学提纲和思考题。通过不同的问题，引发学生思考，例如，设计问题：“你能解释这部分内容吗？”“你是怎样想的？怎样理解的？”“有什么不同的想法吗？”通过让学生回答这些问题来了解学生的见解，掌握他们的情况。其次，师生之间的感情交流非常重要。苏霍姆林斯基认为，对学生来讲，最好的教师是在教学活动中忘记自己是教师，而把学生视为自己朋友的那种教师。

② 自学方法的指导应逐步进行。使用此模式进行教学时要有一个准备阶段，使学生掌握自学的方法。实施初期，每节课教师都要有意识地指导一、两个小组怎样抓住阅读重点、查阅资料、记笔记、系统整理自学内容等，通过教师介绍、学生讨论、学生交流自学经验和方法等多种形式，逐步普及全班，落实到每一个学生。刚开始学生自学能力还跟不上，不适应这种教法，成绩可能会出现短暂的下降。随着模式的深化应用，学生适应了自学辅导教学形式，学习的独立性、自觉性增强，学生的课业成绩、自学能力定会不断提高。

③ 施行有针对性的、切合实际的个别辅导。学生的学习基础、兴趣、动机、方法等方面是影响学生自学能力的关键因素。学生独立活动时，教师在充分了解学生的基础上，进行“诊断”、启发、点拨，巡回辅导。对于基础较差、思维不敏捷的学生，应加强重点辅导，耐心地帮助他们，及时补基础、教方法，更重要的是增强他们的信心，尽量避免产生压抑和过度焦虑，使其能在和谐的气氛中发挥出正常的智力水平，高效地进行学习；对于思维品质不踏实的学生，要注意用具体的事例，通过严格要求规范其学习行为；对于成绩优异者，应指导他们向深度、广度发展，进一步提出发展性要求，让他们能够利用课堂上这段宝贵的时间，充分发挥其潜力，提高效率，超额超前完成学习任务。教师要因材施教，防止两极分化，使学生都能掌握自学方法，形成自学的习惯。

④ 讲评应做到内容精讲、评价形式多样。在自学的基础上，教师要做到精讲，如新课的重点、难点、学生自学和作业中出现的问题，给学生排难解疑，有的放矢、画龙点睛地进行讲解。其次，评价要采用多种形式相结合，帮助学生补偏救弊。如，达标练习可依据难易程度，可采取自批、互批、组长批、教师巡批等评价形式相结合，由个人、组长向教师反馈作业信息；发展性练习可依据自学情况采用全班评讲或教师面批等形式进行评价反馈，锻炼学生敢于提出自己的异议，增加学生学习的自信心。

⑤ 应用时要关注到教学内容和学生基础。由于此模式的开展需要学生要有一定的自学能力，一般适用于初中以上的学生，对学生普遍基础较差、行为习惯极差、自律性不强的班级也不宜采用。对一些全新内容的学习，开始时一般不宜使用。如数学中几何初步概念、代数式概念、函数的基本概念等，学生缺乏基础，自学会有一定的困难。

随着对“自学—辅导”教学模式的实验和认识的不断深入，相关的教学实验成果层出不穷。前面介绍的“自学、议论、引导”教学法、“六课型单元教学法”、“读读、议议、讲讲、练练”等都是这一教学模式的变式。

案例 8-20：“圆与直线的位置关系”的自学程序设计。

（1）确定自学主题。“直线与圆的位置关系有几种”“直线与圆心的距离与直线与圆的位置关系之间有无联系？有什么样的联系”

（2）学生自学。学生通过自学教材或动手制作或上机操作几何画板（有条件的学校），独立思考和验证自己的认识。

（教师可适时指导：直线和圆心的距离与圆的半径有什么关系？它们的大小和直线与圆的交点之间有什么关联？）

（3）互相交流。同桌或小组之间交流讨论各自的自学成果。得出结论：$d>r$ 分离；$d=r$ 相切；$d<r$ 相交。

（4）练习应用。提供具体的练习进一步验证和应用所得的结论。

（5）讲评总结。教师突出图形语言与代数语言的转化思想的讲评，让学生学会从数量角度思考问题的方法。

8.4.2.4 “问题解决”教学模式

20 世纪 60 年代的数学教育现代化运动，席卷欧美。由于过分强调数学的抽象结构，忽视了数学与实际的联系，学生的数学成绩大幅下降。作为对“新数运动”的“反动”，70 年代提出“回到基础”，片面强调掌握低标准的基础知识，数学教学水平一直难尽人意。自 80 年代以来“问题解决”已经成为美国数学教育的一个最为流行的口号，由此，揭开了以“问题解决”为取向的数学教学改革运动的序幕。

“问题解决”教学模式是指在教师的引导下，学生综合地、创造性地运用各种数学知识和方法去解决问题的教学模式。此处的“问题”是指非常规性问题（或称非单纯练习题式问题）。由于非常规性问题常常是错综复杂，解决的手段和方法也多种多样，不可能寻找一种固定不变的解决模式，但是总结出问题解决的一般课堂结构，有助于教师更好地运用问题解决教学策略。基本程序如图 8-8 所示，具体分析如下。

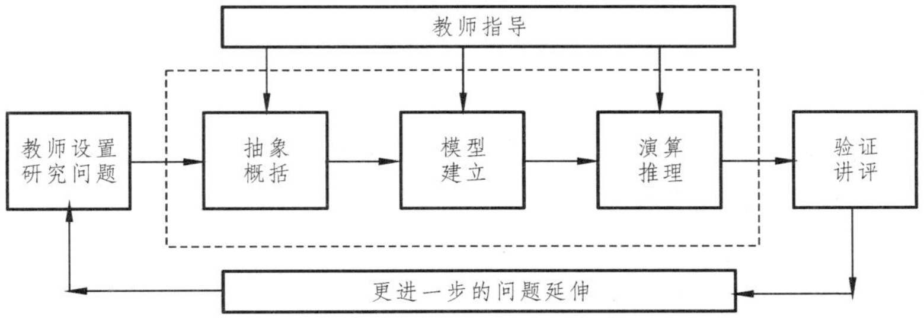

图 8-8　“问题解决”教学模式基本程序

“问题解决”教学模式与“引导—发现”教学模式都重视教师“导”的地位和作用、突出数学活动经验的积累、突出学生探究能力的培养等特点。两种模式的区别主要在于，前者是以实际问题或源于数学内部的非常规性问题为探究起点，着重于培养学生综合应用数学知识进行探究的能力，培养学生应用数学去分析问题，解决问题的能力，形成数学地思考问题的意识。后者是以有助于新知识发现的问题为探究起点，着重于培养学生探索新知识的能力，形成创新意识和实践能力。

运用“问题解决”教学模式，教师在确定研究课题的基础上，应精心设计探究过程，加强科学研究方法和学习方法的指导。教师要指导学生如何查询资料，收集信息，阅读文献，学会书写研究报告，记录原始资料，进行误差分析等，要让学生养成独立思考和勇于质疑的习惯，同时要学会与人合作，建立严谨的科学态度和不怕困难的顽强精神。

由于此模式对学生的综合知识的程度和自觉性要求较高，一般应放在知识应用的环节使用。如高中新课程中，学生学习完数列的内容后设置“教育储蓄的收益与比较”，让学生收集本地区有关教育储蓄的信息，并设计相关问题让其建立数列模型去进行探究。

案例 8-21：“发电厂控制室操作位置的确定”（三角函数与均值不等式的应用等知识的综合应用）的教学模式设计。

（1）问题：发电厂主控制室的工作人员，主要是根据仪表的数据变化操作控制发电机的。仪表高为 m 米，底边距地面 n 米，工作人员站着看仪表，问工作人员站在何处看得最清楚？

（2）学生探究：

① 抽象问题：学生分析问题，将问题的相关已知量构造如图 8-9 所示，控制表的高是 BC，离地面的高为 CE，工作人员的眼睛离地面的高为 DE。

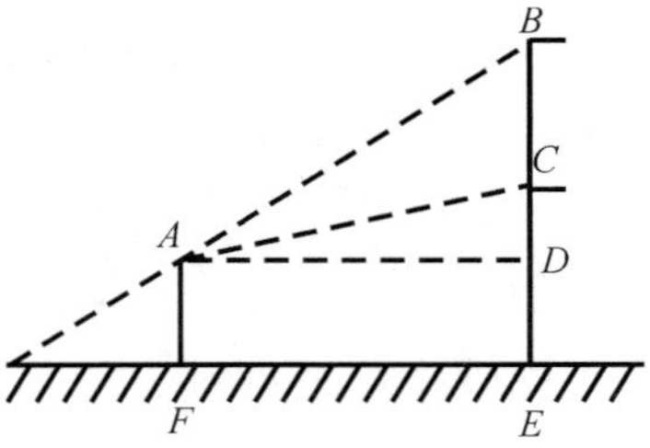

图 8-9

（教师引导学生理解“最清楚”是什么意思？）

② 建立模型（转化问题）：工作人员观察仪表看得最清楚的问题，可以转化为讨论 $\angle BAC$ 的最大值问题；由于 $\angle BAC$ 是锐角，要使其达到最大，又将问题转化为讨论 $\tan\angle BAC$ 最大值。问题，于是建立了 $\tan\angle BAC$ 的函数模型。（教师合理组织并引导学生逐步进行问题的转化。）

设 $AD=x$，$CD=p$，$AF=y$，在 $\mathrm{Rt}\triangle ABC$ 中，先分别求得：$\tan\angle BAD$ ，$\tan\angle CAD$ ，再利用两角差的正切公式，求得 $\tan\angle BAC=\dfrac{m}{x+\dfrac{p(m+p)}{x}}$。

③ 演算推理（综合应用）：因为 $x>0$，$x+\dfrac{p(m+p)}{x}\geqslant 2\sqrt{p(m+p)}$，所以 $\tan\angle BAC\leqslant\dfrac{m}{2\sqrt{p(m+p)}}$；当且仅当 $x=\sqrt{p(m+p)}$ 时，$\tan\angle BAC$ 有最大值，由于 $\angle BAC$ 为锐角，因此，$\angle BAC$ 取最大值时，工作人员看得最清楚。

（3）验证讲评：由人的高度及相关的数据可测得工作人员的具体位置。教师对解决问题的过程中出现的问题，如建模思想、锐角函数的正切值的最值问题、均值不等式应用条件及等号成立的条件等进行概括总结。

8.4.2.5 数学教学模式的选择

通过分析，各类教学方法和教学模式都有自己的优点和不足。教学方法（或模式）的应用本身并不是一种目的和内容，而是实现特定教学目标和内容的工具和手段。对教学方法（或模式）的选择并不是随意行为，也不是一个僵化的教学程序，一般应注意：

1. 将教的方法与学的方法谐调统一

正如本章开头提出的，不存在对任何内容和任何学生都行之有效的唯一的最佳方法，“教学有法，教无定法”，要“贵在得法”。在数学课堂教学中教师采用的教学方法与学生的学习方法是相互依存的。无论何种教学方法都是教的方式和学的方式相互作用的结果。由于学生的学习应当是一个生动活泼、主动的和富有个性的过程，因此，数学教师为了体现教学方法的有效性，要同步关注学生学的方式的选择，将接受学习、动手操作、自主探索与合作交流等多种学习方式合理使用，将培养学生的创新精神和实践能力为核心的教育理念落实到实处。

2. 注重“再发现”思想的应用，发挥学生学习的主体地位

数学教学中，要将“再发现”的思想作为一种基本的教学思想渗透和体现到教学的各个环节之中。由于发现式教学思想体现了“创造性学习”“主动学习”“思维活动教学”“启导性教学”等现代数学教学特征，调动学生的自觉性和主动性，引导学生积极参与课堂教学。因此，改变那种认为数学发现学习就是走出课堂调查实践的观点，改变数学学习中过分倚重模仿、重复演练的现状已成为现今努力的方向。

3. 从稳定结构到自由的组合，实现“无模式化”的数学教学

数学教学模式从方法的无序到有序结构的形成，并不意味着“绝对的统一”，而是多样性的自由选择。在教学实践中，数学教学模式不能存在“削足适履”。有些教师在课堂教学模式的选择上机械模仿，死搬硬套，导致了程式化、公式化课堂教学的盛行，这不但有碍于课堂教学效率的提高，而且大大扼杀了教师的个性和创造能力。数学教师要在理解和熟悉各类基本模式的基础上，吸取各教学模式的优势和他人的优秀教学经验，学会科学地分析，适当变更、调整，发挥自己的特长，开拓创新，形成自己的教学风格，构成自己教学的个性系统。既要掌握模式的基本精神，又不拘于模式，根据教学内容、学生的年龄特征与心理特征活用模式，将讲授、发现、自学、问题解决等四种基本模式合理使用和匹配，从整体上提高教学效益。

8.4.3 当前我国数学教学模式的发展趋势

当前，我国广大数学教育工作者在教学实践中对教学模式进行了大量的探索和研究，呈现出以下趋势：

（1）教学模式的理论基础进一步加强。现代教学模式的心理学色彩越来越浓厚，特别是

对建构主义的研究的兴起，以及现代教育心理学的研究成果和对数学哲学观、数学方法论的研究，使数学教学模式得到了很大的发展。这在小学阶段比较明显。对于中学阶段的“高级数学思维"来说，现代心理学研究还无法有效进入。

（2）教学模式由“以教师为中心”，逐步转向更多的“学生参与”。这种发展趋势主要是由于建构主义学习理论，特别是以人的发展为本的教育思想的影响，使得教师与学生在教学中的关系发生了许多变化。但是，学生如何真正参与，而不是只图表面热闹，还需要不断努力研究解决。

（3）现代教育技术成为改变传统教学模式的一个突破口。在现代教育技术下，不仅教学信息的显现呈现多媒体化，学生对网络信息择录的个性化得到加强，而且学生面对丰富友好的人机交互界面，其主体性也得到充分的发挥。

（4）教学模式由单一化走向多样化和综合化。传统数学教学模式与新的数学教学模式相比尽管有自身的不足，但决不能简单地抛弃。事实上，在我们所研究过的教学模式中，没有一种教学模式比其他教学模式都要优越，以至成为达到特定教育目标的唯一途径。因此，在数学教学中，提倡多种数学教学模式的互补融合，而这同时也是实现数学新课程知识与技能、过程与方法、情感态度与价值观目标体系的需要。

（5）研究性学习列入课程之后，随着“创新教育”的倡导，探究和发现的数学教学模式将会有一个大的发展。

第9章
中学数学教学设计

9.1 数学教学设计概述

9.1.1 数学教学设计的概念

我国教育心理学家皮连生认为，教学设计是运用现代学习与教学心理学、传播学、教学媒体论等相关的理论与技术，来分析教学中的问题和需要、设计解决方法、试行解决方法、评价试行结果，并在评价基础上改进设计的一个系统过程。

教学设计是应用系统方法研究、探索教学系统中各个要素（如教师、学生、教学内容、教学条件以及教学目标、教学方法、教学媒体、教学组织形式、教学活动等）之间的本质联系，并通过具体的操作程序使各要素有机结合完成教学系统的功能。

数学教学设计是根据学科的特点，遵循教与学的基本理论和基本规律，结合学生的特点和课标要求，运用系统的观点和方法，制定具体的教学目标、选择教学内容、设计教学过程各环节的过程。

教学设计主要解决的核心问题是：教什么？怎样教？教的效果怎么样？

数学课堂教学设计是针对数学学科特点，具体的教学内容和学生的实际情况，遵循数学教学与数学学习的基本理论和基本规律，按照课程标准的要求，运用系统的观点和方法整合课程资源，制定教学活动的基本方案，并对所设计初步方案进行必要的反思、修改和完善。它是一个分析教学问题、设计解决方法、对解决方法进行试行、评价试行结果并在评价基础上修改方法，直至获得解决问题的最优方法的过程。

9.1.2 数学教学设计的类型

在数学教学中，数学教学内容是多种多样的，针对不同的教学内容，教师应该设计不同类型的数学教学设计，数学教学设计有：整体设计、局部设计、单元设计。

1. 整体设计

整体设计是针对某一学习领域而言的，与此相关的教学“系列”活动内容进行总体设计，主要从“确立目标”“分析任务”“了解学生”“设计活动”“评价结果”等五个环节考虑。

整体设计应当从相对应的教学设计内容的整体分析与定位开始。

2. 局部设计

局部设计是针对某个具体内容而言的，例如等腰三角形的性质、一元二次函数的概念等。相对来说，局部设计比整体设计具体，比单元设计宏观。因此，局部设计是实现整体设计的一个重要环节，局部设计必须遵循整体设计的基本思路以实现整体设计的基本教学目标。

3. 单元设计

单元设计主要针对学习内容是某个确定的课题，是最为具体的教学活动设计。单元设计的目的是研究一个特定的数学课题，或者一个具体的数学对象，如等差数列、二次函数等。

9.1.3 数学教学设计的要求

1. 充分体现数学课程标准的基本理念

课程标准是教材编写、教师教学和评价的依据，是教师设计教学活动的指导性文件。教师在教学设计前要认真研读课程标准，全面理解课程标准的基本理念和课程实施的建议。

2. 重视课程资源的开发和利用

教材是学生学习的课程资源，是教师教学的主要依据。教师要细心领会教材的编排意图，根据学生的学习需求和学习特点以及教师的教学优势，结合学生的生活实际和学习实际，对教材内容进行灵活处理，及时调整教学活动、教学策略等。

3. 重视学生的主体作用

课程标准中指出“人人都能获得良好的数学教育，不同的人在数学上得到不同的发展”。教师在教学设计时应注意秉持以学生为主的教学观，让学生的数学学习过程时常处于以已有的知识和经验为基础的主动建构中，确立以学生为中心的教学设计观。

4. 重视预设与生成的辩证统一

预设与生成是教师上课智慧的凸现。预设体现教学是一个有目标、有计划的活动。生成是对教学过程生动可变性的总体概括，是新课程倡导的一个重要依据。预设与生成是辩证的对立统一体，课堂教学既需要预设，也需要生成。预设体现对文本的尊重，生成体现对学生的尊重；预设体现教学的计划性和封闭性，生成体现教学的动态性和开放性，两者具有互补性。教学既要重视知识学习的逻辑和效率，又要注重生命体验的过程和质量，但是生成对教学目标的达成有利亦也弊。所以，我们的课堂教学实际上总是在努力追寻着预设与生成之间的一种动态平衡。精彩的生成离不开之前的精心预设。教师必须在课前对自己的教学任务有一个清晰、理性的思考与安排，因此要重视预设。课堂教学是不断变化的动态过程，精心的预设无法全部预知精彩的生成，再精心的预设也无法预知整个课堂的全部细节。

9.1.4 数学教学设计的基本步骤

教学设计的主要核心问题是“教什么？怎样教？教得怎么样？”。因此数学教学设计的基本工作大致分为三个阶段：分析阶段、阐明设计的决策和生成阶段、设计的评价阶段。

1. 分析阶段

教学设计分析阶段，主要包括研习数学课程标准、学习需求的分析、学情分析、教学内容分析，这是教学设计的基础。

（1）研习数学课程标准

数学课程标准是国家对数学教学工作的综合指导性文件。首先要明确数学课程标准基本理念和总体目标要求，其次了解数学课程内容体系、选取标准以及数学教学实施建议和教育评价方法，第三要了解教学工作的具体要求和安排，把握好教学的深度和广度。

（2）学习需求分析

在教学设计中，学习需求是指学习者当前的学习状况与被期望达到的学习状况之间的距离，换句话说，是学习者已经具备的水平与期望学习者达到的水平之间的差距。“期望达到的学习状况”是指学生应当具备什么样的能力素质，包括社会、学校和家庭对学生以及学生自己的期望；“目前的学习状况”是指学生已经具备的能力素质；“学习需要”正是这二者之差。要找到学习需要，就必须分别了解期望学生达到的学习状况和他们目前的学习状况，这个分析过程就是学习需求分析。学习需求分析是界定现实结果和期望结果之间差距的一般过程。学习需求分析的结果是提供“差距”的有效资料和数据，从而帮助确定总的教学目标。

（3）学情分析

学情分析是教学设计的有机组成部分，是教与学目标设定的基础，也是教学策略选择和教学设计的落脚点。学生是学习的主体，一切教学都要从学生的实际出发。只有对学生情况熟悉，才可能做到有的放矢，对症下药，因材施教，才可能调动学生的积极性。学情分析，一般包括学生基本情况和认知情况的分析。

基本情况分析主要是了解学生学习情况、能力差异、年龄特征、性格特征、兴趣爱好、身体状况、家庭状况等。

认知情况分析主要是了解学生的知识结构、认知水平的准备情况。

（4）教学内容分析

教学内容分析主要包括基本分析、背景分析、结构分析、数学分析、重点难点分析。

基本分析环节首先要研读课程标准，其次研读教材。从课程标准中知道“教什么”，针对不同阶段的学生在知识与技能、过程与方法、情感态度与价值观等方面有哪些要求，怎样体现。研读教材要求如何从整体上把握教材，了解教材的体系结构，了解教材的编写意图和编写特点。

背景分析主要是了解相关数学知识产生的背景和发展历程，以及与其他知识、学科、实际的联系，挖掘其教学价值。

结构分析就是通览教材，熟悉教材内容知识结构图（整体结构图和单元结构图），从整体上把握教材。明确本课内容在相关章节中的地位和作用，弄清楚本课内容与相关内容之间的上下位关系。明确例题、习题的编排与教学功能。

数学分析就是研究数学概念、数学原理、例题和习题的解法，把握其数学本质。尤其是其中所含有的数学思想方法。例如：数形结合思想、分类讨论思想、化归思想，函数与方程思想、统计思想，配方法、换元法、待定系数法、坐标法、归纳法、演绎法、分析法、综合法、反证法。

重点难点分析就是先分析教材中的重点难点，预估学生易混淆和易出错之处，再根据课堂教学目标要求，可以确定本堂课的教学重点。要求重点突出、难点明确。

确定重点的依据：基于课标要求（具体的教学目标、教学内容）。

确定难点的依据：基于学生起点状态 。

2. 阐明设计的决策和生成阶段

教学设计的决策和生成阶段就是对教学目标、教学素材、教学方法等作出选择，并且创造性地设计出合适的方案，同时考查其可行性。这一阶段的主要任务是教学目标的制订、教学过程的设计、板书的设计。

（1）教学目标的制订

教学目标是课堂教学的核心，是课堂教学的出发点和归宿，具有导向、调控、激励、评价等功能。教师教什么？效果怎么样？学生学什么？学得怎么样？是数学教学设计的核心问题之一。数学教学设计首先要进行目标设计。在教学目标有不同的类型，也有不同的要求。数学教学目标的类型可以分成总体目标、学段目标、内容目标、课堂教学目标四类。

课堂教学目标就是在本节课堂教学中教师期望学生所达到的学习效果和标准。一节课的教学目标，一般可以按照知识与技能、过程与方法、情感态度与价值观这三个维度进行设计。三维目标是一个相互联系，相互作用的整体，不能机械地分割开来，确立目标时应尽可能做到明确具体、相互关系、逐步递进。

教学目标是组织教学活动的主线，是教学设计的重要环节，各项教学活动的设计必须有助于实现教学目标。有效的课堂教学应该起始于期望达到的目标，终止于教学目标的全面落实。

教学目标的设计应当从学生的角度出发进行，注意目标的行为主体是学生而不是教师，阐述教学目标时考虑“学生学习此内容后能干什么”。教学目标的表达要清晰，使用行为动词要恰当。

（2）教学过程的设计

数学教学过程是促进学生全面发展的过程，它是认知与发展相统一的活动过程。它是师生双方在数学教学目标的指引下，以数学教材为中介，教师组织和引导学生主动掌握知识、发展数学能力、形成良好个性心理品质的认识与发展相统一的活动过程。数学教学活动涉及的因素是多方面的，有教学目标、教师、学生、教学环境、教学内容、教学方法和学习方法等因素，而教师、学生、教学内容、教学模式和方法是教学活动最基本的要素。在数学教学过程中，这四个要素互相依存、互相联系、互相制约、互相作用。

教学过程设计的呈现方式一般有文字型、表格型、流程图三种方式。文字型是最常见的方式，类似于详案，过程详细具体，还可呈现教师的设计意图。表格型是比较流行的呈现方式，清晰、一目了然，利于教师把握教学进度，能直观看到教师和学生的活动。流程图与文字型、表格型的呈现方式有明显的不同，把复杂的教学过程分解为几个相对简单的教学环节，简单明了、浓缩了整个教学过程。并且能简洁地反映分析和设计阶段的结果，表达教学过程，直观地描述教学过程中教师、学生、学习内容、教学方法等基本要素之间的关系，给教师提供一个有重要参考价值的教学设计方案。三种呈现方式可根据内容进行选择，也可利用其中两种相结合，例如文字型和流程图可以先整体后详细地完美表达其教学过程。

（3）板书设计

数学教学板书设计主要是教师如何将教学内容在黑板或投影片上以文字、符号以及图片的方式呈现出来。板书呈现的方式要根据具体内容而定，有提纲式、表格式、图示式、综合网格式等多种形式。选择什么方式呈现没有相关规定，根据教学内容，学生年龄特征、教师的个性等多方面决定。

3. 设计的评价阶段

教学设计是一个解决数学教学问题的过程，设计的评价阶段是如何评价数学教学设计在解决教学问题的过程中关键性的工作。教学设计的评价主要是对数学教学目标的设计、数学教学内容的处理、数学教学方法教学模式教学策略的选择与运用、数学教学媒体的选择与运用、数学教学设计方案等方面进行评价。

对数学教学目标设计的评价主要从目标的科学性和可行性等两个维度来进行。

对数学教学内容处理的评价主要考虑所选择内容与学习需要是否相符，考虑教学的效果和效益，关注学习需要、教学目标、学习内容及后面的教学评价四者要保持一致。教学设计者应重视对教学内容的处理进行评价。在教学设计的后期，还要考虑通过数学教学检验内容设置的合理性，从授课过程中判断是否精选了内容，所选内容是否适合于学生的兴趣和学科的特点，是否有利于教师的组织和讲授，是否有利于学生的学习掌握，是否有利于突出重点，解决难点，是否有利于提高学生在各目标领域的达标程度等。

对数学教学方法、模式、策略选择与运用的评价主要通过实际的授课过程来体现，主要考虑：是否有利于教学目标的顺利实现；是否促进学生的理解和记忆，有利于培养学生的数学思维能力、学习能力、创新精神和实践能力；是否有助于教学信息的交流、反馈，以及教学调控；是否体现教学中特殊认识活动的规律；是否能维持学生的注意和兴趣，能给师生带来较大的满足感和成就感；是否有利于师生感情的融洽和教学气氛的和谐，有助于对影响教学顺利进行的智力障碍和情绪障碍的排除。

对数学教学媒体的选择与运用的评价主要考虑教学媒体的选用是否合理。

对数学教学设计方案的评价主要考虑可行性、适用性和有效性，以及其他情况。

对数学教学设计方案的评价包括形成性评价和总结性评价，是对整个教学设计工作的全面总结和肯定。因此，它要进行全面系统的规划，从制定评价计划、选择评价方法、试用设计成果和收集资料、整理和分析资料、写出评价报告等都要做出耐心、细致的考虑。

9.2 数学概念的教学设计

9.2.1 数学概念学习的本质

概念是反映事物本质属性的一种思维方式,数学概念是反映客观现实世界中的数量关系、结构关系和空间形式等方面的本质属性的思维形式，是人们通过实践，从数学所研究对象的众多属性中，抽象出其本质属性概括而成的。在数学中，作为一般思维形式的判断与推理，是以定理、法则、公式的方式呈现的，而数学概念则是构成它们的基础。正确理解并灵活运用数学概念，是掌握数学基础知识和运算技能、发展逻辑论证和空间想象力的前提。概念的形成，标志着人的认识已经从感性认识上升为理性认识。

数学概念是构建数学理论知识的基础，是学生进行数学思维的核心，是进行数学推理和证明的基础和依据，数学中的推理和证明实质上由一连串的概念、判断和原理组成，而数学中的原理又都是由一些概念构成的，同时数学概念也是形成数学思想方法的出发点。因此数学概念学习是数学学习的基础，数学概念的教学是数学教学最重要的组成部分。

数学概念是由它的内涵和外延组成，给定一个数学概念就是要明确它的内涵和外延。数学概念学习的本质就是要概括出数学中一类事物的共同本质属性，能正确区分同类事物的本质属性与非本质属性，正确形成概念的内涵和外延。数学概念的内涵就是数学概念所反映的事物的本质属性的总和，也就说概念的内容，数学概念的外延就是指数学概念所反映的事物的总和，也就是概念的范围。概念的内涵和外延分别是对事物的质和量的规定。例如，等腰三角形这个数学概念，它具有方位、大小、形状等属性。但只要抓住“三条边”这一属性，就可以与其他多边形区别开来，“三条边”“两条边相等”就是等腰三角形的本质属性。

一般来说，数学概念学习包括：数学概念的名称、数学概念的定义、数学概念的例子、数学概念的属性。

9.2.2 数学概念学习的形式

学习数学概念意味着去掌握一类事物的共同本质属性,并能辨别本质属性和非本质属性，能举出概念的正例和反例，能利用数学概念进行判断和推理、解决相应的数学问题。数学概念学习有概念形成和概念同化两种形式。

1. 数学概念形成

数学概念形成是从大量所反映事物的不同具体例子出发，让学生从同类事物若干不同例子中进行反复感知、分析、比较和抽象，归纳概括出这类事物的本质属性，然后再通过具体的例子对所发现的属性进行检验与修正，最后通过概括得到数学概念的定义。因此数学概念的形成实质上是抽象出数学对象的共同本质特征的过程。这是一种发现学习的过程。数学概念的形成是由特殊到一般，由具体到抽象的过程。低年级学生学习数学概念时可以采用概念的形成方式进行学习。

数学概念形成的心理过程是：首先，辨别刺激模式；其次，通过比较、类化的方法找出它们共同的本质属性；第三，通过抽象、检验确认本质属性；第四，通过概括形成概念。

2. 数学概念同化

数学概念的同化是学生利用数学认知的已有概念与自己认知结构中的原有的有关概念相互联系、相互作用，领会其意义，从而获得新概念的方式。也是学生学习时利用已掌握的旧概念去理解新概念，或者对原有的概念重新进行加工整理的过程，它是一种有意义的学习。数学概念的同化过程是接受学习的过程，不仅使新概念获得了心理意义，同时扩大和深化了学生原有的数学认知结构。因此，以数学概念的同化方式学习新概念必须具备两个条件：一是新的数学概念必须具有逻辑意义；二是学生原有的数学认知结构中必须具备同化新的数学概念所需要的知识经验。这就要求教师必须了解学生对原有概念掌握的情况，原有概念越牢固、越清晰，新概念的同化也就越容易。

数学概念同化的学习过程一般是直接揭示数学概念的本质属性，通过对数学概念的分类和比较，建立与原有认知结构中有关数学概念的联系，明确新的数学概念的内涵和外延，再通过实例的辨认，将新数学概念与原有认知结构中的某些数学概念相区别，将新的数学概念纳入到相应的数学概念系统中，从而完善原有的认知结构。

数学概念同化的学习心理过程是：首先，阅读数学概念的定义；其次，以旧观念来明确数学概念定义的内涵和外延；最后，区分和联系新旧数学概念。

9.2.3 数学概念教学过程设计

1. 概念形成的教学过程的设计

概念形成教学是以学生的直接经验作为基础,用归纳的方式抽取出一类事物的共同属性，从而使学生掌握概念。对于初次接触或低年级学生较难理解的概念，可以采用概念形成方式进行教学。概念形成教学过程一般有如下几个步骤：

第一步，提供足够多的学生感知过关于所要学习的数学概念的例证；

第二步，抽象出各个例证的共同本质属性；

第三步，将概括出的共同的本质属性与原有概念联系起来，扩大、深化或重建原有的数学知识结构；

第四步，将本质属性推广到同类数学对象中去，明确新概念的内涵和外延，形成新的概念体系。

具体操作如下：

（1）为学生提供熟悉的具体例证，引导学生分析每个例证的属性

数学概念例证是指能够说明或代表数学概念属性的例子。为学生提供概念的各种不同的正面实例，可以是日常生活中的经验或事物，也可以是教师提供的典型事例。例如要形成圆周角的概念，先让学生观察教师依次呈现有关圆周角正面和反面的例子，通过多次反复检验和校正，发现圆周角的本质属性是“顶点在圆周上且两边均与圆相交的角”最终形成圆周角正确的概念。

（2）抽象出共同本质属性，初步形成概念

通过对每个具体例证的属性分析、比较、综合，概括共同本质特征得到概念的本质属性，然后用准确的数学语言描述定义。

（3）概念的深化

学生初步了解概念后，还需要对概念进行深化。教学时可以通过以正反例为载体分析概念中关键词的含义来深化概念。

（4）概念的运用

数学概念的运用是指学生在理解数学概念的基础上，运用它去解决同类事物的过程。只有达到概念应用的水平，才能认为是掌握和巩固了这个新概念。心理学将数学概念的运用分为知觉水平上的应用和思维水平上的应用两个层次。知觉水平上的运用，是指学生在获得同类事物的概念以后，当遇到这类事物的特例时，就能立即把它看作这类事物中的具体例子，将它归入一定的知觉类型。思维水平上的运用，是指学生学习的新概念被列属于水平较高的原有概念中，新概念的运用必须对原有概念重新组织和加工，以满足解当前问题的需要。

（5）形成概念体系

概念运用后，一定把所学的概念纳入相应的概念体系中。许多数学概念都不是独立存在，都会与其他概念有某种关系，并且处于一定的概念体系之中。例如相邻概念形成的体系、相反概念形成的体系、并列概念形成的体系。在数学概念的教学中，不但要求学生掌握好每一个数学概念，还要引导学生会将获得数学概念组成体系，构建良好的数学认知结构，使所学概念纵横贯通。

2. 概念同化的教学过程的设计

概念同化是指在教学中利用学生已有的知识经验以定义的方式直接提出概念的一种方式，它通过揭示概念本质属性，从而促使学生利用原有的认知结构去理解和掌握概念。概念同化教学模式过程简洁，易操作，而且能让学生直接掌握概念。

概念同化的教学方式，一般有如下几个步骤：

第一步，揭示概念的关键属性，给出定义、名称及符号；

第二步，通过对数学概念的特例进行分类、讨论分析，突出概念的本质属性；

第三步，使新概念与原有认知结构中的概念建立联系，将新的数学概念纳入已有的数学概念体系，同化新数学概念；

第四步，通过正、反例的辨认，精确分化新旧概念；

第五步，通过实际应用强化概念，将新概念纳入相应的概念体系中。

9.3 数学命题的教学设计

9.3.1 数学命题教学

9.3.1.1 数学命题学习的本质

数学命题的学习，主要是指公理、定理、法则、公式和性质等数学真命题的学习，其目的是掌握公理、定理、法则、公式和性质，并能应用它们解决实际问题，或为进一步学习其他数学命题做必要的准备。由于数学命题是由概念组合而成的，反映了数学概念之间的关系，因此就其学习的复杂程度来说，应高于数学概念的学习。

学习数学命题主要学习命题的内容、结构、证明、应用等四个方面。数学命题的内容是命题学习最基本的部分，学习后学生能否用准备的语言描述命题的内容。数学命题的结构包括条件和结论，学生能否分清命题的条件和结论，能否掌握它们之间的关系，能否进一步分析该数学命题与其他有关概念、命题之间的关系。对数学命题的证明，它体现了数学命题与原有知识结构之间的逻辑关系，是培养学生逻辑思维能力的有效途径。数学命题的证明有助于学生加深对数学命题的理解和记忆，增加学习数学命题的信心，提高学习兴趣，同时还可以培养学生的创新意识。数学命题的证明可采用多种方法：分析法、综合法、演绎法、枚举法、反证法、同一法、数学归纳法等。数学命题的应用是数学命题学习的重要组成部分，学生只有在命题的运用过程中真正理解掌握它，之后才能运用命题解决有关的数学问题和实际问题。命题运用教学过程中教师要通过例题和设计相应的习题让学生领会命题的适用范围、应用的基本规律和注意事项。

9.3.1.2 数学命题学习的形式

数学命题学习主要有数学命题发现学习和数学命题接受学习两种形式。

1. 数学命题发现学习

数学命题发现学习是指从若干例子出发，通过操作、实验、分析、推理，发现一般结论的学习。发现学习强调的是学习过程，重视直觉思维，这样有利于激发学生的智慧潜能，培养学生的学习动机，学会发现问题的技能，提高学习兴趣。

数学命题发现学习的过程是一个探索的过程。类似于概念形成的认知过程，对学生都需要提供例证、辨别对象，提出假设、验证假设和进行概括，一般对学生的认知水平要求较高。

数学命题发现学习的过程一般有以下几个步骤：

第一步，探索发现。通过观察呈现的若干具体例子，找到这些例子所具有的共同条件，并在这些条件下进行探索，发现结论。发现的过程可以是一个实验与操作的过程，即通过实验与操作发现结论。

第二步，提出假设。从一些实例中发现某些共同的特性后，通过概括，进一步提出假设，将所发现的结果上升为数学命题。

第三步，验证假设。通过理论或实践对提出的数学命题进行验证。在很多情况下，是对命题进行逻辑论证。还有，由于数学命题要求严密，常常会出现提出的命题不够完整，在验证的过程中须进行修正，使得到的数学命题更为完备，表述更为精练、更为确切。

第四步，得出结论。在验证假设的基础上，得到数学定理或公式。

2. 数学命题接受学习

接受学习是将学习的内容以定论的形式呈现给学生，学生将这些内容加以内化。数学命题接受学习是把数学命题直接呈现在学生面前，通过分析命题所涉及的数学概念以及数学命题的条件与结论，得出命题的逻辑关系，然后学习命题的证明过程，并用实际例子对命题的正确性进行验证。将所证得的命题纳入学生已有的认知结构中，形成新知识体系。最后还要学习命题的应用。

数学命题接受学习以理解为主，在接受学习中也应当有学生的活动，例如学生的操作、实验、练习、讨论和回答问题等。这些活动形式不仅在发现学习形式中被经常采用，而且在接受学习形式中也被广泛采用。

数学命题接受学习的过程大致有以下几个环节：

（1）分析命题。观察命题，理解命题的含义，分析命题的条件与结论、命题的逻辑结构。

（2）激活旧知识。在原有认知结构中找出与所学习的命题有关的概念、定理和公式等，建立新的数学命题与原有认知结构的联系。为此要对与所学习的命题有关的数学概念和命题作适当的复习，这样有助于学生加深对所要学习的数学命题的理解，为数学命题学习扫除障碍。

（3）证明命题。在此基础上进一步分析命题证明的思路，得出命题的证明过程。

（4）理解和应用。通过例题和练习进一步深入理解数学命题，并学会它的各种应用。

数学命题发现学习和接受学习两种形式各有利弊,发现学习有助于培养学生的探索精神，但要花费较多的时间。接受学习是由教师控制的，它比较紧凑，节约时间，但在激发学生学习的兴趣，引起学生对实际问题的关注等方面又显得不足。教师应根据所学命题的特点选择适当的学习形式。

由于数学命题学习的上述两种形式各有优点与不足，因此在教学中常常采用将两种形式相结合的方法。当命题学习发现较难实现时，可部分采用接受学习的方法，即由老师作较多的提示，对命题中难以发现的环节作适当的点拨，甚至是教师直接讲述，在越过这一部分后，再让学生进行探索，尝试发现。在数学命题接受学习的过程中，老师也可以选择一部分内容，让学生通过探索有所发现。两种命题学习的有机结合可以实现相互间的取长补短，从而提高命题学习的教学效果。

还应指出的是教学技术的现代化为数学命题的发现学习提供了更大的可能。多媒体软件的动态设计，以及一些高级计算器的使用，使许多数学命题的结论变得十分形象、直观，因而易被发现。

9.3.2 数学命题教学过程设计

数学命题教学过程一般有以下几个环节：

1. 数学命题的引入

数学命题引入的设计。用发现学习形式学习数学命题时，首先向学生提供一系列的实例、研究素材，让学生在一定情境下，通过观察、实验、操作、讨论和思考，探索规律，提出猜想和假设，然后引入数学命题。

2. 数学命题的证明

数学命题证明的教学包括以下几个方面：

（1）分析命题证明的思路。在分清命题的条件和结论的基础上，探索命题证明的途径，分析命题证明的思路。让学生从记忆中提取有关的概念、定理、公式和证明题的经验，对各种可能的证明思路提出假设。通过分析，选择最可能成功的假设，再进一步探索从条件到结论的各个中间环节。如果不成功，那么转向选择另一种证明思路假设，直到可以沟通从条件到结论的途径。

（2）学习命题证明的表述。命题证明的表述不仅让学生学会命题证明的逻辑表达，更重要的是调整完善推理程序。在有些情况下，学生掌握了命题证明的思路，以为学会了命题的证明，但是在具体表达时，发现实际上还行不通。这是因为命题证明的思路是证明的方向、证明的途径，是一种简缩的思维，是跳跃式的，有时可能产生错误，在表达时会暴露出来。即使是正确的思路，也要对具体证明步骤进行修正和补充。

（3）揭示命题证明中的数学思想方法。对于命题的证明不仅要学会分析命题证明的思路、命题证明的表述，更重要的是要掌握命题证明中的数学思想方法，这是命题证明的精髓。教师在教学时要注意渗透，并在小结时具体点明，这样有利于提高学生的数学素养。

3. 数学命题的应用

数学命题应用的教学包括以下几个方面：定理和公式成立的条件与使用的范围；定理和公式的各种基本应用；定理和公式的引申和拓广。

9.4 教学设计案例

案例 1：《变量与函数》课堂教学的创新设计。（黔南师院附中 冉红芬）

一、兴趣与初中数学概念教学

概念教学是培养学生科学素养的重要途径，它对于纠正、补充、完善学生的前概念，建构正确的认知，以及学生日常生活、学习及以后的人生具有重大影响和意义。好的概念教学方式，对于学生学习理解能够起到事半功倍的效果。探索初中数学概念教学的有效方式，是我们一直努力的方向。新课程改革，把素质教育作为重要目标，客观上冲击着教师已有的教学理念。教学是个互动过程，要完成新课标任务，不仅要改变老师的教，同时要改变学生的学。在教学过程中，宜本着“学生主体、学生为本、教师主导”的原则组织教学，以发展学生数学核心素养为目标，教师在教的基础上指导学生学会认知，使学生认知发展的过程成为素养提升的过程。

“兴趣是最好的老师”，让学生对知识产生深层的认知兴趣，激发学生的学习动机，在兴趣引领下让学生学会自主学习、合作学习和探究学习，这正是“四点突破”教学范式产生的教育认识论基础。贵州省初中数学张瑛名师工作室创立的“四点突破”教学范式，以在课堂教学中“把兴趣打开”为基本理念，提出了课堂教学的兴趣创新理论，即兴趣来源于知识本体，兴趣贯穿课堂教学始终，将兴趣划分为引课阶段教学起始点突破的原生兴趣、正课阶段知识重难点突破的伴生兴趣、结课阶段学习迁移点突破的衍生兴趣。突出兴趣在学生学习中对知识认知过程的引领，通过探究数学知识的内在规律，调动学生学习兴趣，通过突破学生的基于知识本体的兴趣点，达成整个课堂教学进程中教学起始点、知识重难点、学习迁移点的在兴趣引领下的突破，实现高效课堂。将“四点突破”教学范式应用于初中数学教学，具有把握教学的根本、领悟教学的真谛，提高学生学习的内生动力，达成高效的教学课堂等重要意义。

数学概念作为数量关系和空间形式特有的本质属性的信息表征，抽象和枯燥是其显著特征，这也使得数学概念的教学具有较大的挑战性。基于“四点突破”教学范式，强调将兴趣点挖掘和突破贯穿课堂教学始终，强调兴趣来源于知识本体，从知识本体挖掘兴趣，以贯穿课堂始终的兴趣作为初中数学概念教学的支架，就是要充分利用数学概念的内涵和外延，充分利用数学概念形成过程中的思维特征，充分利用数学概念具有的内容的概括性、符号的抽象性、形式的多样性等特征，搭建学生数学概念学习的兴趣支架，形成贯穿概念学习过程的与概念的认知过程环环相扣的兴趣链，使学生对数学概念知识的认知过程与学习情感融合，极大地提高学生的学习动力，促进学生学习。

二、基于兴趣挖掘的教学分析

1. 教学内容分析

“变量与函数”是人教版数学八年级下册第十九章第一节内容，是“数与代数”中的重要内容，是学生比较难理解、较为抽象的数学概念。“函数”是描述运动变化规律的重要数学模型，它刻画了变化过程中变量之间的对应关系，是后续学习一次函数、二次函数、反比例函数等内容的基础。函数与方程、不等式等知识有密切联系，函数的表示方法中体现了数形结合的思想方法。由于函数的概念学习过程中蕴含的核心数学认知活动是数学抽象概括活动，本节课在结合具体实例归纳概括函数概念的过程中，经历从具体到抽象的认知过程，拓展学生的抽象概括能力。

2. 学情分析

“函数”概念是中学数学最核心的概念之一，根据八年级学生的年龄特征和认知水平，其数学认知结构比较简单而具体，思维方式还处于具体形象思维的阶段。作为学生首次接触函数概念，它把学生由常量数学引入到变量数学，需要学生的思维经历一个飞跃的过程，这个过程需要达到辩证思维的形态。函数揭示了现实世界中数量关系之间相互依存和相互变化，是刻画现实世界中变化规律的重要数学模型。由于函数是从客观现实中抽象出来的，其概念涉及运动变化，含义深刻，抽象性较强，初学者往往不能一下子从其定义的文字真正理解它的内涵，因而把握不准函数的本质，这构成了学生学习的一个难点。因此，在教学过程中教师要不断地激发和培养学生的学习兴趣。

3. 教学目标分析

基于函数教学的初始阶段特征和“四点突破”兴趣引领的教学要求，本课的教学目标包括以下几个方面：

（1）由常量到变量的变化，体会变量对数量关系的影响，引发对其规律的探究兴趣。

（2）体验从具体情境中抽象出数学符号的过程，通过实际问题情境，从常量、变量之间的数量关系中抽象出函数的概念，初步感受变化与对应的数学思想。

（3）探索具体问题中的数量关系和变化规律，通过用函数表述数量关系的过程，体会模型思想，建立符号意识；能独立思考，体会数学的基本思想和思维方式。经历从不同角度寻求分析问题和解决问题的方法的过程，体验解决问题方法的多样性，掌握分析问题和解决问题的一些基本方法。

（4）培养学生用数学的眼光观察变化的数学世界，认识数学具有抽象、严谨和应用广泛的特点，体会数学的价值。

4. 学生兴趣分析

结合知识内容、学情特点和教学目标，本节课可以为学生创设多个兴趣点，可以搭建起整体的兴趣“支架”，帮助实现课堂教学的突破。

兴趣一：学生生活中常见变化关系的重新认识，会带给学生极大的探究兴趣，借以帮助实现教学起始点的突破。实施设计：从学生的实际出发，选取生活中有关热点问题的视频资料，通过播放视频，引导学生感受生活中的变化关系，在最短的时间里将学生的注意力激活，结合导学案中课前学习打开学生的探究兴趣。

兴趣二：变量之间本质关系的探究，以及变量关系表达的三种形式，构成知识重难点突破时的第一个兴趣。实施设计：创造性地使用教材，改编教材中的问题，以最近贴近生活的热点问题为主，给出三个具体实例，并且三个实例分别以解析式、表格、图象的形式呈现两个变量之间的关系，帮助学生透过表示形式发现变化过程中两个变量之间的本质关系。

兴趣三：变化过程中量的共性的探索，构成知识重难点突破时的第二个兴趣。实施设计：通过上面三个实例的探究，分析这些变量的特征，找寻它们之间是否存在一种共性，对此共性进行分析。

兴趣四：函数存在形式的讨论，以及函数概念的总结，成为知识重难点突破的关键兴趣。

实施设计：通过上述实例中两个变量存在形式的分析，探讨函数的本质规律，归纳总结出函数的概念。

兴趣五：函数概念运用及函数表达形式的探索，成为学生学习迁移的兴趣所在。实施设计：通过运用函数概念对组合梯形进行拓展讨论，巩固函数概念，拓展变量思维，引发对实际问题函数表达形式的探索。

三、教学设计思路

本节课主要利用"四点突破"教学范式的兴趣创新理论，结合本节知识和学情进行数学概念的兴趣支架教学设计。建构主义教学理论认为："知识并非被动接受，而是有认知能力的个体在具体情境中与情境相互作用而建构出来的，这样获得的知识才能真正为学生所拥有"。本节课从学生的实际出发，欣赏视频，感受生活中的变化关系，把学生的注意力在最短的时间里激活，结合导学案中课前学习打开学生的原生兴趣。创造性地使用教材，引出三个既切合社会热点和学生生活，又切合知识的"最近发展区"典型实例，通过实例分析其关系，帮助学生透过表示形式发现变化过程中两个变量之间的本质关系，引发学生的伴生兴趣，引导学生对新问题进行观察、猜想、交流的方式，让学生自主探究实例的共性，从而抽象出函数的概念，这样把本来看似抽象的知识变得通俗易懂，突破教学中的重难点。通过对实际问题的探究，巩固函数概念，拓展变量思维，引发对函数图象表达的探索，实现学习迁移点突破。整个教学过程围绕贯穿课堂始终的兴趣层层推进，通过"创设情境、激发兴趣、自主探究、合作交流"的教学方式，改变了以往教师的教和学生的学的状态，在学习过程中培养了学生的数学素养、抽象思维能力。

四、教学过程

1. 创设情境，悬念式提出概念

导语：同学们，我们生活在一个万物皆变的世界里，万物都在变化，万物因变化而美丽，事物因变化而神奇。

欣赏视频，感受生活中的变化关系。

师生活动：教师播放视频并解说，引导学生观察视频中的变化关系。

设计意图：以生活中的事物切入课题，让学生感受到数学来源于实际，引导学生用数学的眼光去观察生活中事物的变化。

（完成导学案问题 1）

问题 1：（阅兵中的数学）2019 年 10 月 1 日，我们迎来了祖国最重要的日子——国庆大阅兵，庆祝中华人民共和国成立 70 周年阅兵式的全体受阅官兵由人民解放军、武警部队和民兵预备役部队约 15 000 名官兵、580 台（套）装备组成了 15 个徒步方队，队员们在行进的过程中要求每一步的距离固定在 75 厘米，设每个队员正步走过的距离为 s 厘米，步数为 t 步。

（1）请根据题意填表：

表 9-1

t/步	1	2	3	4	…	t
s/厘米					…	

（2）试用含 t 的式子表示 s：________。

（3）在这个变化过程中，________是变化的量；________是始终不变的量。

（4）这个问题反映了正步走过的距离________随步数_________的变化而变化的过程。

师生活动：学生独立完成导学案问题 1，并请学生交流发言，教师作补充。

（完成导学案问题 2）

问题 2：（电影中的数学）都匀某电影院出售每张《流浪地球》电影票的售价为 50 元，如果第一场售出 100 张票，第二场售出 200 张票，第三场售出 310 张票. 三场电影的票房收入各多少元？设一场电影售票 x 张，票房收入 y 元。

（1）根据题意填空：

第一场电影票房收入：_______________，第二场电影票房收入：_______________，第三场电影票房收入：_______________。

（2）你能用含 x 的式子表示 y 吗？_______________。

（3）其中变化的量是__________________，没有变化的量是__________________，这个问题反映了票房收入________随售票张数_________的变化而变化的过程。

师生活动：学生独立完成，设置按坐标交流发言。

（完成导学案问题 3）

问题 3：（温度中的数学）图 9-1 是都匀市某天的气温变化图，任意给出这天中的某一时刻 t，你能说出这一时刻的气温 t 吗？

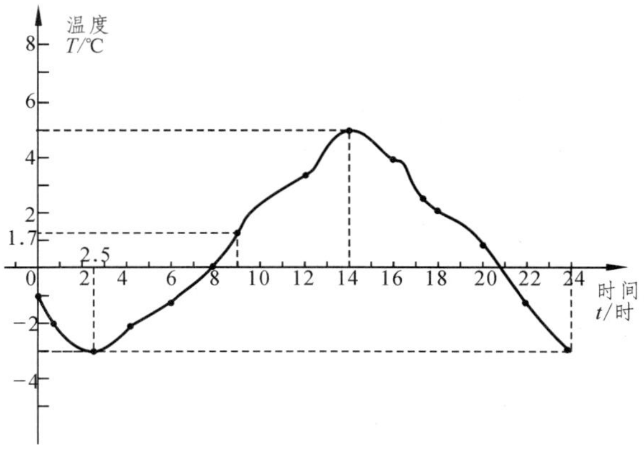

图 9-1

（1）这一天中，9：00 的气温是________℃，14：00 的气温是________℃，气温为 -3℃ 的时间是__________________。

（2）上述变化过程中，“温度值”是随着“时间值”的变化而变化吗？

2. 合作探究，互动式形成概念

问：上述三个问题中，我们发现它们都是量和量之间的依赖关系，你能对这些量进行一个分类吗？

师生活动：教师引导学生分类概括实例中的共同属性，归纳出如下结论：在一个变化过程中，我们称数值发生变化的量为变量，数值始终不变的量为常量。

设计意图：利用对学习内容的探索引发学生的兴趣。创造性地使用教材，从不同角度对教材内容进行整合，将教材内容改编成三个典型的例子，尝试把实际问题转换成数学问题，让学生观察、比较、分析，引导学生感受到两个变量相互依存的关系，都存在着一种共同属性，进而抽象、概括出变量和常量的定义，这体现了核心素养中的抽象思维能力的培养，同时也让学生体会分类的数学思想。另外，三个问题中变量之间的关系分别用表格、解析式和图象的不同表现形式，为后续研究函数的表示方法作了铺垫。

小试身手：指出下列问题中的变量与常量：

（1）某市的自来水价为 4 元/吨，现要抽取若干户居民调查水费支出情况，记某用户水量为 x 吨，月应交水费为 y 元。

（2）某地手机通话费为 0.2 元/min，李明在手机话费卡中存入 30 元，记此后他的手机通话时间为 t min，话费卡中的余额为 W 元。

（3）一长方体的宽为 b（定值），长为 x（$x>b$），高为 h，体积为 V，则 $V=bxh$，其中变量是_______。

设计意图：让学生进一步体会变量和常量的意义，感受数学的应用价值。

问题 4：回顾上述三个问题，各有几个变量？其中一个变量的变化是怎样影响另一个量的变化的，能用数值加以说明吗？

师生活动：教师引导学生分析问题 1，得出如下关系：

两个变量 t,s，当 t 取定一个值时，s 有唯一确定的值与之对应。

学生在导学案中独立完成问题 2 和问题 3。

问题 5：上述问题中，综合这些现象，你能归纳出实例中变量之间关系的共同点吗？请大家相互讨论。

师生活动：学生在独立思考后进行小组交流，教师参与学生的活动，了解各小组的讨论情况，适时点拨。小组汇报讨论结果，并抽象、概括三个问题中变量与变量之间关系的共同属性，完成导学案活动，即（1）在一个“变化”过程中；（2）存在“两个”变量；（3）这两个变量具有一定的“联系”；（4）一个变量的变化会引起另一个变量也“随之”变化；（5）这个变化之间存在“单值对应”的关系。进而归纳出函数概念：一般地，在一个变化过程中，如果有两个变量 x 和 y，并且对于 x 的每一个确定的值，y 都有唯一确定的值与其对应，那么

我们就说 x 是自变量，y 是 x 的函数。

设计意图：通过对三个具体问题中两个变量之间的联系进行研究，由学生将关键点串联起来，让学生在观察、比较、抽象、概括等数学活动过程中，经历函数概念的形成过程，体会变化与对应的数学思想。

3. 知识迁移，理解式辨析概念

（1）表 9-2 是我国人口数统计表，年份与人口数分别记为 x 与 y，表中的人口数是 y 年份 x 的函数吗？

表 9-2 中国人口数统计表

年份	人口/亿
1984	10.34
1989	11.06
1994	11.76
1999	12.52
2010	13.71

（2）图 9-2 是体检时的心电图，其中图上点的横坐标 x 表示时间，纵坐标 y 表示心脏部位的生物电流，在心电图中，生物电流 y 是 x 的函数吗？

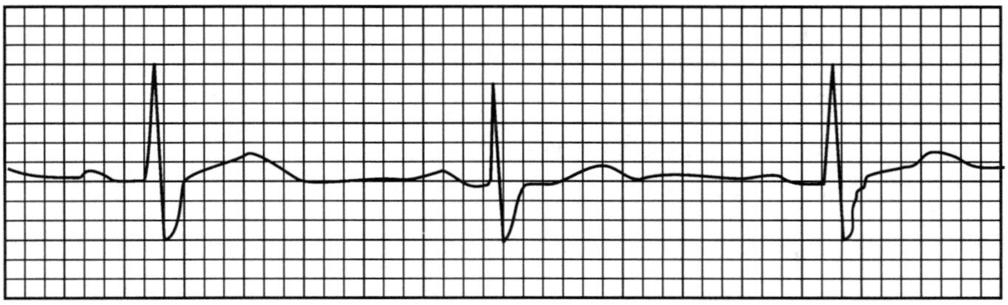

图 9-2

（3）判断下列各关系式的变量 y 是 x 的函数吗？

$y=3x$； $y=x^2+1$； $y=|x|$； $|y|=2x$

设计意图：函数概念形成后，通过整合教材内容从多角度、正反面及时进行概念辨析。

（4）汽车的油箱中现有汽油 50 L，如果不再加油，那么油箱中的油量 y（单位：L）随行驶里程 x（单位：km）的增加而减少，平均耗油量为 0.1 L/km。

① 写出表示 y 与 x 的函数关系的式子；

② 指出自变量 x 的取值范围；

③ 汽车行驶 200 km 时，油箱中还有多少油？

设计意图：应用函数思想，深化对函数概念的理解。

4. 课堂小结

谈谈本节课的收获与困惑？

设计意图：既巩固本节课的知识点，又反思问题所在，进而引发学生深层次的思考。

5. 课后拓展，体验式巩固概念

观察表 9-3，根据表格中的数据回答问题：

表 9-3

梯形个数	1	2	3	4	5	…
图形周长	5	8	11	14	17	…

（1）设图形的周长为，梯形的个数为，试写出函数 l 与 n 的关系式；

（2）在上述变化过程中，变量、常量分别是什么？

（3）求 $n=11$ 时图形的周长。

（4）请根据表中的数据，如何在坐标系中表示，请画出图形，你又发现了什么？

设计意图：一是加深对函数概念的理解，二是培养学生知识迁移的能力，尤其是第（4）问为我们找规律类题目应用函数思想提供了解题技巧，同时也为后续学习函数图象埋下伏笔。

五、基于兴趣支架的创新思考

来源于知识本体的兴趣，不同于一般的兴趣，它是与学习内容最直接相关的兴趣，能够从本质上刺激学生对学习内容的最大渴望。通过创设有助于学生自主学习的问题情境，教师优化问题设计，以问题为驱动，激发学生的兴趣，引导学生通过实践、思考、探索、交流等，不仅可以获得基础知识、基本技能，还可以进一步培养数学学习情感，感受数学思想方法，发展抽象思维和概括的能力。

数学概念具有的内容概括性、符号抽象性、形式多样性等特征，使得课堂中对数学概念形成和理解的教学存在一定的困难，教学中容易产生教师自导自演、学生机械性记忆等问题。在“函数概念”教学中，通常情况下教师们会采用“具体实例——找共性——得出结论”的过程，也在教学中强调实例中有两个变量，函数概念的核心是“一个变量的值的确定导致另一个变量取值的唯一确定”。然而学生还是对当一个变量的值取定时，另一个变量怎样才算“唯一确定”产生疑问，学生容易认为函数关系中的“唯一确定”仅指通过公式求出唯一值，对不能用公式求出值的单值对应关系难以理解。因此，需要挖掘知识的内在规律，寻找突破数学概念形成和理解的基于兴趣点的有效方法。

数学知识的教学，要注重知识的“生长点”与“延伸点”，把每堂课教学的知识置于整体知识的体系中，注重知识的结构和关联，处理好局部知识与整体知识的关系，引导学生感受数学的整体性，体会对于某些数学知识可以从不同的角度加以分析、从不同层次进行理解的独特魅力，这也正是“四点突破”教学范式强调从知识本体挖掘兴趣的思想根源和探索方向。“四点突破”教学范式从形式上将学习兴趣划分为引课阶段教学起始点突破的原生兴趣、正课阶段知识重难点突破的伴生兴趣、结课阶段学习迁移点突破的衍生兴趣，从内容规范上要求学习兴趣来源于知识本体，实现了从兴趣到旨趣的转变，突显了“四点突破”教学范式的“激趣、培志、养成”功能。本节课的设计以“兴趣”为支架，通过对教学内容兴趣内涵的研究和处理，让学生经历由经验到数学概念的抽象过程，经历概念形成和概括的过程，这样使学生主动认知并建构函数概念，是一种极具推广价值的理论与实践创新探索。

将“兴趣”贯穿课堂始终，提出从知识本体挖掘兴趣，使学生对知识的认知过程与学习情感融合，充分利用教学内容中学生的兴趣生长点，抓住并突出课程内容重点，解决并突破课程内容难点，突破了传统的教学方法和教学模式。当然，数学概念教学是一个长期的过程，而基于知识本体的兴趣点挖掘更不是一朝一夕的事，我们应该在教学过程中挖掘相关的兴趣教育内容，渗透基于兴趣的素养教育，为学生提供更有益于其数学核心素养培养的新型课堂。

参考文献

[1] 中华人民共和国教育部. 普通高中数学课程标准（实验）[M]. 北京：人民教育出版社，2003.

[2] 中华人民共和国教育部. 普通高中数学课程标准（2017 年版）[M]. 北京：人民教育出版社，2017.

[3] 中华人民共和国教育部. 义务教育数学课程标准（2022 年版）[M]. 北京：北京师范大学出版社，2022.

[4] 中华人民共和国教育部. 义务教育数学课程标准（2011 年版）[M]. 北京：北京师范大学出版社，2011.

[5] 中华人民共和国教育部. 义务教育数学课程标准（实验稿）[M]. 北京：北京师范大学出版社，2001.

[6] 史宁中. 义务教育数学课程标准（2011 年版）解读[M]. 北京：北京师范大学出版社，2012.

[7] 曹培英. 跨越断层，走出误区："数学课程标准"核心词的解读与实践研究[M]. 上海：上海教育出版社，2017.

[8] 何小亚，姚静. 中学数学教学设计[M]. 北京：科学出版社，2009.

[9] 曹一鸣，张春生. 数学教学论[M]. 北京：北京师范大学出版社，2010.

[10] 曹一鸣. 数学教学论[M]. 北京：北京：高等教育出版社，2008.

[11] 张奠宙、宋乃庆. 数学教育概论[M]. 北京：高等教育出版社，2004.

[12] 叶立军. 中学数学教学设计 [M]. 北京：高等教育出版社，2015.

[13] 曹才翰，章建跃. 数学教育心理学[M]. 北京：北京师范大学出版社，2006：104，106.

[14] 曾峥，李劲. 中学数学教育学概论[M]. 郑州：郑州大学出版社，2007.

[15] 布鲁纳著，邵瑞珍译. 教育过程[M]. 北京：文化教育出版社，1982.

[16] 查建敏编著. 中学数学教育学新论[M]. 合肥：安徽大学出版社，1998.

[17] 杨红萍. 中学数学教学设计与案例分析[M]. 北京：北京师范大学出版集团，安徽大学出版社，2014.

[18] 喻平. 数学教育心理学[M]. 南宁：广西教育出版社，2004.

[19] 罗增儒. 数学解题学引论[M]. 西安：陕西师范大学出版社，2016.
[20] 波利亚. 怎样解题[M]. 阎育苏，译. 北京：科学出版社，1982.
[21] 单墫. 解题研究[M]. 上海：上海教育出版社，2016.
[22] 施良方. 方法论——学习心理学的理论原理[M]. 北京：人民教育出版社，1994.
[23] 波利亚. 数学的发现（一、二）[M]. 刘景麟，曹之江，邹清莲，译. 呼和浩特：内蒙古人民出版社，1979—1981.
[24] George Polya. 数学的发现—— 对解题的理解、研究和讲授[M]. 刘景麟，曹之江，邹清莲，译. 北京：科学出版社，2006.
[25] 张奠宙，宋乃庆. 数学教育概论[M]. 高等教育出版社，2016.
[26] 斯莱文. 教育心理学理论与实践[M]. 吕红梅，姚梅林等,译.北京：人民邮电出版社，2016.
[27] 弗赖登塔尔. 数学教育再探——在中国的讲学[M]. 刘意竹，杨刚，等译. 上海：上海教育出版社，1999.
[28] G 波利亚. 数学与猜想[M]. 李心灿，王日爽，李志尧,译. 北京：科学出版社，2017.
[29] 张英伯，曹一鸣. 数学教学论[M]. 北京：北京师范大学出版社，2010.
[30] 张建跃. 核心素养立意的高中数学课程教材教法研究[M]. 上海：华东师范大学出版社，2021.
[31] 史宁中. 数学相结合与数学模型——高中数学教学中的核心问题[M]. 北京：高等教育出版社，2018：87，92，94.
[32] 章建跃，李海东. 高中数学教材编写研究[M]. 北京：人民教育出版社，2020：93-99.
[33] 钱珮玲，邵光华. 数学思想方法与中学数学 [M]. 北京：北京师范大学出版社，2019.
[34] 曹才翰，章建跃. 数学教育心理学[M]. 北京：北京师范大学出版社，2006：104，106.
[35] 黄州洋. 高中数学“几何与代数”主线的教学与考查研究[D]. 福州：福建师范大学，2018.
[36] 朱黎生.《义务教育数学课程标准（2011 年版）》修订了什么[J]. 数学教育学报，2012，84（3）：7-10.
[37] 黄德忠.《义务教育数学课程标准（2011 年版）》第一学段“综合与实践”的内容解读[J]. 教学与管理，2014,（02）：53-55.
[38] 刘海涛. 义务教育数学课程标准内容的比较研究[J]. 数学通报，2012，51（12）：7-10.
[39] 《初中数学课程标准解读与分解》[J]. 中学数学教学参考，2015（20）：73.
[40] 郑毓信.《数学课程标准（2011）》的“另类解读”（下）[J]. 小学教学（数学版），2013（04）：4-8.

[41] 唐恒钧，佘伟忠，张维忠．什么样的数学和数学教育是重要的——基于义务教育数学课程标准的分析[J]．课程．教材．教法，2016（10）：58-62.
[42] 陈中峰，游建平．关注“课标”变化，领会精神内涵——《义务教育数学课程标准（2011年版）》的研读体会[J]．中国数学教育，2013（Z1）：2-6.
[43] 严必友，宋晓平．体现继承与发展的数学课程目标——解读《普通高中数学课程标准（2017年版）》目标体系[J]．数学通报，2018，57（12）：18-21.
[44] 谢先成．基于核心素养的《普通高中数学课程标准（2017年版）》解读——访数学课程标准修订组组长、东北师范大学原校长史宁中教授[J]．教师教育论坛，2018，31（6）：4-7.
[45] 王尚志，胡凤娟．高中数学课程标准“修订思路”“组织”及“过程”[J]．数学教育学报，2018，27（1）：11-13.
[46] 史宁中．高中数学课程标准修订中的关键问题[J]．数学教育学报，2018，27（1）：8-10.
[47] 《基础教育课程》编辑部．整体把握课程 抓住数学本质 发展核心素养——访普通高中数学课程标准修订组负责人王尚志[J]．基础教育课程，2018（Z1）：27-31.
[48] 叶立军，高敏．两版高中数学课程标准比较研究——以2017年版和实验版“几何内容”为例[J]．天津师范大学学报（基础教育版），2019，20（01）：21-26.
[49] 黄翔，王尚志，张思明，等．关于高中数学课程性质与基本理念的新思考[J]．数学教育学报，2018，27（1）：22-26.
[50] 谢倩．认知主义学习理论概述[J]．教学研究，2006，10：101—102.
[51] 喻平．基于认知主义的数学教学观[J]．中学数学月刊，2009（6）：1-3.
[52] 陈琦．认知结构理论与教育[J]．北京师范大学学报，1988（3）：73-74.
[53] 徐碧波．信息加工理论与加涅的学习观[J]．外国教育动态，1988（1）：19-22.
[54] 林晴岚，张洁，黄勇，等．核心素养视域下高中几何与代数主线的教与学[J]．福建基础教育研究，2021（2）：49-52.
[55] 王奋平，杜晓梅．俄罗斯高中代数与几何教材整体知识结构研究——以俄罗斯教育出版社两种代数教材和两种几何教材为例[J]．数学教育学报：2015，24（4）：26-17.
[56] 中华人民共和国教育部．普通高中数学课程标准（2017年版2020年修订）[S]．北京：人民教育出版社，2020：122-123.
[57] 彭上观，罗碎海．课程标准视角下高中教材的新变化——以高一数学《函数》一章为例[J]．数学通报，2009（9）：1.

[58] 朱立明，韩继伟. 高中“数与代数”领域的核心内容群：函数——基于核心内容群内涵、特征及其数学本质的解析[J]. 中小学教师培训，2015（7）：40-43.

[59] 曹一鸣，王万松. 高中概率统计内容设置的国际比较——基于 15 个国家数学课程标准的研究[J]. 数学教育学报，2016，25（1）：1-4.

[60] 章建跃，程海奎. 高中必修课程中概率的教材设计和教学思考[J]. 课程教材教法，2017，37（5）：27-33.

[61] 章建跃. 建构主义及其对数学教育的启示[J]. 数学通报，1998（4）.